KB260698

사람에게서
구하라

사람에게서
구하라

을유문화사

사람에게서 구하라

발행일
2007년　2월 10일 초판　1쇄
2022년 10월 30일 초판 21쇄

지은이　구본형
펴낸이　정무영, 정상준
펴낸곳　(주)을유문화사

창립　1945년 12월 1일
주소　서울시 마포구 서교동 469-48
전화　02-733-8153
팩스　02-732-9154
홈페이지　www.eulyoo.co.kr
ISBN　978-89-324-7120-4　03320

* 값은 뒤표지에 표시되어 있습니다.
* 지은이와의 협의하에 인지를 붙이지 않습니다.

창조적으로 과거를 활용함으로써
미래에 대한 지혜를 얻어 내려는 사람들을 위해 나는 이 책을 썼다.
나는 그들을 '혁신적 리더'라고 부른다.
진부한 과거 속에 빛나는 미래가 파묻혀 있으며,
썩은 과거의 토양 위에서만 미래가 뿌리 내릴 수 있다는 것은
아이러니다. 그러나 아이러니야말로 혁신적 리더들이
가장 사랑하는 개념임을 잊어서는 안 된다.

우리는 리더에 대한 환멸의 시대를 살고 있다. 과언이 아니다. 기대를 모았던 리더들은 번번이 우리를 실망시켰다. 무능력을 드러내거나 신념을 잃고 좌초하거나 상업주의를 능력으로 포장하거나 이념만 난무하는 경제적 추락으로 대중을 몰아가기도 한다. 그리고 끝내 대중의 마음에서 사라져 버린다. 한국의 경우도 예외가 아니다. 주몽, 연개소문, 대조영, 왕건, 이순신 등 한국사의 영웅들을 찾아 그들의 드라마를 즐기는 이유가 바로 리더십 부재에 대한 대리만족과 향수인지도 모른다.

과거가 우리를 구해 줄까? 어림없는 이야기다. 그러나 과거 속에 미래로 가는 길이 있다는 것은 인류의 역사가 수없이 증명해 준 아이러니다. 다음과 같은 말을 들어 보자.

세상은 넓고, 사람은 많고, 기술은 끝없이 바뀐다. 아무리 어려운 난관에 부딪혀도 반드시 방법이 있음을 믿고, 아무리 하찮은 적이라도 우리와 다른 기술을 가지고 있을지도 모른다는 점을 한시도 잊지 말라. 내가 최고라고 자만하지 말라. 옆을 보고, 앞을 보고, 뒤를 보아라. 산을 넘고, 강을 건너고, 바다를 건너라. 세상을 살되 한 뼘이라도 더 넓게 살고, 사람을 사귀되 한 명이라도 더 사귀며, 기술을 배우되 한 가지라도 더 배워라. 상대가 강하면 너희를 바꾸고, 너희가 강하면 상대를 바꾸어라.

칭기즈 칸을 이어 중국을 제패한 쿠빌라이 칸의 유언 중 일부이다. 이것이 칼 들고 말 달리던 흘러간 과거에나 통용되는 낡은 지혜라고 생각되는가?

마르크스는 "동양인은 스스로 자신을 대변할 수 없고, 다른 누군가에 의해 대변되어야 한다"고 말했다. 서세동점西勢東漸의 어두운 시절, 한때 찬란했던 동양은 세계의 지진아였고 서양의 먹이였다. 그러나 새로운 밀레니엄의 도래와 함께 동양은 새로운 시대의 가능성이 되었다. 그 잠재력이 거대한 현실적 에너지로 확인되면서 새로운 세기의 거부할 수 없는 물결로 발달해 가고 있다. 동양의 정신은 버려야 할 '구식의 것'에서 피폐한 서구 문명의 대안 가능성으로 탐색되고 있으며, '열등하고 미개한 것'에서 서구와 다른 과정을 통해 축적되어 온 위대한 인류의 정신적 보고로 존중받게 되었다. 이제 동양은 다시 동양 스스로에 의해 대변되게 되었다.

나는 동양의 고전 속에서 가장 불안하고 거칠고 폭력적이었던 만큼 또한 가장 창의적이었던 실험의 시대를 살았던 사람들의 이야기를 찾아내 현대로 데려오려 한다. 2,500년 전을 전후한 수백 년 동안 중국은 가장 21세기를 닮아 있었다. 이 시기는 중국 역사상 가장 창의적인 시대이며, 가장 현대적 가치를 가진 대목이라는 것이 내 생각이다. 믿을 수 있고 안정적인 것은 하나도 없었다. 수많은 나라들이 흥망성쇠를 거듭했고, 어떤 이론과 철학도 우위를 점하지 못했다. 모든 것은 경쟁했고, 재능 있는 사람들은 이 나라에서 저 나라로 자신을 써줄 사람을 찾아 옮겨 다녔으며, 어떤 군주가 어떤 인재를 얻느냐에 따라 국가의 흥망이 바뀌는 리더십과 인재의 시대였다.

중국이 우리에게서 고구려사를 훔치려 한다면, 나는 중국의 역사 중에서 가장 핵심적인 골수, 바로 '춘추전국시대'를 떼어오려 한다. 역사와 문화는 기원이 어디인가가 중요하지 않다. 가장 잘 활용하여 빛내는 사람들이 곧 그것의 주인이 되는 것이다. 나는 이 시기의 자유로운 가치관과 다이내믹한 모색의 정신을 현대 서구적 경영의 기술과 성취에 연결한다면, 한국인들이 정서적으로 쉽게 공감할 수 있는 하이브리드 리더십과 인재경영 모델을 만들어 낼 수 있으리라 생각하게 되었다. 이 생각은 나를 흥분시켰다. 나는 이들의 이야기 속에서 모든 것이 '눈 깜짝할 사이blink'에 변해 버리는 세상을 살아야 하는 리더들을 위한 지혜를 가득 찾아내고 싶다. 이것이 이 책을 통해 표현하려고 하는 내 열망이다.

2007년 1월
구본형

차례

미래를 이끄는 사람은
과거를 창조적으로 활용한다

위대한 역사가인 야코프 부르크하르트Jacob Burckhardt는 역사가의 고충을 다음과 같이 말했다.

> 모든 참된 기록문헌들은 첫눈에도 지루해 보인다. 낯설기 때문이다. 그것은 자기 시대를 위해서 자기 시대의 관점과 이익을 알려줄 뿐이지, 우리에게는 쉽게 다가오지 않는다…… 사정을 잘 모르는 보통 사람들에게는…… 과거란 가장 재미있는 것조차도 이해할 수 없는 지루함으로 읽힌다. 과거는 과거 자신이 발언을 하는 한, 언제나 낯설고 익히기 어려운 노동이다.

과거를 과거의 시선으로 읽고 해석하는 것은 불가능한 일인지도 모른다. 역사가 E. H. 카Edward H. Carr는 역사가의 역할을 "과거를 사랑하는 것도 아니고, 자신을 과거로부터 해방하려는 것도 아니며, 현재를 이해하는 열쇠로서 과거를 정복하고 이해하는 것"이라고 말했다. 그는 그래서 역사를 '현재와 과거의 끊임없는 대화'라고 정의했다. 훌륭한 리더는 과거의 사례를 존중하고 늘 기억한다. 그러나 단순히 추종하지는 않는다. 그들은 현재를 이해하고 미래로 가는 길을 열 때 언제나 과거를 창조적으로 활용한다.

중국 춘추전국시대의 최고의 병법가로 모두 세 명을 꼽을 수 있다. 첫 번째가 손자孫子라고 알려져 있는 손무孫武다. 그리고 두 번째 인물이 손무의 후손인 손빈孫臏이며, 나머지 하나가 오기吳起다. 다음 이야기는 이들 중 한 사람인 손빈에 얽힌 이야기다.

손빈은 방연龐涓이라는 사람과 함께 병법을 공부했다. 방연은 공부를 마치고 위나라의 장군이 되었다. 그는 자신이 손빈보다 못하다는 것을 알고 있었기 때문에 그를 모함하여 두 다리를 자르고 얼굴에 먹물로 글자를 새겨 숨어 살게 만들었다. 그 후 손빈은 제나라로 가 당시 제나라 장군이었던 전기田忌의 빈객이 되었다. 역사는 기구한 악연으로 얽힌 손빈과 방연을 전장에서 서로 적이 되어 만나게 하였다. 손빈은 장군 전기에게 다음과 같이 제안했다.

"위나라 군사는 사납고 용감합니다. 그래서 늘 제나라 군사를 겁쟁이라고 부릅니다. 우리 제나라 군사가 위나라 군사와 만나 싸울 때 후퇴하게 하십시오. 후퇴할 때 첫날에는 10만 개, 다음 날에는 5만 개, 그리고 그다음 날에는 3만 개의 아궁이를 만들게 하십시오."

위나라 장수 방연은 아궁이 수가 줄어든 것을 보고 비웃었다. 그의 추측대로 제나라의 겁쟁이 병사들이 퇴각하면서 이미 절반 이상 도망가 버렸다고 믿으면서 마음 놓고 추격했다. 손빈은 복병을 숨겨 두었고, 준비 없이 추격하는 위나라 군대를 섬멸했다. 방연은 싸움에 지자 "결국 어린애 같은 놈의 이름을 천하에 떨치게 만들고 말았구나"라고 크게 탄식하며 자결했다. 방연의 예측대로 손빈의 이름은 이 일로 인해 천하에 알려지게 되었고, 그의 병법이 후세까지 전해지게 되었다. 사마천의 『사기』 열전에 수록된, 아주 오래 전 이야기다.

이 이야기가 전해진 후 수백 년이 지나 이 고사와 얽힌 또 하나의 유명한 이야기가 전해진다. 『삼국지』 속의 특별한 캐릭터로 읽히는 제갈공명諸葛孔明이 사마의司馬懿 중달仲達과 싸울 때 이 이야기를 거꾸로 사용하여 사마의를 놀리는 장면이 나온다.

유비劉備가 죽고 난 후 공명은 그 유명한 눈물의 「출사표出師表」를 써 놓고 여러 차례 중국의 중앙부를 향해 진출했다. 인구가 적고 한쪽으로 치우쳐 있는 촉으로서는 중앙으로의 진출이 미래의 활로였기 때문이었다. 그러나 강자를 상대로 하는 싸움은 늘 어려웠다. 다행히 기산祁山에서의 싸움은 잘 풀려 갔다. 그러자 사마의는 사람을 풀어 촉의 조정을 모함하게 하여 공명이 귀환하도록 계략을 짰다. 모함은 적중했다. 전세가 좋을 때 귀환해야 하는 공명으로서는 아쉬운 기회였지만, 돌아갈 수밖에 없었다. 이제 병사를 잃지 않고 매끄럽게 퇴각하는 일이 남아 있었다. 촉군이 퇴각할 때 그 뒤를 급습하여 궤멸하려 했던 사마의를 속이는 방법으로 공명이 썼던 전략은, 물러나면서 아궁이 수를 늘리는 방법이었다. 주위 사람들이 물어 보았다.

"과거에 손빈이 위나라 방연을 칠 때, 퇴각하면서 아궁이 수를 줄였던 적은 있습니다. 어찌하여 아궁이 수를 늘리라고 하십니까?"

공명이 대답했다.

제갈량

"사마의는 군사를 잘 부리는 사람이다. 우리가 물러나면 반드시 우리를 쫓을 것이지만, 속으로 복병이 있을까 의심할 것이기 때문에 우리가 물러난 후 아궁이 수를 셀 것이다. 아궁이 수가 늘어나면 우리가 정말 물러난 것인지, 그렇지 않은 것인지 판단하기 어려울 것이다. 따라서 함부로 쫓지 못할 것이다. 그 사이 우리가 천천히 물러나면 조금도 군사를 잃지 않고 퇴각할 수 있다."

실제로 사마의는 아궁이 수가 늘어난 것을 보고 공명의 복병을 두려워하여 뒤쫓지 못했다.

중국의 역사를 통틀어 가장 현명한 인물 중의 하나로 기술되는 제갈공명은 과거의 지식과 이야기를 어떻게 다시 재해석해야 할지 알고 있었다. 그는 '손빈의 아궁이' 수에 갇히지 않았다. 그 대신 아궁이의 의미를 이해하고 있었다. 손빈과 제갈량은 아궁이 수에 대해서는 반대의 길을 택했지만, 두 사람 모두 적들의 가정과 전제를 이용했다는 점에서 동일하다. 맞서 싸워야 할 적들이 스스로 용맹하다 생각하고 자신의 힘을 과신하는 상황에서는 그들의 가정에 맞춘 시나리오를 따르도록 했던 것이 손빈의 병법이었다. 아궁이 수를 줄여 '제나라 군사는 겁쟁이'라는 가정을 강화시켜 줌으로써 방심하게 하고, 이를 기습하여 적을 무찔렀다. 제갈공명은 추격하고 싶지만, 복병이 있을 것이라는 적들의 의구심을 강화시켜 줌으로써 스스로 추격을 포기하게 만들었다. 손빈은 적의 자만심을 이용하여 공격에 성공했고, 공명은 적의 의구심을 증폭시켜 후퇴에 성공했다. 그들은 역사와 기존의 사례는 시대와 상황에 따라 늘 새롭게 쓰일 수 있는 것임을 역사를 통해 깊이 이해한 사람들이었다.

경영의 세계에서도 과거의 가정과 전제를 바꾸어 줌으로써 놀라운 성공을 거둔 예들이 즐비하다. 예를 들어 일본의 고속열차는 기존의 가정을 버렸기 때문에 탄생할 수 있었다. 기존의 가정과 전제는 "열차는 기관차가 끄는 것이며, 철로는 기존의 지형을 따라 부설되어야 한다"는 것이었다. 그들은 이 가정을 버렸다. 그래서 고속철이 탄생할 수 있었다. 기관차 대신 각 열차에 모터를 달아 그 합이 한 대의 기관차가 열차를 끄는 힘보다 더 큰 힘을 발휘할 수 있도록 하였다. 동시에 지형을 평평하게 만들어 그 위에 철도를 부설했다. 결국 도쿄에서 오사카까지의 운행 시간은 6시간에서 3시간으로 단축되었다.

아마존은 "왜 책은 서점에서 팔아야 할까?"라는 질문을 던졌다. 이 질문이 지금의 아마존을 만들었다. 3M은 '한번 붙이면 영원히 떨어지지 않는 강력한 접착제가 좋은 접착제'라는 가정에 대해, 실수를 거치며 의문을 제기할 수 있었고, '포스트 잇'이라는 효자 상품을 만들어 냈다. 접착제에 대한 새로운 정의와 기능을 만들어 낸 셈이다.

인류의 역사는 꿈의 역사였다. 누가 꿈을 꾸었고 누가 그것을 이루었는가의 기록이라고 말할 수 있다. 당연히 미래 역시 꿈꾸는 사람들의 시대가 될 것이다. 미래학자이며 경영전략가인 피터 슈워츠Peter Schwartz는 앞으로 50년 후 '포춘Fortune 500대 기업' 중에서 최고는 아마존베이AmazonBay가 될 것이라고 말한다. 아마존베이는 물론 가상기업이다. 아마존Amazon과 이베이eBay가 합해지고 강력한 포털사이트가 가세한 새로운 개념의 유통기업이 만들어질 것이라는 뜻이다. 지금은 낮은 가격으로 고객을 유인하는 월마트Wal-Mart가 포춘 최대의 기업 중 하나가 되어 있지만, 그때쯤이면 전 세계를 하나로 묶어 가상 쇼핑공간이 만들어질 것이다. 첨단 디지털 쇼핑도구를 이용하여 3차원적으로 상품을 구경하고 만져보고 느껴보고 냄새 맡을 수 있게 될 것이고, 고객 개인별로 세심한 개별 서비스가 제공될 것으로 상상하고 있다. 그의 말이 맞든지 틀리든지, 그것이 중요한 것이 아니라 이런 새로운 가정과 전제를 통해 우리가 미래를 준비할 수 있도록 도와준다는 점에서 유효한 생각이다.

훌륭한 리더는 과거로부터 배운다. 그러나 과거에 갇히지 않고 미래에 대한 꿈을 꾼다. 왜냐하면 과거가 새로운 가정과 전제를 만들어 낼 수 있는 사람들이 이룩한 꿈의 역사였다는 것을 이해하기 때문이다. 역사는 과거에 대한 연구가 아니다. 자유주의 역사가인 J. E. 액턴John E. Acton은 "역사란 우리들 시대의 좋지 않은 영향과 환경의 억압, 그리고 우리가 숨 쉬는 공기의 억압으로부터 우리를 구제하지 않으면 안 된다"라고 말했다. 역사는 우리가 현재의 문제를 풀기 위해 필요한 연구인 것이다. 그러므로 우리가 역사에서 배우는 가장 커다란 교훈은 아이러니컬하게도 '혁신의 능력'이다. 즉 지금의 문제를 넘어설 수 있는 새로운 가정과 전제의 발굴이라는 것이다.

안정과 안전은 새로운 것을 시도하고 자신의 한계를 넘어서는 것을 방해한다. 성공한 사람은 다시 성공하기 위해 증명된 전략과 모범을 고수한다. 실수를 피할 수 있을지는 모른다. 그러나 기회를 잡기는 어렵다. 성공은 습관을 만든다. 그리고 이 규칙을 따르는 사람을 지원한다. 그러나 시간이 지나면 환경과 시장이 변하기 때문에 규칙은 더 이상 효율적이지 않거나 적합하지 않다.

아놀드 토인비Arnold Toynbee는 "역사적 성공의 반은 죽을지도 모른다는 위기에서 비롯되었고, 역사적 실패의 반은 찬란했던 시절에 대한 기억에서 시작되었다"라고 말한다. 우리가 맞서야 하는 첫 번째 적은 언제나 우리들 자신이다. 그리고 우리를 구해 주는 첫 번째 친구도 우리들 자신이다. 우리는 우리 자신을 창조적으로 증오할 줄 알아야 한다. 그리고 어제의 습관과 사고 속에서 전혀 새로운 변종과 혁신을 이끌어 낼 수 있어야 한다. 혁신의 능력, 과거를 넘어설 수 있는 의도적인 실험 정신이 이제는 리더들의 가장 중요한 덕목이 되었다.

1장
먼저 어제의
자신과 경쟁하다

자기경영 리더십

기회가 오면 리듬을 타고 가능성의 세계로 몸을 실어야 한다.
기량을 닦아 준비하면 때가 되어 큰 내를 건너듯이 이롭다.
부와 명예를 얻을 수 있다.

그러나 먼저 스스로 자신의 그릇의 크기를 물어야 한다.
자신의 기량보다 큰 기회는 몸을 망치기 쉽다.
과욕은 몸을 지치게 하고,
무거운 짐은 먼 길을 가기 어렵게 한다.

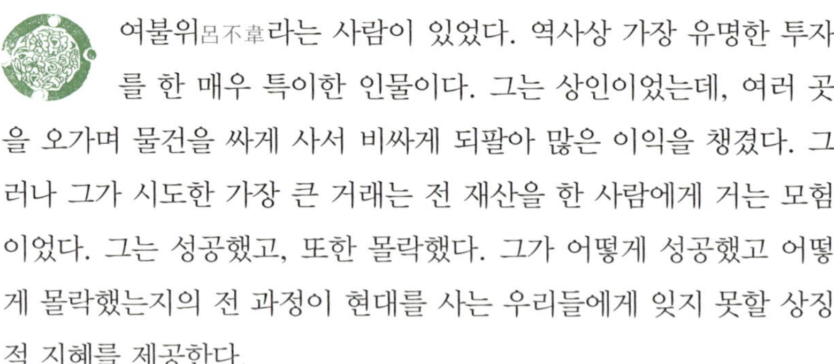

여불위呂不韋라는 사람이 있었다. 역사상 가장 유명한 투자를 한 매우 특이한 인물이다. 그는 상인이었는데, 여러 곳을 오가며 물건을 싸게 사서 비싸게 되팔아 많은 이익을 챙겼다. 그러나 그가 시도한 가장 큰 거래는 전 재산을 한 사람에게 거는 모험이었다. 그는 성공했고, 또한 몰락했다. 그가 어떻게 성공했고 어떻게 몰락했는지의 전 과정이 현대를 사는 우리들에게 잊지 못할 상징적 지혜를 제공한다.

나는 춘추전국시대의 한 이야기와 21세기의 시작점에 있는 우리의
이야기 사이에 존재하는 2,500년의 간격이 이렇게 아무것도 아닌 것
처럼 무너져 내리는 것에 감탄한다. 모든 것이 변했지만 인간에 대해
서는 어느 것도 변한 것이 없다. 인간은 한없이 느리게 진화하는 동
물이다.

하루는 여불위가 한단邯鄲이라는 도시에 장사를 하러 갔는데, 그곳
에서 한 인물을 만났다. 그를 보는 순간, 장사의 귀재인 여불위는 단
번에 이 사람이 훌륭한 가치를 가진 진귀한 상품이라는 것을 알아차
리게 되었다. 이 사람의 이름은 자초子楚였다.

자초는 그 당시 강대국 중의 하나였던 진秦나라의 왕족이었다. 더
정확하게 말하면 진나라의 태자太子로 있는 안국군安國君의 둘째 아들
이었으니, 힘센 나라의 왕족으로 태어난 행운아였다. 그러나 그 당시
전략적 목적으로 조趙나라에 볼모로 보내져 우울한 생활을 하고 있었
다. 바로 그때 여불위가 그를 만난 것이다. 진나라 태자의 아들이기
는 했지만 둘째인 데다 스무 명이나 되는 왕자들 중 서자에 불과했기
때문에 진나라는 자초를 대수롭지 않게 여겼다. 실제로 진나라는 자
초의 안위를 고려하지 않고 그가 볼모로 가 있는 조나라를 공격하기
에 이르렀다. 조나라 왕 역시 자초가 전쟁을 억제하는 수단인 볼모로
서의 가치가 없다는 것을 알게 되었기 때문에 자초를 왕족답게 예우
해 주지 않았다. 진나라와 조나라의 관계가 더 악화되면 언제라도 목
숨을 잃게 될 적국에서의 볼모 생활은 어둡고 불안한 것이었다. 당연
히 먹고사는 것도 풍족하지 못해 궁색한 생활을 할 수밖에 없었다.

하루는 여불위가 자초를 찾아가 말했다.

여불위

"제가 당신의 가문을 크게 일으켜 줄 수 있습니다."

그러자 자초가 웃으며 말했다.

"먼저 당신의 가문을 크게 만들어 놓은 뒤에 내 가문을 크게 만들어 주시오."

여불위가 다시 말했다.

"저의 가문은 당신의 가문에 기대어 커질 것입니다."

자초는 이 말의 뜻을 이해했고, 마음을 털어 놓기 시작했다. 이렇게 하여 여불위는 자초가 진나라의 왕위를 계승하도록 돕고, 자초는 왕위를 얻게 되면 여불위와 영광을 같이하기로 한 약조가 맺어지게 되었다. 두 사람은 미래를 위한 동업의 관계에 들어가게 된 것이다. 이

때부터 여불위의 장기적 투자가 시작되었다.

여불위가 가장 처음으로 한 일은 끈 떨어진 연처럼 적지에 외로운 볼모로 잡혀 있는 자초를 본국과 끈이 닿도록 연결하는 것이었다. 여불위는 돈을 풀어 먼저 진나라의 태자 안국군의 총애를 받고 있는 화양부인華陽夫人에게 접근했다. 그녀는 남편의 사랑을 한 몸에 받고 있었으나 후사가 없었다. 그리하여 여불위는 진귀한 보물과 노리개를 바치며 화양부인에게 자초의 마음을 전해 두었다.

"자초는 어질고 지혜롭습니다. 널리 천하의 제후와 빈객들을 두루 사귀고 있습니다. 멀리 조나라에서도 늘 부인을 친어머니처럼 여기고 밤낮으로 태자와 부인을 그리워하며 눈물을 흘리고 있습니다."

이리하여 자초와 화양부인 사이에 우호적 끈이 생겨났다. 여불위는 다시 화양부인에게 접근해, "아름다운 얼굴로 남을 섬기는 사람은 그 아름다움이 스러져 사랑을 잃기 전에 후사를 정하는 것이 현명하다"는 점을 설득했다. 화양부인은 여불위의 말이 옳다고 생각했다. 그러자 그녀는 태자가 한가한 틈을 타 눈물을 흘리며 말했다.

"조나라에 볼모로 가 있는 자초는 매우 현명하여 오가는 사람들이 모두 칭찬하지 않는 사람이 없습니다. 소첩은 다행히 태자마마의 사랑을 입어 후궁이 되었지만, 아직 아이가 없습니다. 부디 자초를 후사로 세워 후에 소첩이 늙어 몸을 의탁하게 해 주시기 바랍니다."

여자의 눈물은 언제나 훌륭한 약발을 자랑한다. 태자는 자초를 선뜻 후계자로 지목했다. 그 후 태자가 진나라의 왕이 되었으나 1년 만에 죽고 말았다. 드디어 자초가 진나라의 왕이 되었다. 불운한 볼모였던 몸이 화려하게 한 나라의 왕으로 즉위하게 된 것이다. 이 사람이 바로 진나라의 장양왕莊襄王이다. 즉위하자마자 자초는 화양부인을 태후로 높이고, 여불위를 승상으로 삼아 문신후文信侯라 불렀다. 그리고 낙양의 10만 호를 식읍으로 주었다. 여불위는 원래 의도한 만큼 충분한 투자 수익을 올린 셈이다. 아마 여기까지가 여불위가 자초를 처음 보았을 때 머릿속에 그린 그림이었으리라. 만일 여기서 끝났다면 여불위는 행복한 여생을 살다가 행복하게 죽었을지도 모른다.

그런데 일이 진행되어 가는 과정에서 매우 주목할 만한 사건이 하나 발생하였다. 자초가 아직 진나라의 왕이 되기 전인 볼모의 시절에 여불위의 집으로 초대받아 술을 마시고 있었다. 그때 여불위는 여러 명의 첩을 거느리고 있었는데, 그중에 외모가 뛰어나고 춤을 잘 추는 여인이 있었다. 이 여인은 여불위의 아이를 가지고 있었다. 술이 거나해진 자초가 이 여인을 보고 한눈에 반해 여불위에게 그녀를 달라고 청하게 되었다. 사마천의 『사기』 열전에는 "여불위는 이 말을 듣고 화가 치밀어 올랐지만 이미 자기 집 재산을 다 기울여 자초를 위하여 힘쓰고 있는 것은 진귀한 재물을 낚으려는 것임을 떠올리고 여자를 바쳤다"라고 기록되어 있다. 많은 소설 속에서처럼 계획적으로 여불위가 자신의 아이를 가진 여인을 일부러 자초에게 바친 것은 아닌 것 같다. 어찌되었든 여불위의 투자는 자초를 거쳐 그의 아들에까지 이르게 되었다.

왕이 된 자초는 3년밖에 더 살지 못했다. 그리고 자초의 아들이 왕위에 오르게 되니 이 사람이 바로 진나라의 시황제始皇帝 '정政'이다. 여불위의 아들로 추정되는 그는 여불위를 존중하여 상국相國으로 삼고 중부仲父라 불렀다. 당시 여불위의 집에는 하인이 만 명이나 되었다. 진나라는 여불위의 세상이 되었다. 다시 그의 투자는 세대를 넘어 성공한 투자가 되었다. 부의 세습에 성공한 셈이다.

역사가 만일 여기까지만 기록되어 있다면 투자와 성공의 법칙은 훨씬 단순할지도 모른다. 그러나 여불위의 인생은 이렇게 빛나는 성공으로만 이루어지지 않았다. 그의 불행은 어둠 속에서 서서히 얼굴을 치켜들기 시작했고, 급기야는 그를 비극의 소용돌이 속으로 몰아쳐 파멸시키고 말았다.

여불위에게 허락된 좋은 시절은 지나가고 있었다. 진나라 시황은 차츰 나이가 들어 강력한 군주로 성장해 가고 있었다. 진시황 10년에 여불위는 실각되었다. 그리고 이후 촉 땅으로 쫓겨 갔다가 진시황에게 죽임을 당할까 두려워하여 독주를 마시고 자살하고 말았다.

여불위가 실각된 원인의 한복판에는 희대의 음란한 사건이 도사리고 있었다. 시황제 정의 어머니 조희趙姬는 원래 여불위의 여인이었다가 다시 자초에게 시집을 갔지만, 자초가 일찍 죽은 후 외로웠다. 그리하여 원래 정부였던 여불위와 다시 만나 남몰래 정을 통하는 사이가 되었다. 여불위는 어린 시황제가 차츰 나이가 차 정사를 돌보기 시작하자 태후와의 관계가 밝혀져 자신에게 재앙이 미칠 것을 두려워하였다. 그리하여 또다시 계략을 꾸미기 시작했다. 음경이 큰 노애嫪毐라는 사람을 몰래 찾아내어, 때때로 음탕한 음악을 연주케 하고 노애의 음경에 작은 오동나무 수레바퀴를 달아 걷게 했다. 이 소문은 예상대로 태후의 귀에 들어가게 되었다. 그녀는 음란한 여인이었다. 태후는 노애를 불러 거짓으로 거세를 시켜 환관으로 만든 다음, 자신의 거처에 살게 하면서 사사로이 노애와 정을 통했다. 노애는 항상 그녀를 따라다녔고, 태후는 노애를 끔찍이 여겨 모든 결정을 노애가 내리도록 허락했다. 노애의 힘이 커져 수천 명이 그를 따르게 되었다고 한다.

시황제 9년, 한 사람이 노애가 진짜 환관이 아니며 태후와 사사로이 정을 통하는 자라는 사실을 고변하게 되자, 시황제는 이를 상세히 밝혀 보고하게 했다. 여불위 역시 여기에 연루된 것이 밝혀졌다. 궁지에 몰린 노애는 무리를 이끌고 반란을 일으켰으나 시황제가 보낸 군대에 져 일족이 모두 죽임을 당했다. 여불위 역시 죽어야 하는 사람이었으나 선대부터의 공로를 인정받아 겨우 목숨을 건져 촉 땅으로 내쳐졌다. 그러나 종래 그곳에서 죽게 되었다.

수많은 사람들이 등장하는 다이내믹 휴먼 드라마인 사마천의 『사기』 열전 전편 가운데 「여불위열전呂不韋列傳」은 사람을 진귀한 재물로 여겨 오래 투자해 온 대표적 사례라 할 수 있다. 여불위가 아무도 거들떠보지 않는 진나라의 불행한 볼모 자초에게 투자한 것은 그의 상인으로서의 혜안을 보여 주는 대목이다. 특히 그가 사람에게 투자했다는 것은 대단히 탁월한 착상이었다. 그는 이미 사람을 상품으로 환산해 볼 줄 아는 계산력을 가지고 있었다는 점에서 지극히 현대적이다. 제후국들을 주유하며 시대의 흐름을 꿰뚫어 보지 않고서는 불가능한 투자였을 것이다. 그 당시 자초는 누구의 눈에도 쓸모없는 불모지였고, 투자가치 없는 깡통 주식에 불과했다. 여불위만이 그의 가치를 알아냈다. 그는 아무것도 아닌 불행한 사람을 왕으로 만들었고, 결국 "그의 가문에 기대어 자신의 가문을 빛낸다"는 계획을 이루어 냈다.

특히 여기서 나는 여불위 이야기의 또 하나의 차별적 매력을 꼭 한

마디 여담으로 끼워 넣고 싶다. '힘이 있는 곳에는 여성이 없다'는 말이 있다. 그러나 이 말은 틀렸다. 여불위 사례의 훌륭한 점은 남자들의 세계였던 춘추전국시대에도 여성이 끊임없이 남자들의 운명에 개입했다는 점을 보여 주기 때문이다. 화양부인이 없었다면 여불위의 투자는 성공할 수 없었다. 시황제를 임신한 조나라 여인 조희가 없었다면, 그의 투자 효과는 세대를 넘어 그렇게 오래 가지 못했을 것이다. 그러나 아이러니컬하게도 여불위는 바로 그 여인 조희 때문에 죽게 되었으니 '모든 힘 있는 곳에 여성이 있다'는 사실을 십분 증명한 셈이다. 21세기는 여성들의 세기다. 여성의 마음으로, 여성에게 팔지 못하면 경영자는 망하게 될 것이다. 이 점에서도 「여불위열전」은 지극히 현대적이다.

사람이 가장 중요한 경쟁력의 핵심이 된 인재의 시대에 나는 여불위의 관점과 안목을 중요하게 생각한다. '사람에게 투자한다.' 춘추전국시대와 마찬가지로 이것이 바로 이 시대의 화두다. 그러나 한때 훌륭한 투자 수익을 올렸던 여불위가 종래 비극적 최후를 마친 이유는 무엇일까? 그 비극의 단초는 무엇이었을까?

사마천은 그 이유를 '여불위가 소인小人'이었기 때문이라고 말한다. 소인이란 무엇인가? 『논어』의 안연편顔淵篇에 공자와 자장子張의 대화가 나오는데, 이 속에서 공자는 꽤 장황하게 소인을 정의해 두었다. 소인은 겉으로는 어진 모습을 취하나 행동은 그와 다르다. 그렇게 '겉과 속이 다른 채 살아가는 것에 대하여 아무런 회의를 하지 않는 사람'이 바로 소인인 것이다. 결국 거짓으로 돈과 명성을 얻은 사람이 소인이라는 것이다. 사마천은 여불위가 바로 그런 소인이었다고 평가했다.

이익을 취함에 있어서는 탁월한 인물이었지만, 여불위는 이익 앞에서 옳고 그름을 따지지 않았다. 그는 다른 사람의 상품가치를 알아내는 데는 놀라운 통찰력을 가지고 있었지만, 스스로를 한 인간으로 깨우치는 데는 실패했다. 맹자가 "군자는 의로움에 밝고, 소인은 이로움에 밝다君子喩於義 小人喩於利"고 말했듯이 여불위는 이익을 내는 데 탁월한 투자가였지만 의로움을 보지 못함으로써 몰락했다. 이익을 보면 마땅히 그것이 옳은 것인지를 물었어야 했고, 이익과 정의 사이에서 갈등했어야 했다. 그러나 그는 어려움이 있을 때마다 계략과 거짓으로 난관을 넘겼다. 그는 자신의 행위에 대하여 회의하지 않았다. 자신의 존재 이유에 대하여 묻지 않았다. 오직 이익이 이끄는 데로 갔다. 그리하여 사람에게 투자하는 데는 성공했지만 자신에게 투자하여 좋은 사람이 되는 데는 실패하고 말았다.

그것이 그의 중대한 실책이었다. 다른 사람에게 기대어 자신을 키우는 것은 훌륭한 리더십이다. 누구도 홀로 위대해질 수는 없기 때문이다. 그러나 그는 끝내 사람을 상품으로만 생각했다. 필요하면 가지고 있던 것을 남에게 주듯이 던져 주고, 그 관계가 위험해지면 구덩이를 판 뒤 그 사람을 파멸로 유도했다. 결국 자신도 다른 사람에게 상품화되면서 그 가치를 잃게 된 순간 버려지고 말았다.

사마천이 여불위에 대한 생각을 공자의 입을 빌려 평한 것처럼 이번에는 나도 여불위의 사례가 현대의 경영자에게 시사하는 바를 헨리 포드Henry Ford의 입을 빌려 평하고 싶다. 그는 다음과 같이 말했다. 그가 인생을 살면서 많은 깨달음과 반성을 하고 난 다음, 진정으로 믿게 된 가치관인 것 같다.

경영자는 이익을 내야 한다. 그렇지 않으면 망할 것이다. 그러나 오직 이익을 내기 위해서 비즈니스를 한다면…… 그 경우에도 망할 것이다. 왜냐하면 더 이상 존재할 이유가 없기 때문이다.

이익이 없는 비즈니스는 없다. 그러나 의로움이 없는 비즈니스 역시 단명하다. 이것 또한 진실이다. 그렇다. 경영자들에게 이익은 중요한 것이다. 그러나 그 이익에 못지않게 중요한 것은 비즈니스의 가치를 묻는 일이다. 이익을 따르는 소인의 길과 의로움을 따르는 군자의 길이 다른 것이 아니다. 비즈니스맨은 이익을 찾아 전력을 다하되 그 이익이 합당한 것인지를 물어 그 이익의 단명함을 피해야 하며, 이익의 비극적 파탄을 면하는 길을 함께 모색해야 한다.

우리는 비즈니스에도 도道가 있다는 것을 즐긴다. 사고, 팔고, 이해利害를 다루는 영역에서도 인간다운 위대한 정신들이 살아 숨쉬기를 바란다. 인재전쟁talent war이 도처에서 벌어지고 있는 지금, 우리는 인간 중심의 원칙과 도가 살아 있는 경영에 대한 목마름이 있다. 돈을 좇되 돈 너머의 세계에 대한 희구가 있기 때문이다. 이익이 자신을 망치지 않도록 언제나 경계하고 먼저 자신을 수련해야 하는 것이다. 이문을 남기되 또한 사람을 남겨야 한다. 이것이 바로 상도商道인 것이다. 상도를 따르는 사람들, 나는 그들을 훌륭한 비즈니스 리더라고 부른다.

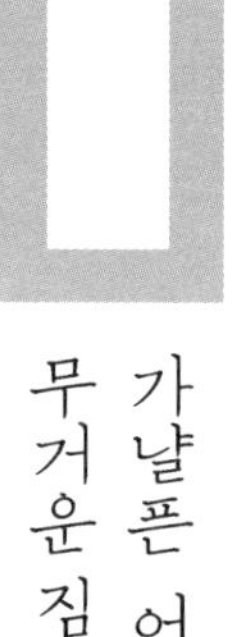

가냘픈 어깨에 무거운 짐을 얹지 마라

'인생의 짐은 무거울수록 좋다'는 말이 있다. 짐이 무거워야 그 짐을 지고 가는 사람도 그에 맞게 강하고 성숙해질 수 있다는 뜻일 것이다. 감동적인 경구이긴 하지만 꼭 들어맞는 말은 아니다. 나는 여리고 작은 어깨에 너무 큰 짐을 지고 가는 사람들의 고달픈 인생을 참 많이 보아 왔다. 그들은 결국 많이 가지 못하고 쓰러지거나 맡은 일을 잘 처리하지 못해 일을 망쳐 놓곤 한다. 몸을 망치고 일을 그르치는 이유는 욕망은 크지만 능력은 작기 때문이다.

사람은 일종의 그릇이다. 태어날 때 그 그릇의 크기와 모양이 결정되어 있는 초벌구이 같은 것이다. 인생을 살면서 우리는 그 그릇을 몇 번 다시 가마에 구워 쉽게 깨지지 않도록 단련하고, 좋아하는 색깔로 채색하며, 일상의 손때를 묻혀 훌륭한 자기로 완성해 가는 것이다. 작고 정교한 그릇에 많은 음식을 담을 수 없고, 세숫대야에 음식을 담아 내오지 않는다. 모두 그 쓰임에 맞아야 한다. 자신의 적합한 쓰임새를 찾는 것이 세상에 자신을 내보이려는 사람이 가장 먼저 생각해야 하는 과제다. 타고난 모양대로 그 용도에 맞는 가장 훌륭한 그릇으로 자신을 다듬어 가야 그 인생이 아름답다. 사람에게는 자신만의 길이 있게 마련이다.

좋은 리더는 다른 사람을 평가하기 전에 먼저 자신의 그릇을 스스로 평가할 수 있어야 한다. 작은 그릇이 큰일을 하려는 것은 과욕이다. 종종 우리는 무능이 죄라는 사실을 잊고 산다. 무능이란 일이 능력을 초과하는 곳에서 발생하는 불일치다. 결국 몸을 망치고 일을 그르치게 된다. 그러나 큰 그릇이 스스로 위축되어 도전하지 않는다면 자신에게 맡겨진 큰일을 기피하고 그 책임을 방기하는 것이다. 많은 것을 받았지만 쓰지 않고 가는 사람은 재능을 낭비한 죄에서 벗어날 수 없다. 역사는 자신에게 맞는 역할을 훌륭하게 수행하다 간 사람들의 빛나는 휴먼드라마다. 그렇지 못한 사람들은 모두 망각의 물결에 씻겨 사라졌다. 그들은 모두 녹아 검고 어두운 배경이 되었고, 누구도 영광의 족적을 남기지 못했다. 과거에 현재를 비추어 봄으로써 지혜를 얻고, 물릴 수 없는 인생을 잘 살다 간 사람들의 파란만장한 역정에서 나의 길을 묻게 된다. 나는 어떤 그릇일까? 나에게 주어진 역

사마천

할과 배역은 무엇일까? 나는 이 질문이 리더가 되려는 사람들의 첫 번째 질문이어야 한다고 생각한다.

『사기史記』를 지은 사마천司馬遷은 한 사내를 변호하다가 한무제漢武帝의 노여움을 사게 되었다. 그 사내는 이릉李陵이라는 장수였다. 작은 병력으로 선전했으나 열 배가 넘는 흉노에게 포위되어 어쩔 수 없이 투항하게 되었는데, 사마천은 이릉의 인품과 지난 전공을 들어 그를 비호했다. 그러나 조정의 중론은 투항한 이릉에게 책임을 물어 희생양을 만들고, 총사령관이었던 이광리李廣利의 패전의 잘못을 덮어주는 것으로 대세가 기울었다. 외로운 사마천은 결국 궁형宮刑의 치욕

『사기』 오제본기(五帝本紀). 북송판(北宋版).

을 당하게 되었다. 그것은 남성을 거세하는 형벌이었기 때문에 너무나 모욕적인 것이어서 당시 대부분의 관리들은 궁형을 선고받게 되면 스스로 자진했다. 자결이 마지막 자존심을 지켜 내는 방법이었다. 그러나 사마천은 궁형의 치욕을 받아냈다. 그리고 『사기』라는 불후의 걸작을 써냈다.

임안任安이라는 사람에게 보낸 편지에서 사마천은 "마음속에 맹세한 것을 완성하지 못함이 원통해서이며, 이대로 죽어 버림으로써 내 문장이 후세에 남지 못하게 됨을 애석하게 여겨" 죽을 수 없었다고 말했다. 그는 자신의 길을 갔다. 그리고 역사는 그런 그를 기억해 주었다. 그가 바로 역사 자체였다. 그가 쓴 『사기』 열전은 자신에게 주어진 역할이 무엇인지 알기 위해 고뇌하고, 결국 그 길을 선택할 수밖에 없었던 무수한 인물들의 핏빛 역정을 기록해 두었다. 이제 몇 가지 사례를 들어 그 속에 등장하는 인물들이 자신에게 맡겨진 배역을 맞아 어떻게 열연하다 무대에서 사라져 갔는가를 보자.

초나라 평왕平王에게 건建이라는 태자가 있었다. 그리고 태자의 교육을 책임진 두 명의 선생이 있었다. 한 사람은 오사伍奢라는 인물이었고, 또 한 사람은 비무기費無忌라는 인물이었다. 비무기는 태자를 정성껏 보필하지 않았다. 어느 날 평왕은 비무기에게 진나라에 가서 태자의 아내를 맞아 오게 했다. 진나라 공주의 자태가 아름다운 것을 알게 된 비무기는 평왕에게 그 아름다움을 알리고, 태자 대신 평왕이 그녀와 혼인을 하도록 주선했다. 결국 며느릿감이 시아버지와 결혼을 하게 되었다. 그리고 이 일로 비무기는 평왕의 환심을 사서 태자를 버리고 평왕을 모시는 신하가 되었다. 비무기는 태자가 평왕의 뒤를 이어 왕이 되었을 때, 이 일이 알려져 자신의 목숨이 위태로워질 것을 두려워했다. 그래서 태자를 모함하기 시작했다. 급기야 태자는 변방의 수비장으로 좌천되었다가 끝내 목숨을 구하기 위해 다른 나라로 망명을 가게 되었다.

태자가 달아나자 태자의 선생인 오사는 감옥에 갇히게 되었다. 비무기는 오사의 가족 역시 자신의 적이라는 것을 알고 있었기 때문에 그들 모두를 죽이고 싶어 했다. 그래서 비무기는 평왕을 움직여 오사의 두 아들을 불러들여 잡으려 했다. 평왕의 사신이 감옥에 있는 오사에게 말했다.

"두 아들을 불러들여라. 그러면 살려줄 것이다. 그렇지 않으면 죽일 것이다."

오사는 이렇게 말했다.

"큰아들 오상伍尙은 사람됨이 어질어 내가 부르면 틀림없이 올 것입니다. 그러나 둘째 아들 오운伍員은 사람됨이 강하고 능히 굴욕을 참아 낼 수 있어 함께 사로잡히는 길을 택하지 않을 것입니다. 둘째 아들은 오지 않을 것입니다."

평왕은 사람을 보내 두 아들들을 모두 불러들였다.

큰아들 오상이 아버지에게 가려 하자 동생인 오운이 말했다.

"평왕이 우리를 부르는 것은 우리를 죽이려고 하는 것입니다. 가면 모두 죽습니다. 아버지의 원수를 갚는 데 아무 도움이 되지 않습니다. 그러니 차라리 다른 나라로 망명하여, 병력을 빌려 아버지의 원수를 갚는 것이 낫습니다. 달아납시다."

이때 오상이 말했다.

"나도 안다. 내가 그곳에 가더라도 끝내 아버지의 목숨은 구할 수 없다. 그러나 아버지가 살기 위해 나를 부르셨는데 아들이 어찌 도망갈 수 있겠느냐. 혹시 나중에 원수를 갚지 못하면 아버지의 부름도 거역하고 목숨을 구해 달아나더니 끝내 원수도 갚지 못한 사람이라 비웃음을 당할 것이다. 나는 그것이 싫다. 그래서 가겠다. 그러나 너는 달아나거라. 너라면 형과 아버지를 죽인 원수를 갚을 수 있을 것이다. 나는 아버지가 계신 곳으로 가 죽음을 맞을 것이다."

그리하여 오상은 스스로 잡혀 갔고 부자는 모두 목숨을 잃었다. 아우인 오운은 도망쳤다. 오운이 바로 그 유명한 오자서伍子胥다. 그는 각고의 노력 끝에 후에 오나라의 병력을 이끌고 초나라로 쳐들어갔다. 하지만 원수인 평왕은 이미 죽은 뒤였다. 그러자 그는 죽은 평왕의 무덤을 파헤친 다음, 시신을 꺼내 300번의 채찍질을 하여 원한을 갚았다. 사람들은 신하였던 사람으로서 그 행동이 지나침을 비난했다. 그때 오자서가 한탄하며 했던 유명한 말이 있다.

"해는 저물고 갈 길은 멀어 천리天理를 좇을 수 없다."

오상이 죽음을 택한 것은 그 자신의 기준에 비춰 볼 때 최선의 선택이었다. 오자서가 달아나 원수를 갚은 것도 최선의 선택이었다. 그들은 모두 자신의 가치와 역량에 따라 최선의 선택을 하였다. 누가 옳고, 누가 그르다 말할 수 없다.

훌륭한 사례를 하나 더 들어 보자. 관중管仲은 춘추시대 제齊나라 사람이며, 공자보다 약 150년 전 사람이다. 『삼국지』의 제갈량諸葛亮 같은 인물이 즐겨 자신의 역할모델로 삼은 인물이 바로 관중이다. 중국 역사상 최고 중의 최고로 불릴 만하다. 관중이 제나라의 정치를 맡게 되자 보잘것없는 나라가 부유하게 되었고, 군대가 튼튼해졌으며, 백성들과 더불어 좋고 나쁜 것을 나누게 되었다. 결국 그를 등용한 제나라 환공桓公은 천하의 우두머리가 되어 제후들을 이끌었다.

관중은 젊었을 때 포숙鮑叔과 사귀었다. 그는 가난하여 늘 포숙을 속였지만, 포숙은 그를 잘 대해 주었고 속인 것을 따지지 않았다. 그리고 그의 현명함을 알아주었다. 관중이 언젠가 이렇게 말했다.

"내가 가난했을 때 포숙과 장사를 한 적이 있었다. 이익을 나눌 때마다 내가 더 많은 몫을 차지하곤 했으나, 포숙은 나를 욕심쟁이라고 하지 않았다. 그는 내가 가난한 것을 알고 있었기 때문이다. 언젠가 나는 포숙을 위해 어떤 일을 경영하다가 실패하여 그를 더욱 어렵게

환공(가운데)과 관중(오른쪽). 왼쪽 인물은 노(魯)나라의 조말(曹沫)인데, 환공을 협박하고 있다. 한대(漢代)의 화상석(畫像石).

만들었다. 그러나 포숙은 나를 어리석다고 하지 않았다. 운세에 따라 좋을 때도 있고 나쁠 때도 있다는 것을 알았기 때문이다. 나는 일찍이 세 번 벼슬길로 나아갔으나 세 번 다 군주에게 내쫓겼다. 그러나 포숙은 나를 모자라는 사람이라 여기지 않았다. 아직 때를 만나지 못했음을 알았기 때문이다. 나는 세 번 싸움에 나가 세 번 다 모두 달아났지만 포숙은 나를 겁쟁이라고 하지 않았다. 내가 늙은 어머니를 모시고 있다는 것을 알았기 때문이다. 내가 모시던 공자 규糾가 왕권을 놓고 다투다 져서 죽었다. 함께 그를 모시던 소홀김忽은 스스로 목숨을 끊어 따라 죽었다. 그러나 나는 붙잡혀 굴욕스러운 몸이 되었다. 그러나 포숙은 나를 부끄러움을 모르는 사람이라고 하지 않았다. 그것은 내가 작은 일로 부끄러워하지 않지만, 천하에 이름을 날리지 못하는 것을 부끄러워한다는 것을 알기 때문이다. 나를 낳아준 이는 부모지만, 나를 알아준 이는 포숙이다.”

포숙이 보좌하던 공자 소백小白이 왕위에 올라 환공이 되었다. 포숙은 환공에게 관중을 추천하였다. 이때 포숙은 환공에게 이렇게 말했다.

“그저 제나라를 다스리고자 한다면 군주께서는 고혜와 숙아 정도만 있어도 될 것입니다. 그러나 천하의 우두머리가 되고자 한다면 관중이 아니면 불가능합니다. 그는 어느 나라에 있든지 그 나라에서 소중하게 여길 인물이니 잃어서는 안 됩니다.”

포숙은 관중을 추천하고 자신은 그의 아랫자리에 앉았다. 포숙의 자손들은 대대로 제나라의 봉록을 받으며 10대에 이르도록 이름 있는 대부의 집안으로 알려졌다. 이 아름다운 일을 두고 세상 사람들은 관중의 현명함을 칭송하기보다 포숙이 사람을 알아보는 눈을 가지고 있었음을 더 찬미한다.

세월이 흘러 관중이 중병에 걸려 자리에 누웠는데, 환공이 찾아와 관중이 불행한 일을 당하면 포숙에게 정사를 맡기는 것이 어떨지를 물었다. 관중이 대답했다.

“포숙은 군자입니다. 아무리 큰 나라라고 하더라도 정당하게 주는 것이 아니면 받지 않을 것입니다. 그러나 정사를 맡기기에는 적당치 않습니다. 그 성격이 선을 좋아하고 악을 미워하는 정도가 지나칩니다. 그래서 하나의 악을 보면 죽을 때까지 잊지 못합니다.”

평생 포숙의 도움으로 최고의 자리에 올라 뜻을 펼치게 되었지만, 정작 기회가 되어 포숙을 추천해야 할 자리에서 관중은 포숙을 추천하지 않았다. 그러나 사람들은 관중을 배은망덕한 사람이라고 평가하지 않았다. 관중은 포숙이 그 자리와 지위에 맞지 않다는 것을 알고 있었기 때문이다. 관중은 '그 사람에게 맞는 적절한 자리'가 어디인지 알고 있었고, 적합한 사람이 적합한 자리에 있지 못하면, 결국 개인은 몸을 망치고 조직은 일을 망친다는 것을 잘 알고 있었던 것이다.

또 이런 이야기도 있다. 관중이 아직 제환공을 보필하기 전에 그는 소홀이라는 사람과 함께 공자 규를 도와 왕위 쟁탈전에 참여했는데, 이 싸움에서 공자 규가 패해 죽음을 당했다. 두 사람은 앞으로의 거취를 놓고 서로 의논하였다. 소홀이 말했다.

"나는 죽어서 의를 지킬 것이니 그대는 살아서 명성을 떨치도록 하라. 명성을 지키기 위해서는 살아남아야 하고, 의를 지키기 위해서는 죽어야 한다. 그대는 부디 나라를 위해 많은 일을 하기 바란다. 서로 자기의 분에 맞게 살고 죽으면 된다."

결국 소홀은 자신의 목을 쳐서 죽었고, 관중은 살아남아 등용되었다.

세상 사람들은 이렇게 평가했다.

"소홀의 죽음은 살아남은 것보다 훌륭하고, 관중이 살아남은 일은 죽은 것보다 훌륭하다."

자신에 대하여 잘 알고 있는 사람들은 소신에 따라 행동한다. 오상은 아버지의 부름을 받아 죽음의 길에 동행했다. 그러나 오자서는 고행과 굴욕을 이겨내고 아버지와 형의 원수를 갚았다. 모두 자신에게 맡겨진 길을 거부하지 않고 치열하게 살다 갔다.

포숙은 관중을 재상의 자리에 추천했다. 그러나 그 덕으로 재상이 된 관중은 은혜를 되갚을 기회가 주어졌지만, 포숙을 그 자리에 추천하지 않았다. 하지만 포숙은 그를 원망하지 않았다. 관중이라는 그릇과 자신의 그릇이 다른 용도를 위해 만들어졌다는 것을 알고 있었기 때문이다. 소홀은 충성을 지켜 자진했다. 그것이 그가 맡은 배역임을 알고 있었기 때문이다. 관중은 모욕을 참고 살아남았다. 작은 절개에 매이지 않았기 때문이다. 그러기에는 자신이 너무 큰 그릇이라는 것을 알고 있었기 때문이다. 사마천 역시 궁형의 치욕을 받고도 살아남은 것은 자신에게 할 일이 있었기 때문이다.

오상과 오운, 관중과 포숙과 소홀, 그리고 사마천이 택한 길은 서로 다르다. 그러나 공통점이 하나 있다. 그들은 모두 자신의 그릇이 얼마나 되는지 알고 있었고, 그 그릇의 쓰임새에 맞게 자신의 역할을 맡아 훌륭하게 수행했다. 우리는 그들을 빛나는 인물들이라고 부르며, 마음으로 그 행적을 인생의 등불 중 하나로 기억하고 있다.

좋은 리더는 먼저 자신을 평가할 줄 알아야 한다. 그리하여 주어진 배역을 가장 잘 수행할 수 있도록 준비되어 있어야 한다. 자신의 역량을 모르는 사람이 리더가 되어서도 안 된다. 리더십의 결정적 부재는 무능한 사람이 자신의 그릇과 맞지 않는 높은 지위에 앉아 있다는 사실로부터 온다. 그리고 모자라는 사람이 높은 자리에 오른 후 주변의 중요한 자리를 아부에 강한 더 모자라는 사람들로 채우기 시작하면서 리더십은 타락한다.

훌륭한 리더는 자신의 크기와 모양을 알고 있다. 그리하여 자신과 어울려 훌륭한 앙상블을 만들어 낼 수 있는 사람들을 결집한다. 크기와 모양에 맞게 사람들을 적재적소에 씀으로써 조직 역량을 극대화할 수 있다. 자신조차 제대로 평가하지 못하는 사람은 다른 사람을 옳게 평가할 수 없다.

그러므로 리더는 먼저 자신의 어깨가 얼마나 많은 짐을 질 수 있는지 가늠하고, 스스로 역량을 키우며, 좋은 사람을 얻어야 주어진 배역을 훌륭하게 수행할 수 있게 되는 것이다. 자신을 아는 것, 이것이 훌륭한 리더가 되는 첫 번째 기초다.

나는 나에게 먼저 묻는다. 나는 어떤 그릇인가? 그리고 나는 어떤 리더로 성장하고 싶은가?

월계관을 쓰고도
다음날 훈련에 나서라

리더십의 핵심은 늘 잊혀 왔다. 이 점이 바로 그동안 리더십을 이야기하면서 그것을 늘 모호하고 불분명한 잡다한 미덕들의 결합으로 이해하게 된 이유이기도 하다. 리더십의 원천은 힘이다. 힘없이는 리더가 될 수도 없고, 리더십을 발휘할 수도 없다.

철학자 버트런드 러셀Bertrand Russell은 다음과 같은 유명한 말을 했다.

힘없는 리더는 종이호랑이다. 그는 누구에게도 영향력을 미칠 수
없다. 힘은 리더십의 핵심에 있다. 리더십에서 사용하는 힘이란 생각
속의 의도를 현실로 데려오는 것이며 계속 머물게 하는 에너지다. 리
더십의 핵심은 결국 그 힘이 어디서 오며 그 힘을 어떻게 사용해야 하
는가의 문제인 것이다. 예를 들어 권위주의자들은 그 힘이 조직의 조
직도로부터 온다고 믿는다. 실리주의자들은 실세가 누구인지 따진다.
유미주의자들은 그 힘이 아름다움에서부터 온다고 믿는다. 전문성이
중요한 지식사회에서 조직도상의 위계의 힘을 빌려 영향력을 행사하
려 한다면 마치 돈이 없는 계좌에서 돈을 꺼내려는 것처럼 어리석은
일이다.

잘못된 리더십은 또한 이 힘을 잘못 사용하는 것이다. 예를 들어 그
동안 많은 경영자들은 구성원들을 조직화하기보다는 통제하고, 표현
하게 하기보다는 억제하도록 만들었고, 앞으로 나아가게 하기보다는
재갈과 고삐로 묶어 두는 쪽을 선택했다. 그래서 힘은 가장 필요한 것
이지만 가장 남용되는 것이기도 했다. 리더십이란 힘을 선용하는 것
이다. 리더십은 리더와 추종자 사이의 힘의 상호 작용이다.

나는 힘의 가장 큰 물줄기 중의 하나가 바로 배움에 있다고 믿는다.
'정보와 지식의 사회 속에 살고 있다'는 뜻은 정보와 지식이 사회의

가장 중요한 핵심적 에너지가 되었다는 것을 뜻한다. 다시 말해 정보와 지식을 가진 사람들은 날아오를 것이고, 그렇지 못한 사람들은 자신이 몰락하는 소리를 들을 것이라는 뜻이다. 이것이 지식사회의 메시지다. 리더의 힘과 권위는 이제 조직도와 위계질서에서 오는 것이 아니라 배움에서 온다는 뜻이기도 하다.

『열자列子』라는 책 속에 처절한 배움의 길에 대한 이야기가 나온다. 비위飛衛라는 사람이 있었다. 천하의 명궁이었다. 기창紀昌이라는 사람이 그 명성을 듣고 찾아와 제자가 되기를 청했다.

비위가 그에게 말했다.

"먼저 눈을 깜박이지 않는 연습을 하게. 그런 뒤에야 활쏘기에 대한 이야기를 나눌 수 있다네."

기창은 돌아와 아내의 베틀 아래 누워 눈을 베틀 끝에 댄 채 누워 있었다. 그러기를 2년, 마침내 그는 송곳이 떨어진다 해도 눈을 깜박이지 않게 되었다. 비위에게 찾아가 이 이야기를 하자 비위가 말했다.

"아직 멀었네. 다음에는 쳐다보는 훈련을 해야 하네. 작은 것을 크게 볼 수 있어야 하고, 희미한 것이라도 뚜렷하게 볼 수 있어야 한다네."

기창은 돌아와 머리털 끝에 이를 한 마리 잡아매었다. 그리고 그것을 창문에 걸어 두고 남쪽을 향해 서서 바라보았다. 열흘이 지나자 작은 것이 점점 크게 보이기 시작하더니, 3년이 지나자 수레바퀴처럼 크게 보였다. 그런 뒤에 다른 것들을 보았더니 표적이 되는 것들은 모두 산이나 언덕처럼 크게 보였다. 기창이 비위를 찾아가 그 이야기를 하자 비위는 기뻐하며 가슴을 치면서 좋아했다. 그리고 기창에게 활

쏘는 법을 가르쳐 주었다. 그리하여 제자는 스승의 기술을 다 터득하였다. 이제 세상에는 스승 비위를 빼고는 그를 당할 자가 없었다.

기창은 천하제일이 되기 위하여 스승을 죽이기로 작정했다. 마침내 스승과 제자는 광활한 들판에 마주 섰다. 그리고 서로를 향하여 활을 쏘았다. 그러나 중도에서 화살은 더 나아가지 못했다. 두 사람이 쏜 화살은 중간에서 만나 서로 부딪쳐 서로를 쪼개며 땅에 떨어졌기 때문이다. 스승인 비위의 전동箭筒에 먼저 화살이 떨어지고, 기창에게는 한 대의 화살이 남아 있었다. 기창은 마지막 화살을 날려 보냈다. 그러나 비위가 막대기를 들어 한 치의 어긋남도 없이 그것을 막아냈다. 두 사람은 활을 내던지고 울며 서로 맞절을 했다. 그리고 부자父子의 인연을 맺게 되었다.

이 이야기는 오늘날 개인의 평생학습의 방식을 상징적으로 잘 설명해 준다. 바로 멘토링을 의미한다. 우리가 어떤 일을 할 때, 여러 명이 하나의 팀이 되어 프로젝트를 수행하는 경우가 있다. 한 팀 속에는 여러 가지 전문성이 섞여 있을 수 있고, 그 경력의 깊이도 다르다. 따라서 같이 작업하면서 다른 경력과 전문성이 서로 섞이고 보완되면서 성과와 연결된다. 바로 이때가 현장에서 자신의 전문성과 경험을 넓히고 깊게 할 수 있는 절호의 기회가 된다. 자신이 기술적 영역을 넓힐 수 있도록 직간접적으로 도와준 선배는 좋은 멘토로서의 역할을 수행한 셈이 된다. 바로 이 사람들이 기창에게 스승 비위의 역할을 해 준 셈이다. 스승이기도 하고 파트너이기도 하며 경쟁자이기도 한 사람들, 이들은 공적 교육이 미처 다루지 못한 '현장 속의 실제'를 가르쳐 준다.

배우고 익히는 것도 중요하지만, 얻은 기량을 어떻게 활용하는가 하는 문제 역시 매우 중요하다. 배움과 활용에 관련하여 그 정신적 자세에 대한 이야기가 『장자莊子』의 달생편達生篇에 실려 있다.

안연顔淵이 어느 날 배를 타고 강을 건너게 되었다. 그 배의 사공이 배를 젓는데 몸놀림이 가히 신의 경지에 달한 듯 보였다. 안자가 물었다.

"배 젓는 법을 배울 수 있겠는가?"

사공이 대답했다.

"물론입니다. 수영을 잘하는 사람은 몇 번 저어 보면 금방 배웁니다. 잠수에 능한 사람은 배 같은 것을 본 적이 없더라도 금방 저을 수 있습니다."

안연은 그 이유가 납득되지 않아 사공에게 다시 물었으나 그는 대답하지 않았다. 안자는 후에 스승인 공자에게 이 이야기를 하며 그 이유를 물었다. 공자가 대답했다.

"수영을 잘하는 사람이 배를 저을 수 있는 이유는 물을 의식하지 않기 때문이다. 물에 빠지는 것을 두려워하지 않기 때문에 오로지 배 젓는 일에만 전념하게 된다. 잠수를 할 수 있으면 배가 뒤집히더라도 결코 당황하지 않는다. 그런 사람에게는 못이 언덕과 같다. 배가 엎어져도 마치 수레가 뒤로 물러나는 것처럼 여길 뿐이다. 엎어져도, 뒤로 물러나도, 온갖 위험이 닥쳐도 그것들이 마음을 어지럽히지 않는다. 그러니 마음의 여유가 있는 것이다.

내기를 하는 경우에도 마찬가지다. 기왓장 하나를 걸고 내기를 하면 활을 쏘아 기막히게 맞히는 사람이, 허리띠의 황금 고리를 내기의 상품으로 걸면 마음이 어지러워 활을 잘 쏘지 못하게 된다. 기량은 동일하지만 내기 상품에 마음이 쏠리는 이유는 외물外物을 중히 여기기 때문이다. 대체로 외물을 중히 여기면 내심內心은 졸렬해진다.”

이 이야기는 배우는 사람의 정신적 태도가 배움의 과정과 기량의 활용에 얼마나 중요한지를 잘 보여 주고 있다. 이것은 도제 방식과는 어쩌면 반대되는 접근법으로 생각된다. 예를 들어 어떤 경우, 여럿이 아니라 혼자서 어떤 상황을 해결하도록 투입되는 경우도 있다. 도와줄 사람도 별로 없고, 어떻게 해야 되는지도 잘 모를 경우, 스스로 실수를 전제로 한 여러 가지 ‘기업가적 모색과 실험’을 시도해 볼 수 있다. 이때 우리는 실험정신이라는 정신적 유연성을 잃어서는 안 된다. 수영과 잠수의 능력이 배를 잘 저을 수 있도록 훌륭한 정신적 토양을 제공하듯이 실험과 모색을 즐기는 정신적 유연성이 배움의 성과를 극대화한다. 바로 이 자세가 리더로 하여금 단지 한 분야의 기술자를 넘어 배움의 범용성을 터득하도록 도와준다. 즉 기술을 넘어 자신을 믿는 자신감으로 확장되고, 두려워하지 않고 새로운 시도를 할 수 있도록 해 준다. 이윽고 배움의 본질에 접근하게 되는 것이다.

세계적으로 가장 우수한 경영두뇌들이 모여 있는 것으로 유명한 매킨지는 이 분야에서 가장 오래된 회사도 아니고 가장 큰 회사도 아니다. 그러나 이 회사는 스스로 최정예의 리더들을 키워 내는 것을 가장 중요한 조직의 특징으로 꼽는다. 톰 피터스Tom Peters 같은 경영 관련 작가를 배출하기도 했고, IBM을 살려낸 루 거스너Lou Gerstner도 한때 이 회사에 다녔다. 그들은 매킨지 안에서 근무하든 매킨지를 떠나든, 들어올 때보다 나은 사람이 되어 떠나는 것을 발전이라고 생각하는 조직이다. 이것이 매킨지의 힘이다. 어쩌면 매킨지를 떠나 밖에서 경영자나 컨설턴트로 활약하는 사람들에 의해 매킨지는 더 유명한 기업이 되었는지도 모른다.

어떤 산업 분야든 훌륭한 인재를 키워 낸다는 것은 그 조직이 사회에 기여하는 가장 크고 아름다운 일 중의 하나다. 그 훌륭한 인재가 그 조직을 위해 일하든, 나와서 그 조직 밖에서 일하든 훌륭한 비즈니스 리더로서 사회에 참여하고 공헌할 수 있다는 것은 그 기업의 자랑이라 할 수 있다.

나는 이러한 정신적 유연성이 사회가 하나의 인재를 키워 내는 방식이 되어야 한다고 믿고 있다. 때로는 경험이 많은 선배 전문가로부터 배우고, 때로는 홀로 실패에 대한 두려움을 안은 채 새로운 방법을 모색해 보는 이 두 가지 접근법이 상호 보완적으로 한 사람을 전문적인 비즈니스 리더로 만들어 가는 기본 방향인 것이다. 훌륭한 인재들은 배움에 있어 대개 이 두 가지의 접근법을 따른다. 이 두 가지 방법은 모두 개인적인 노력과 학습이라는 자기 책임의 테두리 내에서 이루어진다는 점에서 훌륭한 실천성을 가지고 있다.

리더는 먼저 자신의 힘을 가져야 한다. 자신이 선택한 분야에서의 전문성을 높이고 매일 배움으로써 전문가의 자리를 유지하는 것이 바로 이 힘의 원천이다. 경영자는 경영의 길을 선택한 사람이다. 경영의 달인이 되는 것이 리더십의 원천이다. 학자는 학문의 길을 선택한 사람이다. 학자의 힘은 자신의 전공 분야에서의 깊이다. 그 깊이가 힘이다. 직업인의 힘 역시 자신의 분야에서 전문가로서의 소견의 적절성에서 온다. 이것이 가장 기본적인 힘이다.

반대로 직원과 고객이 무엇을 원하는지 알지 못하면서 많은 사람들 위에 군림하는 높은 자리에 앉은 사람은 모두를 실망시키며, 학문의 깊이가 없는 학자는 좋은 스승이 될 수 없고, 업무의 속성을 알지 못하는 상관은 무능한 것이다. 그들은 긍정적인 영향력을 갖지 못한다. 반대로 그들은 조직이 더 나은 길로 가지 못하도록 막는 장애물로 전락하는 자신을 발견하게 될 것이다.

따라서 좋은 리더는 스스로를 수련하는 궁사처럼 매일 자신을 수련해야 하며, 물 위에서 배를 젓는 새로운 시도를 두려워하지 않는 유연한 정신의 지적 탐험가여야 한다.

'감정의 끈'을 놓치면 관계가 무너진다

옛날에 중산군中山君이라는 사람이 있었다. 하루는 가신들을 불러 큰 잔치를 벌였다. 이때 사마자기司馬子期라는 사람도 초청을 받아 자리에 참석했다. 잔치는 풍성했고 여러 가지 음식들이 오고 갔다. 드디어 양고기 국을 먹을 차례가 되었다. 그러나 마침 국물이 부족하여 사마자기에게는 그 몫이 돌아가지 않았다. 사마자기는 이것이 자신에 대한 모욕이라고 여겼다. 그 때문에 결국 중산군을 버리고 이웃 나라인 초楚나라로 가 그곳에서 벼슬을 했다. 그 후 그는 초나라 왕을 설득하여 중산군을 공격하게 했다. 중산군은 어려워졌고 싸움에 져 피신할 수밖에 없었다. 그런데 전에 한 번도 만난 적이 없는 젊은 형제 두 사람이 창을 들고 따르며 목숨을 걸고 중산군을 지켜 주었다. 이상히 여긴 중산군은 그들에게 자신을 그토록 보호하는 이유를 물었다. 그들의 대답은 다음과 같았다.

"저희 부친께서 아직 살아 계실 때의 일입니다. 어느 날 부친이 배가 고파 쓰러져 있을 때, 중산군께서 친히 밥 한 덩이를 주셨습니다. 저희 부친은 그 찬밥 한 덩이로 목숨을 건졌습니다. 부친께서 돌아가실 때 우리에게 유언을 했습니다. 만일 중산군께서 어려운 일에 처하게 되면 목숨을 걸고 보답하라 이르셨습니다."

이 말을 듣고 중산군은 하늘을 보고 탄식하였다.

"타인에게 베푼다는 것은 많고 적음이 문제가 아니다. 상대방이 정말 어려울 때 돕는 것이 중요하다. 상대방의 원한을 사는 것 역시 크고 작음의 문제가 아니다. 상대방의 마음을 상하게 하는 데 문제가 있는 것이다. 나는 한 그릇의 양고기 국물로 인하여 나라를 잃었고, 한 덩이의 찬밥 때문에 목숨을 구했구나."

『전국책戰國策』 속에 실려 있는 이야기다. 삶이란 오묘해서 살다 보면 이런 일들이 적지 않다. 그때마다 깨닫게 된다. 은혜와 원한 모두 마음에서 나오는 것이다. 마음은 사소한 것을 느낄 수 있고 그것의 의미를 감지한다. 그러므로 당신이 누군가의 상사라면 작은 일들에도 마음을 써 경계해야 한다. 아니, 작은 일을 통해 마음이 흐를 수 있는 통로를 찾아내라고 말하는 것이 더 좋겠다.

특히 냉소와 무시가 담긴 눈빛을 조심하라. "너는 아니야. 이 바보 같은 놈!"이라는 메시지를 전하지 마라. 그 눈빛을 받은 사람에게는 오랫동안 잊히지 않고 마음에 남아 있게 된다. 원한과 복수로 남아 있을 수도 있고, 함께하고 싶지 않은 거부감으로 남아 있을 수도 있다. 눈빛으로 무언가를 느끼게 되면 그 느낌이 오래 간다. 왜냐하면 마음속 진심을 보았다고 믿기 쉽기 때문이다. 눈은 마음이 세상을 향해 열어 놓은 문과 같다. 마음을 알고 싶을 때 상대방의 눈빛을 놓치려고 하지 않는 이유이다. 눈빛은 깊게 찌른다. 그러므로 나쁜 감정을 의도적으로 눈빛으로 전하려 하지 마라. 반대로 눈빛 속에 정성을 담으면 생각보다 훨씬 더 좋은 감정을 전해 줄 수 있다.

우리는 다른 사람들의 마음속으로 들어가서 생각하고 느낄 수 있는 공감과 공명의 능력을 가지고 있으며, 이를 통해 일체감과 동질성을 확인한다. 공감하기 위해서는 자아의 울타리를 허물거나 싸리문을 열고 밖으로 나와 타인의 마음속으로 들어가 둥지를 틀고, 타인의 감정을 자신의 감정으로 느낄 수 있어야 한다. 공감이 이루어지면 비로소 그 마음을 얻을 수 있다.

사람의 마음을 얻는 일과 관련하여 또 이런 일도 있다.

장군 오기吳起가 중산국中山國을 공격할 때, 한 병사가 심하게 다쳐 상처가 짓무르고 고름이 나왔다. 오기는 그 병사의 고름을 자신의 입으로 빨아 주었다. 이 감동적인 이야기가 사람들 입을 타고 그 어머니에게 전해졌다. 이 소식을 들은 어머니는 대성통곡을 했다. 주위 사람들이 의아하게 생각하고 물었다.

"장군이 당신 아들을 그처럼 아끼니 영광스러운 일입니다. 그런데도 그렇게 통곡하는 이유가 무엇입니까?"

어머니가 말했다.

"오기 장군이 예전에도 그 아이 애비의 고름을 빨아 주었습니다. 아이의 아버지는 그 은혜를 잊지 못하고 장군을 위해 싸우다 결국 죽고 말았습니다. 이제 장군이 다시 내 아이의 고름을 빨아 주었다고 하니 이 아이 역시 생명을 걸고 장군을 위해 싸우다 죽고 말 것입니다. 아이를 잃고 어미가 어찌 울지 않을 수 있단 말입니까?"

이 이야기는 사마천의 『사기』 열전 속에도 보이고, 『한비자韓非子』 속에도 나오는 것으로 중산군 이야기보다 훨씬 더 많이 알려져 있다. 우리는 이 속에서 어떤 패러독스를 느낀다. 병사를 아끼는 장군의 자세는 존경할 만하다. 이러한 장군을 위해 목숨을 걸고 싸움에 임하는 병사의 자세 역시 높이 사야 한다. 그리고 자식을 위해 통곡하는 어머니 역시 너무도 안타깝다. 이런 패러독스들이 우리의 삶에 어쩔 수 없는 감정의 끈을 만들고, 우리는 즐겨 이 끈에 묶이게 된다.

깊은 '감정의 끈'이야말로 사람과 사람을 연결해 준다. 감정의 끈으로 유명한 에피소드가 있다. 이번에는 비즈니스의 세계에서 찾아보도록 하자. 쿠바의 수도 아바나에서 태어나 카스트로 정권이 들어서자 단돈 20달러와 코카콜라 주식 100주를 들고 쿠바를 떠난 로베르토 고이주에타Roberto Goizueta는 20년 만에 코카콜라 회장에 취임했다. 1981년의 일이다. 취임 후 4년이 지난 다음, 99년간 지속되어 온 코카콜라의 맛을 새롭게 바꾸는 뉴 코크New Coke 혁명을 감행했다. 그리고 완벽하게 실패했다. 이 사례는 대표적인 실패 사례로서 세계 비즈니스 스쿨의 교재로 활용되곤 했다. 코카콜라는 뉴 코크 혁명 후 3개월 만에 원래의 맛으로 복귀했다. 실패의 원인은 철저히 분석되었다. 새로운 콜라의 맛은 고객들이 코카콜라에 대해 기대한 그 맛이 아니었다. 고이주에타는 코카콜라가 단순한 음료수가 아니라 고객들과 단단한 '감정의 끈'으로 연결되어 있음을 깨닫게 되었다. 감정의 끈은 사람과 사람만을 연결해 주는 것이 아니다. 사람과 사물을 연결해 주기도 한다는 것을 알 수 있다. 그 후 그는 포도주 사업과 영화 산업에서 손을 떼고, 코카콜라에 집중했다. 최고의 수익을 올리는 사업에 전력 투구하여 세계 최고를 만드는 베스트 오브 베스트Best of Best 전략에 집중했다. 결국 그가 죽기까지 코카콜라는 200개의 진출 국가 중 거의 전 영역에서 시장 점유율 1위를 차지하게 되었다.

좋은 리더는 이 '감정의 끈'을 놓지 않는다. 이 감정의 끈을 타고 서로의 감정이 교감되며 공감된다. 이 끈은 신뢰trustworthiness라는 실로 짜여 있다. 사우스웨스트항공사Southwest Airlines의 창업자 허브 켈러허Herb Kelleher와 그 직원들은 이 감정의 끈을 타고 상대방의 마음속으로 들어가 함께 놀다가 되돌아오곤 한다. 사우스웨스트 직원들은 켈러허 회장이 그들에게 보여 주는 믿음을 고맙게 생각한다. 몇 십 년 동안 켈러허의 찬사를 들어 온 직원들은 이번에는 반대로 회장을 칭찬하기로 했다. 직원들은 나름대로 감사를 표시하고 또 켈러허에게 깜짝쇼를 보여 주기 위하여 하나의 행사를 준비했다. 1994년 '보스의 날'에 맞추어 그들은 자비로 〈USA 투데이〉지에 허브 켈러허 회장을 칭송하는 광고를 실었다.

켈러허에게 보낸 직원들의 편지

감사합니다, 허브
우리 직원들 이름을 모두 기억해 주신 것에
로널드 맥도널드 하우스를 지원해 주신 것에
추수감사절 날 수화물 적재를 손수 도와주신 것에
모든 사람에게 키스를 해 주신 것에
우리의 말을 들어 주신 것에
유일하게 흑자를 내는 항공사를 경영해 주신 것에
우리의 휴일파티에서 노래 불러 주신 것에
일 년에 딱 한 번 노래 불러 주신 것에
직장에서 반바지와 운동화를 신게 해 주신 것에
단 하나의 골프채로 '러브 클래식'에서 골프를 치게 해 주신 것에
샘 도널드슨보다 더 말을 잘한 것에
할리 데이비슨 오토바이를 타고 사우스웨스트 본사에 출근하신 것에
회장이 아니라 친구가 되어 주신 것에.

– 행복한 보스의 날에 16,000명 직원 일동

당신이 이런 편지를 받았다면, 그것도 신문 광고라는 특별하고 재미있는 방법으로 이런 편지를 받았다면, 그날은 기분이 아주 좋을 것이다. 그리고 개인적으로 훌륭한 추억이 되어 평생 기억될 것이고, 어디서나 이야기하고 싶은 일이 될 것이다. 더욱이 이 에피소드는 경영자와 직원들을 하나로 연결하는 감정의 끈이 되어 서로를 묶어 줄 것

허브 켈러허

이다.

　해럴드 기닌Harold Geneen은 "모든 조직은 두 개의 조직 구조를 가지고 있다. 하나는 문서상의 조직도이고, 또 다른 하나는 기업 내 구성원 간의 일상적 관계다"라고 말했다. 여기서 말하는 일상적 관계의 핵심이 바로 '감정의 끈'을 말하는 것이다. 그것은 공식적인 관계의 냉정한 형식 속에 인간적인 신뢰들이 흐를 수 있도록 통로를 개설한다. 그리하여 경영 자체가 냉혹한 것이 아니라 뜨거운 것이 되게 한다.

　직원들은 경영자에게 자신의 인생 일부를 맡기는 것이다. 마찬가지로 경영자도 직원들에게 자신의 삶 일부를 맡기는 것이다. 서로의 삶에 대한 책임, 나는 이것이 신뢰라고 생각한다. 그리고 그 신뢰는 오랫동안 서로를 이어 주는 여러 가지 좋은 감정의 끈들로 짜여 있다는 것을 알고 있다. 리더십은 기본적으로 그 실천에 있어 신뢰의 문제를 다룰 수밖에 없다. 냉정하고 가혹하며, 권위를 세우고 무게를 잡아야 사람들이 따르는 것이 아니다. 그래서 생명이 오가는 싸움터에서 훌륭한 장군들은 군사의 사기를 살피고, 그 마음을 얻기 위해 최선을 다하는 것이다.

내
이름을
크게
부르게
하라

편작扁鵲은 명의다. 죽은 사람도 살렸다는 사람이다. 그런데 편작의 두 형도 모두 의사였다. 단지 그 두 형들은 세상에 잘 알려지지 않았다. 어느 날 이 사정을 알고 있는 위나라 왕이 편작에게 물었다.

"그대들 3형제 중에서 누가 가장 병을 잘 고칠 수 있습니까?"

편작이 대답했다.

"큰 형님이 가장 훌륭하고, 다음은 둘째 형님이며, 제 의술이 제일

떨어집니다.”

왕이 그럼에도 불구하고 편작의 이름이 가장 널리 알려진 이유를 묻자 다시 편작이 대답했다.

“큰 형님은 환자가 아픔을 느끼기 전에 얼굴빛을 보고 장차 병이 있을 것을 압니다. 병이 나기도 전에 병이 날 것을 알고 병의 원인을 제거해 줍니다. 환자는 아파 보기도 전에 치료를 받게 되는 것입니다. 그러나 환자는 저의 형님이 고통을 미리 제거해 주었다는 사실을 모릅니다. 그래서 큰 형님은 명의로 이름이 알려지지 않은 것입니다.

둘째 형님은 환자의 병세가 미미할 때 그의 병을 알고 치료해 줍니다. 그러므로 환자는 둘째 형님이 자신의 큰 병을 낫게 해 주었다는 것을 잘 모릅니다.

그러나 저는 환자의 병이 커지고 고통으로 신음을 할 때에야 비로소 병을 알아냅니다. 그의 병이 심하기 때문에 맥을 짚어 보고, 진기한 약을 먹이고, 살을 도려내는 수술을 했습니다. 사람들은 나의 이런 행위를 보고 나서야 내가 자신의 병을 고쳐 주었다는 것을 알게 됩니다. 이것이 바로 제가 명의로 소문이 난 이유입니다.”

『갈관자鶡冠子』라는 책에 나와 있는 이 이야기가 진실인지, 편작의 겸손인지는 알 수 없다. 그리고 그것을 알아내자는 것이 이야기의 목적이 아니다. 중요한 것은 이 이야기의 의미다. 명성은 이렇게 찾아오는 것이다. 전쟁이 없으면 유명한 장군이 나올 수 없고, 사람들이 부를 동경하지 않으면 부자가 빛나지도 않는다. 그래서 훌륭한 장수는 전쟁의 비참함 때문에 빛나고, 부자는 빈부의 차가 극심한 사회 속에서 더욱 선망의 대상이 된다. 명성이 없이도 잘살 수 있으면 평화로운 사회다. 그러나 지금은 브랜드의 시대고, 이미지의 시대며, 이름의 시대다. 가장 경쟁적인 사회 속에 살고 있다는 증거다.

시장에서 불리는 자신의 이름이 바로 브랜드다. 자신의 브랜드 가치를 높이는 방법을 몇 가지 생각해 보자. 첫째는 해당 분야의 전문가가 되는 것이다. 사람들은 전문성이 자격증에 의해 인정된다고 여긴다. 실제로 사회는 자격증을 전문성의 기준으로 요구한다. 전문가에 의한 공적 기준이 필요하기 때문이다. 동의한다. 그러나 전문가는 자격증에 의해 전문성이 획득되고 유지되는 것이 아니다. 전문가는 늘 초보여야 한다. 이것이 내 지론이다. 이상한가? 그렇지 않다.

지식사회의 특성은 지식의 유효기간이 단명하다는 것이다. 어제 배워 알고 있는 것은 오늘 더 이상 유효하지 않다. 새로운 지식으로 대체되었기 때문이다. 지식의 자기 증식 스피드는 늘 우리를 황당하게 만든다. 자격증은 어제 내가 전문가의 기준을 통과했다는 사회적 인증이다. 시간이 느리게 흐르던 시대에는 자격증의 유효기간이 평생을 갔다. 말하자면 한번 전문가는 영원한 전문가였던 것이다. 대표적으로 변호사, 회계사, 약사, 변리사, 그리고 의사들의 자격증의 유효기간은 평생을 간다. 그러나 시간이 빨리 흐르는 스피드의 시대에는 실제로 자격증의 유효기간이 짧아질 수밖에 없다. 실제로 전문가들은 그 자격 조건을 유지하기 위해서 필요한 재교육을 받아야 하고, 다시 자격증을 갱신하는 절차를 거쳐야 하는 추세에 있다. 어제 훌륭한 전문가였던 사람이 오늘도 그러리라고 생각해서는 안 된다. 관록을 자랑하는 중견, 이들이 가장 위험한 사람들이다. 나이와 조직도상의 위치가 전문성을 입증하지는 못한다. 바로 이 점이 모든 전문가들의 고민과 스트레스이기도 하고 도전과 기회이기도 하다. 과거의 유산만을 사용하는 사람들에게서 우리는 배울 것이 없다. 미래의 유산을 새로 만드는 사람들만이 우리를 감탄하게 한다.

'항상 초보'라는 정신적 각성이 되어 있는 사람들은 어제의 자신과 경쟁할 준비가 되어 있는 좋은 학생이다. 불가佛家에서는 초심을 강조하고 언제나 초심으로 돌아갈 수 있는 자세를 높이 산다. '처음처럼', 이것을 발심發心이라 한다. 늘어지고 관성화한 자신을 채찍질하고 처음 출가했을 때의 마음으로 돌아가는 것이다.

브랜드를 키우는 두 번째 방법은 자신이 제공하는 가치에 대한 자신만의 언어를 가지는 것이다. 예를 들어 핀란드 기업인 노키아Nokia의 사명 슬로건은 '커넥팅 피플connecting people'이다. 이 말은 "우리는 무선 통신 단말기의 제조·유통·판매 회사가 아닙니다. 그 대신 우리는 사람과 사람을 이어 주는 비즈니스에 종사합니다"라는 뜻이다. '휴대전화＝사람 사이의 그리움을 이어주는 도구'라는 강력한 이미지를 만들어 낸 것이다. 이것은 비영어권 사용자라도 한 번 들으면 잊지 못할, 간단하지만 분명한 언어로 자신의 사업을 규정함으로써 사람들에게 자신이 제공하는 가치를 전달하는 가장 훌륭한 마케팅 방식이다.

스타벅스Starbucks의 하워드 슐츠Howard Schultz는 '커피를 파는 것이 아니라 커피 체험을 파는 것'으로 자신의 사업을 규정한다. '스타벅스＝커피 체험'의 분명한 등식을 고객에게 전달하는 것이다. 그는 커피를 슈퍼마켓에서 파는 인스턴트 음료나, 어디서나 파는 원두커피로부

터 차별화하여 돈 많은 의사나 증권 브로커들뿐 아니라 경찰이나 택시 운전사도 즐길 수 있는 '지갑에 부담을 주지 않는 사치'로 만들었다. 약간의 사치로 '무언가 세계적인 것'을 즐기고 있다는 흐뭇한 환상'에 젖게 만든 것이다.

브랜드를 키우는 세 번째 방법은 바로 현장을 활용하는 것이다. 현장은 생각을 실험해 볼 수 있는 최고의 훈련장이다. 어디서 어떤 일을 하든 지금 하고 있는 일이 진행되는 곳이 일차적 현장이다. 새로운 생각은 그 자리에서 실험되어야 그 정체를 알 수 있다. 조건을 달리해 주고, 새로운 연결을 시도하다 보면 생각이 현장에서 제대로 작동하는 순간을 보게 된다. 이때 그 현장은 혁신되는 것이고, 자신은 혁신의 비법 하나를 얻게 되는 것이다. 이 기쁨이 만만찮다.

스타벅스는 아주 분명한 브랜드 파워를 가지고 있지만, 그것이 광고를 통해 얻어진 것은 아니다. 그들의 가장 중요한 광고매체는 바로 매장과 사람이었다. 실제로 스타벅스는 개업 초기인 1987년부터 1995년 사이에 국내 광고에 거의 돈을 쓰지 않은 것으로 알려져 있다. 그러나 1990년 중반에 이미 스타벅스는 가정과 직장에 이은 '세 번째 장소'로 고객들에게 인식되었다. 사람들은 '사회적인 상호 작용을 위해서, 휴식을 위해서, 잠시 동안의 고독을 달래기 위해서' 이 장소를 찾았다. 이 현상에 대하여 하워드 슐츠는 다음과 같이 말했다.

"사회는 점점 파편화되지만 우리 매장은 황폐한 개인들을 위한 오아시스가 되고 있습니다. 우리를 지치게 하는 많은 것들로부터 떠날 수 있는 작은 탈출구가 되고 있는 것입니다."

브랜드를 키우는 네 번째 방법은 브랜드 자체를 확장해 가는 것이다. 마치 현장이 확장되듯이 브랜드 또한 확장된다. 선승에게는 선방만이 수련의 현장이 아니다. 무엇을 하든 행위가 있는 곳이 현장이다. 현장은 현장을 찾으려는 사람들에게만 나타난다. 수없이 많은 좋은 생각들이 문득 버스를 타다가 혹은 화장실에서, 혹은 산길을 걷다가 나를 찾아온다. 이 느닷없는 방문이 일어나는 모든 곳이 현장이다. 배움은 이렇게 깊어지는 것이며, 공력은 이렇게 누적되는 것이다.

다시 스타벅스의 경우를 예로 들어 보자. 고급 브랜드의 커피 체험을 고객들에게 각인시킨 스타벅스는 1994년 스타벅스의 1호점이 열렸던 시애틀의 음악가 케니 지Kenny G의 음반들과 스타벅스 커피를 묶어서 크리스마스 전후 6주 동안에 5만 개나 팔았다. 음악은 환경과 커피 체험 모두에 영향을 주는 중요한 것이었다. 1995년에는 커피, 우유, 얼음을 혼합하여 달고 차갑고 크림이 있는 음료로 유명한 프라푸치노를 개발해 냈다. 첫해 동안 프라푸치노는 5,200만 달러어치나 팔려 나갔고, 전체 매상의 7%를 차지했다. 1998년 스타벅스는 펩시와 공동 사업으로 병에 든 프라푸치노를 미국의 슈퍼마켓에서 팔기 시작했다. 그리고 가장 인기 있는 인스턴트 커피 중 하나로 자리 잡았다. 이런 방법을 통해 스타벅스는 고객이 카페 매장에 있든, 일을 하든, 집에 있든, 여행을 하든, 놀든, 무엇을 하든 스타벅스를 접할 수 있도록 만들었다.

브랜드를 키우는 다섯 번째 방법은 철저히 브랜드의 가치를 옹호하는 것이다. 한번 브랜드를 얻었다고 해서 이를 남용하거나 무작정 확장해 가서는 안 된다. 확장의 과정 속에서 그 브랜드의 고유가치가 강화될 수 있거나 최소한 희석되지 않도록 철저하게 고유가치에 집착해야 한다.

예를 들어 스타벅스가 전문 커피 시장을 독점한 것은 아니다. 초기에는 스타벅스보다 앞서 갔던 글로리아 진스 커피 빈스는 1993년 미국 33개 주에 163개의 매장을 가지고 있었다. 이들은 1980년 말 프랜차이즈를 통해 급속하게 매장의 수를 늘려 나갔다. 속도가 빨라짐에 따라 문제도 금방 눈에 띄었다. 소유주 에드 벳코Ed Kvetko는 이미 1990년 초에 갑자기 늘어나게 된 프랜차이즈 매장의 커피 맛의 질과 매장의 서비스 수준을 통제하기가 어렵게 되었다. 특히 대부분이 입점해 있던 쇼핑몰들이 문을 닫으면 이 커피 매장도 따라서 문을 닫았다. 가장 손님이 많은 시간대에 문을 닫아야 했던 것이다. 결국 1993

년에 커피도매상이었던 브라더스 구어메이 커피사가 글로리아 진스 커피 빈스를 인수하고 말았다.

반대로 스타벅스는 브랜드의 아이덴티티에 집중했다. 그들 역시 프랜차이즈를 내주면 확장은 훨씬 쉬울 수 있다는 것을 알고 있었다. 그들도 유혹을 느낄 때가 많았다. 그러나 그들은 맛과 커피 체험 그리고 바리스타Barista 서비스를 강화함으로써 브랜드 구축에 더 많은 노력을 기울였다. 하워드 슐츠는 그 점을 이렇게 말했다.

스타벅스 브랜드는 고객이 가슴에 간직한 기대에 부응하는 일상적 체험을 창출했다. 우리는 이 기대에 계속 부응해야 한다. 우리의 규모가 더 커지고 사업이 더 복잡해진다 해도 결코 놓쳐서는 안 되는 것이 바로 일상의 체험에 대한 고객의 신뢰다……. 스타벅스의 순 가치는 신용과 자신감이다. 그러나 신용은 쉽게 깨지는 것이다. 신용을 당연한 것으로 생각해서는 결코 안 된다. 고객의 신용을 존중해야 한다. 무너지지 않고 낡지 않도록 늘 새롭게 보수하고 리모델링해야 하는 건축물로 생각하라.

브랜드를 얻는 법이 있다면 브랜드를 잃지 않는 법도 있다. 가장 중요한 원칙 한 가지만 소개하면서 결론으로 삼을까 한다. 가장 빈번하게 발생하는 실책이 '모든 사람에게 호소'하려는 노력이다. 차별성을 버리고 모든 것을 제공하겠다는 사고를 우리는 보통 '라인 확장'이라고 부른다. 일반적으로 성공한 제품의 브랜드를 다른 새로운 제품에도 붙이는 것을 말한다. 좋은 아이디어 같지만 대체로 실패한다. 예를 들면 A1 스테이크 소스 같은 예다. 이 회사는 쇠고기의 소비가 줄어드는 대신 닭고기의 소비가 증가한다는 것을 알게 되었다. 그래서 새로운 닭고기 소스를 만들었고, 제품 이름을 붙일 때 'A1 닭고기 소스'라고 명명했다. 그 유명한 A1 쇠고기 소스를 만든 회사의 제품이라는 것을 고객들에게 인식시키기 위해서 말이다. 그러나 결과는 확실하게 실패하고 말았다. 왜냐하면 'A1 소스는 스테이크 소스의 대명사'였기 때문이다.

마케팅은 고객의 인식을 다루는 것이다. 마케팅에는 객관적 진실도, 최고의 제품도 없다. 다만 고객의 마음속에 자리 잡은 인식이 있을 뿐이다. 편작의 두 형들은 모두 편작보다 나았지만, 명의라는 브랜드는 편작의 것이 되었다. 브랜드는 '시장에서 불리는 나의 이름'일 뿐 객관적 진실이 아니다. 명성의 가치이기도 하고 명성의 허망함이기도 하다. 이것이 브랜드의 의미이며 동시에 브랜드의 한계인 것이다. 그러므로 명심해야 한다. 리더로서의 명성은 그 브랜드 가치에서 온다.

그러나 명성은 곧잘 물거품이 되기도 한다. 그것은 풍선 같은 것이다. 늘 조심스러운 것이다. 따라서 명성을 다룰 때는 오래 그곳에 안주해서는 안 된다. 늘 새로운 혁신을 생각하고 새로운 실험을 시도해야 한다. 그것은 마치 아주 큰 상을 받은 사람이 그다음 날이면 상 받은 일을 잊고 다시 연습에 돌입해야 하는 것과 같다.

〈포춘〉지에 의해 한때 '세계 최고의 여성 CEO'로 추천되기도 했던 전 HP의 CEO 칼리 피오리나Carly Fiorina는 이렇게 말했다. "우리는 월계관을 쓰고도 쉴 수가 없다. 역사가 미래를 보장해 주지는 않는다.

역사란 미래를 향해 여행할 때, 반드시 딛고 일어서야 하는 자리인 것
이다.”

성공은 단명한 것이며, 명성은 거품 같은 것이므로 리더들은 그 명성
이 흩어져 날리지 않도록 늘 새로운 성공을 지향하지 않으면 안 된다.

독하고 모진 마음으로
새로운 아침을 맞지 마라

춘추전국시대의 중국을 통틀어 병법을 말하는 자들은
모두 『손자병법孫子兵法』13편과 『오기병법吳起兵法』을 들
먹인다. 『한서漢書』예문지藝文志에는 원래 『오기병법』이 48편인 것으
로 기록되어 있으나 지금은 6편만이 현존한다. 특히 오기吳起는 매우
특별한 사람인 듯하다. 몇 가지 그에 얽힌 기록과 에피소드를 가지고
오기가 누구인지 추측해 보자.

• 오기는 작은 나라인 위나라 사람으로 전부 76번을 싸워 64번을 완승했다. 대단히 뛰어난 전적이다.

• 그는 증자曾子에게서 배웠는데, 증자는 그를 싫어했다고 한다. 여기에는 이유가 있다. 오기의 집안은 원래 부자였다. 그러나 오기가 등용되지 못하고 여기저기 벼슬을 찾아다니면서 재산을 탕진했기 때문에 급기야 파산하고 말았다. 마을 사람들이 오기를 뒤에서 비웃자 그는 자신을 비방한 사람들 30여 명을 죽이고 마을을 떠났다. 도망가기 전에 오기는 어머니와 헤어질 때 자신의 팔을 물어뜯으며 "대신이나 재상이 되기 전에는 다시는 위나라로 돌아오지 않겠습니다"라고 소리쳤다고 한다. 그리고 증자를 찾아가 그의 제자가 되었다.
얼마 후에 그의 어머니가 돌아가셨는데, 오기는 끝내 위나라로 돌아가지 않았다. 그 후 증자는 오기를 경시하고 관계를 끊었다고 한다. 그럴 수밖에 없는 것이 증자는 『효경孝經』의 저자로 알려져 있는 공자의 제자로서 그 효행으로 이름을 날린 사람이니 모친이 사망해도 고향에 가지 않는 오기를 용납하기 어려웠을 것이다. 그러나 이 사실은 전적으로 믿을 것이 못 되는 것 같다. 왜냐하면 사마천의 『사기』 열전에 따르면 누군가 오기를 비난하기 위해 한 말이기 때문에 과장되었을 것으로 생각된다.

• 오기가 어떤 사람인지를 보여 주는 가장 대표적인 사례는 그가 아내를 죽인 일이다. 사건의 발단은 이러했다. 제나라가 노나라를 공격했는데, 노나라에서는 벼슬을 찾아 전전하던 오기가 병법에 밝은

오기

것을 알고 그를 장군으로 등용하여 제나라에 대적하려 했다. 그러나 오기의 아내가 제나라 사람이라는 이유로 측근들이 오기를 장군으로 임용하는 것을 반대하고 나서자, 오기는 자신의 아내를 죽여 제나라 편이 아님을 분명히 했다. 결국 노나라는 그를 장군으로 임명하게 되었고, 그는 제나라를 공격하여 크게 이겼다. 이 일로 오기는 '아내를 죽여 장군이 된 사람'이라는 비난을 면치 못하게 되었다.

• 그러나 오기의 진짜 가치는 군사에 밝은 훌륭한 병법가라는 점에 있다. 오기는 장수가 되자 병사들과 똑같이 옷을 입고 밥을 먹었다. 잠을 잘 때도 자리를 깔지 못하게 했고, 행군을 할 때도 수레를

타지 않고 자신이 먹을 것은 직접 지고 다녔다. 병사와 고통을 나누는 데 인색하지 않았다.

• 그의 죽음에 대한 이야기를 해 보자. 그는 전략가답게 죽었다. 오기는 만년에 초나라의 재상으로 초빙되었다. 그는 훌륭하고 혁신적인 재상의 역할을 해 냈다. 법령을 확실하고 세밀하게 만들었다. 필요 없는 관직을 줄여 쓸데없는 사람들을 관직에서 내쳤다. 왕실과 왕족들의 봉록을 없애고 거기서 얻은 재원으로 군사를 길렀다. 강력한 군사력으로 초나라는 남과 북으로 땅을 넓혔고, 다른 제후들은 초나라가 강성해지는 것을 두려워했다. 군사적 강대국으로의 개혁은 성공했지만, 자리를 잃고 봉록을 잃은 사람들은 오기에 대한 증오가 커지기 시작했다.

그들은 오기의 후원자가 되어 주었던 왕이 죽자 즉시 난을 일으켰다. 오기는 달아나다 죽은 왕의 시신 위에 엎어졌고, 오기를 겨냥한 화살들이 그의 몸에 꽂혔다. 그러면서 동시에 왕의 시신 위에도 꽂혔다. 오기가 죽고 왕의 장례식이 끝난 뒤 왕의 아들이 왕이 되었다. 그리고 왕의 몸에 화살을 쏜 자들을 색출하기 시작했다. 이 사건에 연루되어 일족이 죽임을 당한 집안이 70여 가구에 이르렀다고 한다. 오기는 죽으면서도 자신을 죽인 자들에 대한 복수를 하고 죽었다.

얼마 전 나는 한 공익조직의 경영혁신 사례를 집중적으로 조명해 본 적이 있었다. 이 조직은 10년의 혁신 과정에서 인원이 절반으로 줄어드는 아픔을 겪었다. 그리고 경영진과 노조원들 사이의 갈등은 전쟁을 방불케 했다. 시위와 파업 그리고 노사 모두의 소모적 투쟁, 투쟁 과정 중 행해질 수밖에 없는 개인의 극단적인 저항과 자해 그리고 폭력과 협박, 업무 처리 과정에서 알게 된 조직의 비리에 대한 고발이나 무고, 구조조정을 맡은 담당 부서나 개인들에 대한 유치하고 가혹한 정신적 테러와 그 대응 과정을 통해 점증되는 악연, 끊임없이 계속되는 소송 등은 개혁을 시작한 조직이 겪는 전투 내용들이다. 마치 같은 질병에 걸린 환자들이 같은 증상과 통증을 호소하듯, 인력 구조 조정을 시작하게 되면 모든 조직은 정도의 차이는 있지만 비슷한 상처와 갈등을 겪게 된다. 평화의 시대에 지켜지는 상식들이 이때는 지켜지지 않는다. 이것이 전쟁 상태의 비극인 것이다. 평화의 위대함은 우리가 지킬 것을 지켜 가며 살 수 있고, 그렇게 사는 사람들이 존경을 받을 수 있다는 점에 있다.

여기서 나는 오기에 대한 이야기를 한 가지 더 해야겠다. 위나라에서 서하西河의 태수가 된 오기는 명실상부한 그 나라 최고의 인물이었다. 그러나 왕은 오기 대신 전문田文이라는 사람을 재상으로 임명했다. 인사에 불만을 품은 오기는 전문을 찾아가 세 가지를 따졌다.

"삼군을 장악하고 나가 싸워 공을 세우는 데, 공과 나 가운데 누가 더 낫소?"

전문은 오기가 더 낫다고 대답했다.

"관리를 다스리고 나라의 창고를 가득 채우는 데, 공과 나 가운데 누가 더 낫소?"

전문은 오기가 더 낫다고 대답했다.

“다른 나라가 우리를 쳐들어오지 못하게 막는 데, 공과 나 가운데 누가 더 낫소?”

전문은 오기가 더 낫다고 대답했다.

“이 세 가지 점에서 내가 당신보다 더 나은데, 당신이 내 윗자리인 재상이 된 까닭은 무엇이오?”

그때 전문이 되물었다.

“왕의 나이가 어려 나라가 안정되지 않고, 신하들이 말을 듣지 않으며, 백성들이 왕을 믿지 못할 때, 재상의 자리를 나에게 맡기겠소, 아니면 장군에게 맡기겠소?”

오기는 한참을 생각하다 대답했다.

“당신에게 맡기겠소.”

그때 전문이 조용히 말했다.

“그래서 내가 당신보다 윗자리에 앉은 것이오.”

오기는 때와 환경에 따라 쓰임이 다르다는 것을 깨달았고, 전문이 이 점에서 자신보다 나은 사람이라는 것을 인정했다. 그 후 전문이 죽고 다른 사람이 재상에 오른 후, 오기는 자신을 품어 줄 사람이 없다는 것을 알고 초나라로 망명하게 되었고, 그곳에서 재상이 되었다. 그 후 앞에서 말한 대로 비극적인 최후를 맞았다.

오기에 대한 몇 가지의 장면들을 보면 그가 각박하고 잔인하고 독한 사람이라는 것은 분명한 것 같다. 그러나 그것이 전부였던 것 같지는 않다. 언젠가 그가 위나라의 장군으로 군주를 섬기고 있을 때 왕과 함께 배를 타고 서하로 가던 중 왕이 산천의 견고함을 보고 찬탄하여, 지형이 험하니 나라가 외침으로부터 안전할 수 있는 자연적 성벽이 쳐진 셈이라며 좋아한 적이 있었다. 그때 오기가 이렇게 답했다.

"나라의 보배는 왕의 덕행에 있는 것이지 지형의 험준함에 있는 것이 아닙니다. 만일 왕이 덕행을 쌓지 않으면, 먼저 이 배 안에 있는 사람들이 모두 대왕의 적이 될 것입니다."

왕이 그 말을 듣고 옳은 말이라고 했다.

최고의 전략가 중의 한 사람인 오기의 일생을 장식하는 장면 몇 가지를 보면, 자본주의 시장경제 속에서 쫓고 쫓기는 전쟁을 치르고 있는 경영자들의 일면을 들여다보게 된다. 일단 싸움이 벌어지면 경쟁에서 이기기 위해 아침에 일어나면서부터 지독하고 냉혹하게 적의 목숨을 거두어 오기 위한 생각들로 머리를 가득 채우게 될 것이다. 그들이 나에게 한 것보다 더 심하고 치명적인 방법으로 되돌려 주기 위해 수단과 방법을 가리지 않는 나쁜 생각들로 가득 차 하루를 시작하게 될지도 모른다. 그러면서 동시에 직원들의 이해를 구하고, 그들을 결속하며, 경쟁자보다 더 좋은 제품과 서비스를 만들기 위해 노심초사하게 될 것이다. 싸움이 벌어지는 곳, 그곳은 전쟁터이며 일상의 규칙들이 지켜지지 않는 곳이다.

밖으로는 장군으로서 거친 밥을 먹으며 풍찬노숙으로 전쟁터를 누비고, 안으로는 재상으로서 내부의 개혁을 맡아 살아야 했던 오기는 어쩌면 치열한 자본주의 경쟁 속에서 살아남아 번영해야 하는 경영자들의 자화상인지도 모른다. 어려움을 이기고 승리해야 한다는 것, 늘 나아지기 위해 끊임없이 혁신해야 한다는 것은 우리에게 정신적 피곤을 가중시킨다. 좋고 아름다운 생각으로 하루를 시작하는 것을 저해하고, 그런 좋은 생각 자체를 비현실적인 이상으로 몰아간다. 치열한 경쟁은 우리 스스로를 고갈시킨다.

오기의 행적을 보며 오늘날과 너무도 흡사한 춘추전국시대라는 인재의 시대에 고달프게 살다 간 한 전략전문가의 애환을 느낀다. 부디 모든 리더들이 이 피곤한 시장경제의 경쟁 속에서 '덜 피곤한 자본주의'를 살아갈 수 있는 자신만의 휴식법을 찾아내길 바란다.

나는 이 고단한 여정에서 때때로 『맹자』의 첫 페이지를 열어 보기를 권한다.

맹자는 공자가 죽은 후 100년 정도 지난 다음 태어났다. 세상은 춘추시대에서 전국시대로 넘어가고, 군왕들은 천하의 인재들을 모아 부국양병의 길을 걷고 있었다. 진나라는 상앙商鞅을 등용하여 나라를 부유하게 하고 병력을 강화했다. 초나라는 오기를 등용하여 싸우면 늘 이겼다. 제나라는 손빈을 등용하여 제후들을 누르고 그들의 조공을 받았다. 천하는 합종과 연횡에 힘을 기울이며, 남을 침략하고 정벌하는 것을 현명하다 여기는 시대였다. 공자의 인仁은 힘을 잃고 천하는 이익을 다투게 되었던 것이다. 그래서 『맹자』의 제1장은 이렇게 시작한다. 그 대략의 요지를 옮겨 보자.

맹자가 양혜왕梁惠王을 만났을 때 왕이 말했다.
"선생께서 천 리를 멀다 하지 않고 찾아주셨으니 장차 이 나라를 이롭게 할 방도를 가져오셨겠지요?"
맹자가 대답했다.
"왕께서 어찌 이利를 말씀하십니까? 오직 인仁과 의義가 있을 뿐입니다. 만약 왕께서 어떻게 하면 내 나라에 이익이 될까 하는 것만을 생각하시면, 대부들도 마찬가지로 어떻게 하면 내 영지에 이익이 될까만을 생각할 것입니다. 그리고 서민들까지도 어떻게 하면 나에게 이익이 될까만을 생각할 것입니다. 위아래에서 서로 다투어 이익을 추구하면 나라가 위태로워질 것입니다.

만승萬乘의 천자天子를 시해하는 자는 반드시 천승千乘의 제후諸侯일 것이고, 천승의 제후를 시해하는 자는 반드시 백승百乘의 대부大夫 중에서 나올 것입니다. 만약 의義를 경시하고 이利를 중시한다면 남의 것을 모두 빼앗지 않고는 만족할 수 없을 것입니다. 어진 자로서 자기 부모를 버린 자가 없고, 의로운 자로서 그 임금을 무시한 자가 없습니다. 왕께서 오직 인과 의를 말씀하실 것이지 어찌 이익을 말씀하십니까?"

결국 양혜왕은 맹자로부터 원하던 대답을 얻지 못했다. 맹자의 사상과 정책은 이익을 따라 패권을 추구하던 군주들에 의해 채용되지 못했다. 부국강병을 국가적 목표로 삼고 있던 군주들에게 '평화적 정의'란 멀고 이상적인 것이었을 뿐이다. 그러나 수양이란 두 개의 갈등을 품고 사는 것이며, 둘 중의 어느 하나도 버리지 않고 조화를 이루도록 하는 것이다.

우리는 모순을 껴안고 살아 가는 것을 두려워해서는 안 된다. 얼마나 많은 진실이 패러독스로 구성되어 있는지 이해하고 마음으로 받아들여야 정신의 크기가 확장된다. 모순의 이중성 속에서 일상을 꾸려 가야 할 때 정신적 튜닝에 최고의 소재가 될 수 있는 것은 자연이다.

봄을 보라. 잔인하고 냉혹하지 않지만 꽃을 피우지 않는가. 그 부드러움은 자신에 대한 수양이었으니 혹독한 겨울도 이겨 낸 것이다. 가을을 보라. 모든 것을 버리고 서서 겨울을 견딜 준비를 마친다. 자연처럼 스스로 수양하지 않고는 자신을 좋은 리더로 창조해 낼 수 없다.

2장

다른 사람의 성공을 통해 리더로 다듬어지다

섬 김 의   리 더 십

가벼운 시대가 되었다.
경쾌하고 날렵하고 유쾌하고 재빠른 사회가 나쁜 것은 아니다.
그러나 인간의 만남과 떠남 역시 가벼워졌다.

이제 늙은 부모들은 자식들이 봉양해 주리라 기대하지 않는다.
부부는 쉽게 헤어지고 있다.
회사는 사람들을 아무렇지도 않게 잘라내고,
떠나는 사람은 여러 해 묵었던 자리를 미련 없이 떠난다.
쉬운 관계가 유연한 관계로 오도되고,
상업적 관계가 모든 관계를 지배해 간다.

오래 사귀고, 깊이 이해하고,
서로 존중하는 관계들은 어디로 간 것일까?

먼저 힘껏 섬기지 않고 섬김을 받을 수는 없다.
옛날에도 그랬고, 지금도 여전히 그렇다.
그리고 앞으로도 그럴 것이다.

무자비한 변화에도 불구하고,
인간은 가장 느리게 진화하는 종이다.

알아주는 사람을 위해
온힘을 다하라

진晉나라에 예양豫讓이라는 사람이 있었다. 그는 지백智伯이라는 사람을 섬겼는데, 지백은 예양을 존경하고 각별하게 대해 주었다. 그러던 중 지백이 조양자趙襄子라는 사람을 공격했는데, 오히려 싸움에 져 일족이 다 죽고 말았다.

조양자는 자신을 공격한 지백에 대한 원한이 컸다. 그래서 죽은 지백의 두개골에 옻칠을 해서 커다란 술잔으로 썼다. 예양은 산속으로 깊이 달아나 탄식했다.

"선비는 자기를 알아주는 사람을 위해 죽고, 여자는 자기를 사랑하는 사람을 위해 얼굴을 단장한다고 했다. 이제 지백이 나를 알아주었으니 그를 위해 원수를 갚은 뒤 죽어야 한다. 그의 원수를 갚는다면 내 영혼이 부끄럽지 않을 것이다."

그러고 나서 성과 이름을 바꾸고 조양자의 궁궐에 들어가 화장실의 벽 바르는 일을 했다. 비수를 가슴에 품고 때를 보아 조양자를 찌를 생각이었다. 조양자가 화장실에 가는데 웬일인지 가슴이 몹시 뛰기 시작하였다. 그리하여 벽을 바르는 일꾼들을 조사하게 했다. 그러자 예양의 품속에서 비수가 나왔다. 끌려간 예양은 당당하게 자신이 지백의 원수를 갚기 위한 자객임을 밝혔다. 주위에 있는 사람들이 그의 목을 베려고 하자 조양자가 말렸다.

"그는 의로운 사람이다. 내가 조심하여 피하면 그만이다. 지백은 죽어 없고 그 자손도 끊겨 버렸다. 그런데 옛 신하로서 주인을 위해 홀로 원수를 갚으려고 하니 이 사람은 아까운 사람이다. 그냥 살려 주어라."

예양은 그러나 포기하지 않았다. 몸에 옻칠을 하여 문둥이로 꾸미고, 숯가루를 먹어 목소리를 바꾸었다. 그의 부인조차도 예양을 알아보지 못했다. 예양이 친한 친구를 찾아가니 그는 겨우 예양을 알아보았다. 그 친구는 예양의 손을 잡고 울면서 말했다.

"자네의 재능으로 예물을 바쳐 조양자의 신하가 된다면 그는 자네를 가까이 두고 아낄 것이네. 그다음에 기회를 보아 그를 죽이는 일이 훨씬 쉽지 않겠는가? 이처럼 몸을 축내고 모습을 추하게 망가뜨려 원수를 갚으려 하니 너무 힘들지 않는가?"

그러자 예양이 말했다.

"신하가 되어 섬기다 그를 죽이면 두 마음을 품고 주인을 섬기는 것일세. 내가 이렇게 고된 길을 가는 이유는 천하의 사람들에게 알려, 두 마음을 가지고 주인을 섬기는 사람들이 부끄러움을 느끼도록 하기 위함이네."

어느 날 조양자가 외출을 하여 다리를 건너려는데 말이 갑자기 놀라 펄쩍 뛰었다. 조양자는 근처에 예양이 숨어 있다는 것을 직감했다. 주위 사람에게 근처를 뒤지게 했더니 과연 다리 밑에 숨어 기회를 엿보던 예양이 붙잡혀 왔다.

조양자는 화를 내며 말했다.

"그대가 지백을 섬기기 전에 일찍이 다른 사람들을 섬긴 것으로 안다. 그들도 다 없어져 이 세상 사람들이 아니다. 유독 지백만을 위해 끈질기게 원수를 갚으려고 하는 이유가 무엇이냐?"

예양이 말했다.

"다른 사람들은 나를 보통 사람으로 대접했을 뿐입니다. 나 역시 보통 사람으로 그들에게 보답할 뿐입니다. 그러나 지백은 나를 걸출한 선비로 대접해 주었습니다. 나도 한 나라의 걸출한 선비로 그에게 보답하려는 것입니다."

조양자는 한숨을 쉬며 그를 아까워했지만 죽일 수밖에 없었다. 그때 예양이 부탁을 했다.

"현명한 군주는 다른 사람의 아름다운 이름을 가리지 않고, 충성스러운 신하는 이름과 지조를 위하여 죽을 의무가 있다고 합니다. 지난날 당신이 나를 너그럽게 용서한 일로 사람들은 당신의 어짊을 칭찬

예양이 조양자를 습격하려 하자 말이 놀라 펄쩍 뛰고 있다. 한대(漢代)의 화상석.

하지 않는 자가 없습니다.

나는 오늘 죽을 것입니다. 아무쪼록 당신이 입던 옷을 얻어 그것을 칼로 베어서 원수를 갚으려는 뜻을 이루게 해 주십시오. 그러면 죽어도 한이 없을 것입니다."

이 말을 들은 조양자는 그의 의로운 기상에 감탄했다. 그리고 그의 옷을 예양에게 가져다주라고 했다. 예양은 세 번이나 뛰어올라 그 옷을 내리치며 말했다.

"이것으로 나는 이제 지백의 원수를 갚을 수 있게 되었다."

그리고 나서 스스로 자결하였다. 소문을 들은 뜻있는 선비들이 모두 눈물을 흘렸다.

예양의 행동은 끔찍하여 지나친 점이 많다. 그러나 그는 자기를 알아준 사람을 위하여 혼신의 힘을 다하였고, 목적을 이루는 길 역시 자신의 가치관에 어긋나지 않는 방법을 택하였다. 예양이 그 친구가 말한 대로 원수를 갚기 위해 조양자의 신하가 되어 그를 죽였다면 지백의 원수를 갚을 수 있었을지도 모른다. 그러면 그것은 주인의 원수를 갚은 어느 의리 있는 자객의 사건으로 끝나고 말았을 것이다. 그러나 예양은 그렇게 하지 않았다.

그가 죽인 것은 조양자라는 원수가 아니라 '자신의 이익을 위해 두 마음을 가지고 주인을 섬기는 태도' 자체였다. 사마천이 그를 열전에 올려 높인 이유는 바로 그에게서 올바른 섬김의 모습을 보았기 때문일 것이다.

또 한 사람의 이야기를 해야겠다. 섭정聶政이라는 사람이 있었다. 그는 어쩌다가 사람을 죽였다. 그 일로 어머니와 누이를 데리고 다른 나라로 도망가 가축 잡는 일을 하며 숨어 살게 되었다. 그 후로 긴 세월이 흘렀다. 그는 그저 백정으로서 늙은 어머니를 봉양하며 살아가고 있었다.

엄중자嚴仲子라는 사람이 있었다. 그는 한韓나라의 대신이었는데, 재상이었던 사람과 원수를 지게 되었다. 재상이 자기를 죽일 것을 염려하여 그는 여러 나라를 떠돌면서 재상에게 원수를 갚아 줄 사람을 찾았다.

그러던 중 섭정이 의기意氣가 높은 사람이라는 말을 듣고 그를 찾아가 사귀기를 청했다. 서로 친해지자 엄중자는 섭정에게 황금 2,000냥을 주며, 어머니를 잘 봉양하라고 말했다. 섭정은 극구 거절했다. 비록 백정이지만 아침저녁으로 맛있고 부드러운 음식으로 어머니를 봉양할 수 있으니 그 많은 돈을 받을 수 없다는 것이었다. 그러자 엄중자가 조용히 말했다.

"나에게 원수가 한 사람 있습니다. 원수를 갚아 줄 사람을 찾아 헤매다 당신을 알게 되었습니다. 당신은 의기가 높은 분입니다. 그저 돈을 조금 드려 어머니의 음식 비용이나 쓰게 하여 당신과 더욱 친하게 사귀자는 뜻입니다."

그러자 섭정이 말했다.

"몸을 굽혀 시장 바닥에서 백정 노릇을 하는 이유는 어머니를 봉양하기 위함입니다. 어머니께서 살아 계신 동안 나는 내 몸을 다른 사람에게 바칠 수 없습니다."

엄중자가 아무리 권해도 섭정은 돈을 받지 않았다. 그러나 엄중자는 그에 대한 공손한 태도를 잃지 않았다. 그 후 세월이 지나 섭정의 어머니가 세상을 떠나고 말았다. 그러자 그는 엄중자에게 찾아가서 말했다.

"나는 천한 백정입니다. 당신은 한나라의 대신입니다. 천릿길을 마다하지 않고 날 찾아내 서로 사귀었습니다. 어머니의 장수를 축원해 주고 큰돈을 선뜻 내주었습니다. 당신이 준 돈을 비록 받지는 않았지만 당신은 촌뜨기인 나를 알아주고 가까이 대해 주었습니다. 그때는 어머니가 계셔서 나는 당신의 부탁을 들어줄 수 없었습니다. 이제 어머니가 돌아가셨으니 나는 나를 알아주는 사람을 위해 일할 수 있게 되었습니다. 그 원수가 누구입니까?"

엄중자에게서 원수의 이름을 들은 섭정은 재상을 찔러 죽이고 스스로 자신의 얼굴 가죽을 벗긴 후 자결하고 말았다. 섭정의 시체를 시장

바닥에 누이고 행인들에게 누구인지를 물었지만 알아보는 사람이 없었다. 그러자 재상을 죽인 살인범이 어디 사는 누구인지 알려주는 사람에게 천금의 상금을 걸었다. 이 소문을 들은 섭정의 누이 섭영聶榮은 시장에 가서 동생의 시체를 안고 통곡했다. 사람들이 그녀에게 까닭을 물었다.

섭영이 말했다

"이 사내는 내 동생입니다. 섭정이라는 사람입니다. 일찍이 엄중자가 곤궁하고 천한 내 아우와 사귀게 되었습니다. 어머니가 살아 계시고 내가 시집을 가지 않았기 때문에 그때는 엄중자를 위해 원수를 갚을 수 없었습니다. 그러나 어머니가 돌아가시고 내가 시집을 가자 그는 자신을 알아주는 사람을 위해 그의 원수를 갚아 주고 죽었습니다. 그가 얼굴 가죽을 벗긴 이유는 이 일에 내가 연루되는 것을 바라지 않아서입니다. 그러나 내게 닥칠 죽음이 두려워 동생의 장한 이름을 사라지게 할 수는 없습니다."

그리고 크게 슬피 울다 동생의 옆에 쓰러져 죽고 말았다.

섭정은 어머니에 대한 자식의 도리를 지켰고 누나에 대한 배려를 했다. 그리고 자신을 알아주는 사람을 위해 죽었다. 섭영 역시 섭정을 이해했고, 그의 배려를 잊지 않았다. 동생이 한낱 이름 없는 건달로 시장 바닥에 널려 죽는 것을 놓아두지 않았다. 모두 비극으로 끝을 맺었지만 사마천은 이것을 기록하여 인류의 이야기 중 하나로 만들어 두었다.

나는 이 관계의 깊이를 도요타의 회장인 오쿠다 히로시奧田碩에게서

오쿠다 히로시

다시 읽어내 본다. 1995년 도요타 가문의 경영자가 병으로 쓰러지면서 그 자리를 대신 맡게 된 오쿠다는 그 후 11년간 월급쟁이 사장으로서 도요타의 사령탑을 맡았다. 그의 재임 기간 동안 자동차 생산력은 두 배가 늘어 연간 800만 대를 생산하게 되었다. 매출은 3배 가까이 늘었고, 수익은 4배가 늘어 1조 4,000억 엔에 이르렀다. 명실 공히 GM을 넘어 이제부터 세계 최대의 자동차 회사가 될 것이 거의 확실해졌다.

도요타 역시 어려운 시절이 있었다. 그러나 그는 그때마다 변하지 않는 것보다 더 나쁜 것은 없다고 믿고 있었다. 이미 모든 자동차 회사의 벤치마킹 대상이 되어 있던 도요타에 대하여 '타도 도요타'를 외쳤다. 다른 기업이 아니라 바로 자신의 과거와 경쟁하는 절대 경쟁 체제로 돌입했다. 그리고 '변화가 안주하는 것보다 리스크가 적다'는 것을 증명했다.

그는 '글로벌 스탠더드'라는 실체 없는 말이 아메리칸 스탠더드의 분장에 불과하며, 그것을 통해서는 경쟁력을 확보할 수 없다는 것을 꿰뚫어 보고 있었다. 그는 일본의 문화적 전통에 부응하는 경영과 개혁을 제시하려 했다. 월 스트리트 투자가들의 압력에도 불구하고 종신 고용을 지켜냈으며, 직원의 정년을 65세까지 늘려 놓았다. 또한 노동조합을 설득하여 4년간 임금을 동결할 수 있었다. 그가 가장 듣기 싫어하는 소리는 장사꾼이라는 말이라고 한다. 그가 말하는 장사꾼은 '자기 회사의 이익만을 생각하고 나라의 이익을 생각하지 않는 기업인'들을 의미한다.

일흔이 넘은 오쿠다는 도요타 가문으로부터 위탁받은 월급쟁이 회장의 자리를 도요타에게 다시 되돌려 주었다. 그리고 '도요타 가문은 도요타의 깃발'이라고 추켜세우며 도요타를 떠났다. 그의 어록에는 이런 말도 있다. "직원의 목을 자르는 경영자는 자기 배부터 그어라." 그는 훌륭한 월급쟁이였다. 또한 영원한 월급쟁이였다. 그리고 이제는 평생 폐만 끼친 아내의 곁으로 돌아가 '잘 죽을 준비'를 하고 있다.

우리는 '우리의 몸이 죽기 전에 우리의 가슴 속에서 무엇인가 소중한 것이 죽어가는 것'을 방치해서는 안 된다. 어떻게 살고 무엇을 지켜야 하며 무엇을 위해 혼신의 열정을 바칠 것인지를 물어 보자. 사람과 사람 사이, 이 사이에 모든 중요하고 소중한 것들이 다 들어가 있다. 쉽게 버리지 말고, 좁게 보지 말며, 이익을 좇아 가볍게 따르지 말자.

벼랑에서 한 걸음 더 나아가
이름을 얻고,
충돌을 피해 동지를 얻다

옛날에 변화卞和라는 사람이 있었다. 그는 우연히 진귀한 옥돌을 발견하여 왕에게 바쳤다. 그러나 옥을 감정하는 사람이 돌이라고 하자 왕은 화가 나서 변화의 왼쪽 발을 잘라 버렸다. 다시 세월이 지나 다음 왕이 즉위하자 변화는 또 옥을 가져다 바쳤다. 감정 결과, 또 돌이라는 판정을 받았다. 이번에는 왕이 그의 오른쪽 발을 잘라 버렸다. 그 후 그다음 왕이 즉위하자 변화는 초산 아래서 그 옥돌을 껴안고 사흘 밤낮을 통곡했다. 나중에는 눈물이 말라 피가

흘렀다. 왕이 이 소식을 듣고 사람을 시켜 까닭을 물었다.

"저는 발이 잘려 슬퍼하는 것이 아닙니다. 천하의 보옥을 돌이라 하고, 정직한 선비를 거짓말을 했다 하여 벌을 준 것이 슬프기 때문입니다."

왕은 그 옥을 가져다가 다듬어 보옥을 만들었다. 그 보옥의 이름이 바로 유명한 '화씨벽和氏璧'이다. 천하의 보물은 그저 생겨나는 것이 아니다. 알아주는 사람이 목숨을 걸고 생명을 불어넣어 줌으로써 생겨나는 것이다. 진심과 진정성, 이것이 보물을 만들어 내고 작품을 만들어 내는 비법이다.

세월이 흘러 화씨벽의 주인도 바뀌어 갔다. 마침 조나라의 혜문왕惠文王이 이 화씨벽을 얻고 즐거워했다. 그러나 기쁨도 잠시였다. 당시 강력한 진나라가 이 소문을 듣고, 서신을 보내 진나라의 성 15개와 화씨벽을 바꾸자는 제안을 해 왔다. 바꾸자니 진나라가 약속을 어기고 성을 줄 것 같지 않고, 안 주자니 군사를 보내 쳐들어올까 봐 두려웠다. 왕과 대신이 서로 상의하며 여러 날을 보냈으나 마땅한 답을 찾기 어려웠다. 약한 나라와 강한 나라 사이의 관계는 예나 지금이나 다를 것이 없다. 강자는 요구하고 약자는 그 비위를 상하게 할까 봐 전전긍긍, 노심초사한다.

대신들이 해답을 찾지 못하자 환관의 우두머리가 자신의 가신인 인상여藺相如라는 사람을 추천하게 되었다. 왕은 인상여를 불러 묘책을 물었다. 그가 대답했다.

"진나라는 강하고 우리는 약하니 받아들일 수밖에 없습니다. 진나라가 성을 내주는 조건으로 화씨벽을 달라고 했으니, 우리가 거절하면 잘못은 우리에게 있게 됩니다. 그러나 우리가 화씨벽을 주었는데 그들이 15개의 성을 넘겨 주지 않는다면 잘못은 진나라에 있게 됩니다. 차라리 요구를 받아들여 잘못이 진나라에 있게 하는 것이 좋습니다.”

“누가 사신으로 가는 것이 좋겠소?” 왕이 물었다.

“마땅한 사람이 없다면 제가 다녀오겠습니다. 성을 주면 화씨벽을 주고 오고, 성을 주지 않으면 화씨벽을 온전하게 조나라로 다시 가지고 돌아오겠습니다.”

사신으로 간 인상여는 진나라 왕을 만나 화씨벽을 건네주었다. 진나라 왕은 비빈들에게 화씨벽을 돌려 보이며 기꺼워했다. 인상여가 가만히 눈치를 살피니 화씨벽만 탐낼 뿐 성을 넘겨 줄 의사가 전혀 없는 것이 분명해 보였다. 그래서 이렇게 말했다.

“대왕이시여, 그 화씨벽에는 작은 흠이 하나 있습니다. 대왕께 그것을 보여드리겠습니다.”

왕이 화씨벽을 건네주자 인상여는 그것을 쥐고 기둥에 기대어 섰다. 그런 다음 머리카락이 치솟아 관을 찌를 만큼 화를 내며 왕에게 말했다.

“대왕께서는 화씨벽을 얻을 요량으로 우리 왕에게 서신을 보냈습니다. 대신들이 모두 진나라가 화씨벽만 가져가고 성은 주지 않을 것이라고 말했습니다. 그때 저는 백성의 사귐에도 신의가 있는 것인데, 나라와 나라의 사귐에 어찌 그럴 수 있겠느냐고 설득하였습니다. 우리 왕께서는 닷새 동안 목욕재계를 하고 저를 보내 화씨벽을 전하라 하였습니다. 정성을 다한 예우입니다. 그런데 대왕께서는 저를 하찮게 여기고, 화씨벽을 비빈들에게 돌려 보이며 저를 희롱하였습니다. 저

인상여가 진나라 왕에게서 화씨벽을 도로 빼앗고 있다. 한대(漢代)의 화상석.

는 대왕께서 성을 주지 않을 것을 알았습니다. 이만 돌아가겠습니다. 만일 저를 협박한다면 제 머리와 화씨벽은 기둥에 부딪혀 산산이 깨지고 말 것입니다."

진나라 왕은 보물이 깨질까 봐 사과하였다. 인상여는 조나라 왕이 닷새를 재계하고 옥을 보냈으니 진나라 왕도 닷새를 재계하고 옥을 받으라고 요구했다. 진나라 왕은 그렇게 하겠다고 약속하고 인상여를 영빈관에 머물게 했다. 인상여는 진나라 왕이 결국 성은 주지 않고 화씨벽만 빼앗을 것으로 짐작하고, 몰래 사람을 시켜 조나라로 화씨벽을 돌려보냈다. 진나라 왕이 목욕재계하고 인상여를 불러 화씨벽을 받으려 하였다.

"저는 대왕께서 약속을 저버릴 것이 두려워 사람을 시켜 화씨벽을 조나라로 돌려보냈습니다. 먼저 성 15개를 떼어 주십시오. 그리고 사신 한 사람을 보내 화씨벽을 요구하십시오. 그러면 화씨벽은 대왕의 것이 되고 말 것입니다. 누가 감히 대왕의 명을 거역하겠습니까? 저는 이미 대왕을 능멸했으니 삶아 죽이시기 바랍니다.”

진나라 왕과 대신들은 쓴웃음을 지었다. 혹자는 인상여를 죽이자고 했다. 진나라 왕이 명령했다.

“인상여를 죽이면 화씨벽을 얻을 수도 없고, 조나라와 관계만 악화될 뿐이다. 조나라 왕이 어찌 나를 거역할 수 있겠는가? 인상여를 살려주고 잘 대접해 보내라.”

인상여는 조나라에 돌아와 상대부上大夫가 되었다. 진나라가 성을 주지 않았기 때문에 조나라도 화씨벽을 진나라에 주지 않았다. 없었던 일이 되고 만 것이다.

이 일로 진나라는 망신을 당하고 인상여의 이름은 일약 유명해졌다. 인상여는 죽음을 삶 속으로 끌어들임으로써 삶을 얻은 매우 특별한 사람이다. ‘죽고자 하면 살 것이요, 살고자 하면 죽을 것이다’라는 말이 갖는 의미와 동일하다. 훌륭한 리더들은 종종 자신을 벼랑 끝에 세운다. 그리고 그곳에서 뛰어내린다. 모든 사람이 다 벼랑 끝에서 하늘로 날아오르는 데 성공하는 것은 아니다. 그러나 벼랑 끝에서 뛰어내리지 않고 하늘을 나는 새는 없다. 인상여는 자신을 벼랑 끝까지 몰고 가 마지막 한 발을 허공에 내딛는 순간, 홀연 미천한 자리에서 역사의 한 페이지를 빛나게 하는 인물로 승화했다.

그에 대한 이야기를 조금 더 몰고 가 보자. 인상여의 조국인 조나라에는 전국시대 전체를 통해 그 이름이 혁혁한 장군이 한 사람 있었다. 그의 이름은 염파廉頗였다. 인상여가 떠오르는 별로서 상승가도를

초고속으로 달려 나가 결국 염파보다 지위가 높아지게 되었다. 염파
는 불쾌해졌다.

"나는 성과 들에서 적과 싸워 공을 세웠다. 인상여는 미천한 출신
으로 입과 혀로 출세하여 지위가 나보다 높아졌다. 인상여를 만나면
반드시 모욕을 주리라"라고 공언했다. 인상여는 염파와 마주치지 않
으려고 애를 썼다. 조회가 있을 때는 병을 핑계대고 그와 다투지 않
았고, 거리에서 염파의 수레를 보면 피했다. 인상여의 가신들은 그가
염파를 피해 달아나는 것은 부끄러운 일이라 참을 수 없다고 분개했
다. 그때 인상여가 웃으며 말했다.

"그대들은 염 장군과 진나라 왕 두 사람 중에서 누가 더 무섭소? 나
는 진나라 왕의 위세에도 그를 궁정에서 꾸짖고 그 신하들을 부끄럽
게 만들었소. 내가 아무리 어리석기로서니 염 장군을 무서워하겠소?
다만 진나라가 우리를 침범하지 못하는 이유는 나와 염 장군이 있기
때문이오. 우리 둘이 싸우면 둘 다 살지 못할 것이오. 내가 염파를 피
하는 이유는 나라의 위급함을 먼저 생각했기 때문이오."

염파는 이 말을 전해 듣고 크게 뉘우쳤다. 웃옷을 벗고 가시채찍을
등에 짊어진 채 인상여의 문 앞에 이르러 사죄하였다. 이것이 염파의
위대한 점이다. 훌륭한 장군이라는 광휘 위에 그의 인간적 아름다움
을 더하는 대목이 아닐 수 없다. 그 후 두 사람은 유명한 '문경지교刎
頸之交'의 주인공들이 되었다. 즉 상대를 위해 목숨을 바칠 수 있는 우
정을 나누게 된 것이다.

이 대목은 사마천의 『사기』 열전 가운데서도 가장 멋진 장면 중의
하나다. 모름지기 반목과 싸움으로 얼룩진 권력의 세계에서 널리 알

저우언라이

려져 귀감이 될 만한 감동적인 이야기가 아닐 수 없다. 경영의 세계도 예외는 아니다. 능력이 많고 성취욕이 강한 재능 있는 사람들끼리는 싸우기 마련이다. 건설적 경쟁이면 좋지만, 심심찮게 어두운 정치적 파워게임이 몰상식하게 자행되기도 한다. 그러나 좋은 리더들은 파괴적 싸움을 피한다. 인상여가 염파를 피하듯 두 사람의 충돌을 현명하게 회피한다. 그리고 진심을 알려 훌륭한 파트너로 성장한다.

　마오쩌둥毛澤東과 저우언라이周恩來는 40년간 지속된 훌륭한 협력관계를 이루어 냈다. 출생도 기질도 생긴 것도 너무 달랐다. 거친 마오쩌둥과 비교하면 저우언라이는 훤칠한 키에 뛰어난 지적 능력을 갖추고 지칠 줄 모르는 열정으로 국민에게 헌신한 중국의 가장 위대한 지도자 중의 하나로 꼽힌다. 그러나 마오쩌둥이 살아 있는 동안 그는 늘 이인자로 만족했다. 그 두 번째 자리를 즐겼다. 즉 일을 하는 사람과 공이 돌아가는 사람 중에서 그는 일을 하는 사람 자리를 지킴으로써 늘 마오쩌둥에게 공을 돌렸다. 그것이 그 후 최고의 자리에 오르게 된 비결이다.

스타가 동경의 대상이 된 사회에서 '2등은 아무도 기억해 주지 않을지' 모른다. 그러나 진정한 리더들은 스스로를 절제하여 먼저 다른 사람의 성공을 도와주는 파트너로서 가장 공이 큰 제2의 인물로 자신을 만들 수 있어야 한다. 그것이 최고로 가는 확실한 길이기 때문이다.

쓰임을 받으면 힘을 다하고,
잊히면 숨는다

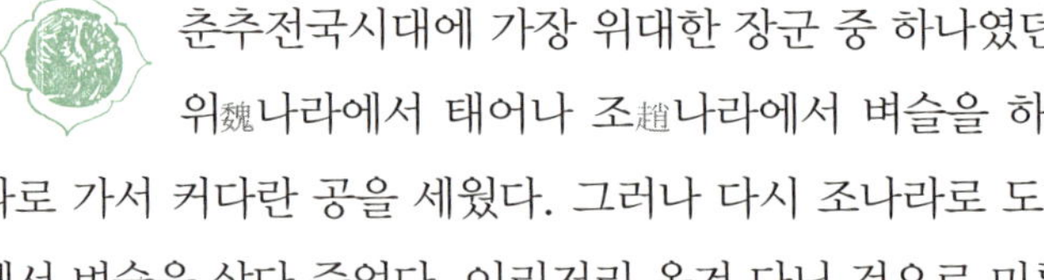

춘추전국시대에 가장 위대한 장군 중 하나였던 악의樂毅는 위魏나라에서 태어나 조趙나라에서 벼슬을 하다가 연燕나라로 가서 커다란 공을 세웠다. 그러나 다시 조나라로 도망가서 그곳에서 벼슬을 살다 죽었다. 이리저리 옮겨 다닌 것으로 미루어 보아 지조가 굳은 인물은 아닌 것 같다. 그는 충성에 목을 매고 사는 인물은 아니었다. 그렇다고 배신을 좋아하거나 기회주의자였던 것 같지도 않다. 오히려 자신의 재능을 알아주는 군주를 찾아 배회하는 유목민이었던 것으로 이해된다.

　악의는 병법을 좋아하는 유능한 군사전문가였다. 조나라에서 벼슬을 하고 있었으나 조나라는 그를 제대로 대우해 주지 않았다. 그는 늘 떠나고 싶어 했다. 그때 마침 연나라의 소왕昭王이 몸을 굽혀 널리 유능한 인물을 구한다는 소식을 듣고, 연나라로 가 그의 신하가 되었다. 연나라 소왕은 어려울 때 왕이 된 사람이라 인재를 구해 숙적인 제나라를 치고 싶어 했다. 그러나 작은 연나라가 강한 제나라를 친다는 것은 당장은 어려운 일이었다. 그가 제나라를 치기 위해 첫 번째 한 일은 몸을 굽혀 천하의 인재를 얻는 것이었다. 먼저 곽외郭隈라는 사람을 얻어 커다란 집을 마련해 주고 스승의 예로 정성을 다해 섬겼다. 그러자 천하의 인재들이 몰려들기 시작했고, 악의도 그중의 한 사람이 되었다. 예나 지금이나 인재를 모으는 방법은 다를 것이 없다.

　악의를 얻자 연나라 소왕은 악의에게 제나라를 칠 좋은 방법을 물었다. 악의가 대답했다.

　"제나라는 일찍이 환공이 세상을 제패한 업적이 있어서 땅이 넓고 인구가 많아 혼자 힘으로 칠 수 없습니다. 조, 초, 한, 위나라의 힘을 합해 쳐야 합니다."

　이윽고 악의는 각국을 돌아다니며 설득하였다. 제나라의 교만함과 난폭함에 지친 4국은 악의의 설득에 따라 연나라와 동맹을 맺기에 이르렀다. 악의는 다섯 나라 군대의 연합군 사령관이 되어 제나라의 수도 임치臨菑까지 쳐들어갔다. 제나라 왕은 변방으로 도망가고, 많은 전리품은 연나라 소왕에게 보내졌다. 악의는 5년 만에 제나라의 성 70여 개로부터 항복을 받아 냈다. 아직 항복하지 않은 제나라 성은 겨우 2개에 불과했다. 이때 연나라 소왕이 죽고 그 아들이 왕위에 올랐다. 새 왕은 평소에 악의를 좋아하지 않았다. 제나라의 장수 전단田單은 이 기회를 놓치지 않고 유언비어를 퍼뜨렸다.

"악의가 다 이긴 싸움을 빨리 끝내지 않고 질질 끄는 이유는 여기에 눌러앉아 제나라 왕이 되려고 마음먹고 있기 때문이다. 그가 두려워하는 것은 연나라 왕이 다른 장수를 보내 자신을 교체하는 것이다."

연나라 새 왕은 이 말을 믿고 다른 장수를 보내 악의와 교체해 버렸다. 생명의 위험을 느낀 악의는 연나라로 돌아가는 대신 우방인 조나라로 망명했고, 조나라 왕은 악의를 우대했다. 제나라의 전단은 악의가 없는 연나라 군대를 속여 무찔러 버렸다. 그리고 70여 개의 성을 되찾았다. 놀란 연나라 왕은 조나라에 머물고 있는 악의에게 편지를 보내 사과하는 한편, 선왕의 지극한 대우를 저버리고 망명한 것에 대해 꾸짖었다. 이때 악의가 긴 편지로 답했다. 이 답장이 바로 유명한 제갈량의 「출사표」의 기초가 된 것으로 추측되는 「보연왕서報燕王書」이다. 간략하게 소개해 보자.

저는 재능이 없어…… 선왕의 현명하심을 해치고, 대왕의 높으신 덕을 그르칠까 두려워 조나라로 달아났습니다…… 일찍이 선왕께서는 외람되게 저를 뽑아 빈객들 틈에 끼게 하고 신하들의 윗자리에 서게 했습니다. 저는 제나라를 이웃 나라와 함께 쳤습니다…… 하늘의 도가 무심치 않고, 선왕이 영명하신 덕택에 황하 북쪽의 전 지역이 선왕께 복종하였습니다. 제나라 왕이 달아나 겨우 몸만 피할 수 있게 되었습니다.

…… 선왕께서는 원한을 갚고 치욕을 씻으셨습니다…… 옛 말에 군자는 교제를 끊더라도 그 사람의 단점을 말하지 않으며, 충신은 나라를 떠나더라도 자신의 결백을 밝히려 군주에게 허물을 돌리지 않는다고 하였습니다. 다만 왕을 모시는 신하들이 멀리 내쳐진 저의 행위를 제대로 살피지 못할까 두려워 감히 글을 올립니다.

연나라는 악의의 아들을 크게 등용했고, 악의는 조나라와 연나라를 오가며 두 나라의 객경客卿이 되었다.

『삼국지』에 등장하는 제갈량은 선주 유비를 도와 성도를 중심으로 촉한을 건설하였다. 비록 그 크기에 있어 가장 뒤처지는 변방의 나라이긴 하지만, 강한 위나라와 풍요로운 오나라와 함께 자웅을 겨룰 수 있는 제3의 나라를 이룩한 것이다. 제갈량은 유비가 죽고 난 후 모자라는 군주 유선劉禪을 버리지 않았다. 자신이 살아 있을 때 촉한의 미래를 반석 위에 올리기 위해 노심초사한 끝에 그도 오장원五丈原에서 별이 지듯 죽는다. 그의 죽음은 『삼국지』 전편을 통해 가장 비장한 죽음이기도 하다. 그가 하늘에 빌어 자신의 목숨을 구한 것도 촉한을 위해서였다. 그래서 그의 「출사표」 두 편은 가장 아름다운 문장이 되었고, 그는 충신의 표본이 되었다. 오늘날 악의와 제갈량을 비교하는 이유는 이 두 사람 중 누구의 삶이 더 풍요로운 삶이었고 귀감이 되었을까를 따지기 위함이 아니다. 중요한 것은 한 사람은 끝까지 받아들여졌기 때문에 필사적으로 봉사했고, 또 한 사람은 필사적으로 노력했으나 받아들여지지 않아 다른 곳으로 갔다는 점이다.

　나에게 현대판 악의를 찾아내라면 스티브 잡스Steve Jobs를 들고 싶다. 휴렛패커드Hewlett-Packard사에서 일하던 스티브 잡스는 스티브 워즈니액Steve Wozniak과 개인용 컴퓨터를 만들기로 의기투합하여 1976년에 첫 번째 결과물을 만들어 냈다. 이것이 애플의 시작이었다. 투박한 기계 덩어리에 불과했던 애플 I 은 뜻밖에 큰 반향을 일으키며 팔려 나가기 시작했다. IBM이 1980년대 초부터 본격적으로 PC사업에 뛰어들자 스티브 잡스는 새로운 개념의 컴퓨터가 필요하다고 판단했다. 그는 드디어 1984년에 매킨토시를 선보였다. 뛰어난 기능을 가졌던 매킨토시의 성공에도 불구하고, 1985년 애플의 대주주들은 잡스의 독주를 두려워한 나머지 그를 경영 일선에서 물러나게 하는 파란을 일으켰다. 그는 자신이 창업한 회사에서 쫓겨나는 수모를 겪었다.

　결국 그는 자신을 따르는 몇 사람의 전직 애플 직원들과 함께 넥스트스텝Nextstep이라는 새로운 회사를 세웠다. 당시 그의 관심은 미래형 운영체제를 탑재한 고급 하드웨어의 개발과 컴퓨터 그래픽으로 이루어지는 애니메이션 제작에 쏠려 있었다. 이를 위해 회사 이름을 딴 '넥스트스텝'이라는 차세대 운영체제를 가진 컴퓨터 개발에 돌입했고, 동시에 루커스필름의 3D애니메이션 파트를 맡았던 픽사Pixar를 인수하게 되었다. 두 개의 목표는 엇갈린 결과를 낳았다. 시장에 내놓은 넥스트스텝은 완전히 실패한 반면, 픽사는 훗날 〈토이 스토리Toy Story〉의 원형이 되는 〈틴 토이Tin Toy〉를 만들어 아카데미 단편 애니메이션상을 수상하게 된 것이다.

스티브 잡스는 1993년 넥스트스텝 하드웨어의 생산을 중단했다. 그 대신 모든 역량을 픽사의 애니메이션 제작에 집중했다. 그의 선택은 옳았다. 1995년 픽사가 제작한 〈토이 스토리〉가 대성공을 거두었던 것이다. 시대를 앞서간 모험이라는 주위의 만류에도 불구하고 〈토이 스토리〉를 성공시킨 것은 미래를 내다볼 줄 아는 잡스의 안목 때문이었다.

〈토이 스토리〉의 성공은 그에게 애플로 다시 귀환할 수 있는 영광을 안겨 주었다. 만성 적자에 시달리던 애플은 1996년 넥스트스텝을 인수함과 동시에 그를 경영 컨설턴트로 스카우트했다. 그리고 이듬해 쫓겨난 지 12년 만에 최고경영자로 복귀하면서 이 시대 최고의 인간 승리 드라마를 연출해 내기에 이르렀다. 스티브 잡스가 만들어 낸 드라마의 진정한 절정은 1997년에 10억 달러의 적자를 기록했던 애플이 그의 복귀 뒤 단 1년 만에 4억 달러 가까운 흑자를 만들어 낸 사건이라고 할 수 있다. 거기에 픽사가 두 번째로 선보인 〈버그스 라이프A Bug's Life〉가 대성공을 거두면서 새로운 개념의 매킨토시 iMac을 통해 잡스가 이룬 성과를 더욱 빛나게 해 주었다.

"누가 컴퓨터의 미래를 묻거든, 눈을 들어 스티브 잡스를 보게 하라"라는 그럴듯한 말이 있다. 세상에 스티브 잡스처럼 성공과 실패를 극적으로 반전시킨 경영인은 드물다. 그의 화려한 재기는 스스로 변신함으로써 가능했다. 애플에서 쫓겨난 뒤에도 하드웨어에 집착했던 그는 픽사에서 애니메이션의 무한한 잠재력을 발견했다. 그리고 그곳에 몰입했다. '패러다임의 변화'를 통해 자신의 인생을 위한 역전의

스티브 잡스

시나리오를 썼던 것이다.

스티브 잡스는 몇 가지 특성을 가지고 있다. 그는 버려짐에 익숙한 인물이다. 그는 출생하자마자 버려진 인물이다. 1955년 태어나자마자 버려져 다른 부모 밑에서 양육되었다. 그리고 자신이 만든 회사로부터 버려졌다. 그는 실패 속에서 자란 사람이다. 실패는 그가 다시 일어설 수 있는 훌륭한 온상이었고, 자신의 오류를 수정할 수 있는 훌륭한 기회였다. 이것이 그가 기존 질서와 '철저히 다르게Making a Difference' 생각하고 모험할 수 있는 힘을 주었다. 또한 그는 새로운 것에 항상 주의를 기울였고, 끝까지 필사적으로 밀어붙였다. 초기 픽사 영화사는 '돈 먹는 하마'였다. 막대한 투자에도 전혀 이익이 발생하지 않았다. 애니메이션이라는 새 장르에 관심을 갖고 끝까지 포기하지 않았던 것은 그가 자신의 관심 분야에 자신을 모두 걸었기 때문이다.

인생을 경영함에 있어 탁월한 고품격 처세술로서 유가儒家의 교훈에 비교할 만한 것을 찾기는 어렵다. 유가 처세술의 핵심은 "쓰임을 받으면 행하고, 버림을 받으면 숨는다用之則行, 舍之則藏"라고 표현할 수 있다. 『논어論語』의 술이편述而篇에 나오는 말이다.

훌륭한 리더는 최선을 다한다. 다행히 그 공로가 인정되고 받아들여지면 제갈량처럼 죽는 날까지 혼신의 힘을 다해 헌신한다. 그러나 잘못되어 버려지면 조용히 자신의 길을 간다. 악의나 스티브 잡스처럼 영광스럽게 복귀할 수도 있다. 승리는 풍선 같은 것이니 지나치게 연연해 할 일이 아니다. 중요한 것은 오히려 자신에 대한 의무다. 능력이란 죽으면 사라지는 것이다. 살아 있는 동안 재능을 발견하고, 쓸 곳을 찾아 최선을 다한다면 신이 맡겨 놓은 역할을 이룬 것이다.

3장

드디어
내 사람을 얻다

인재경영 리더십

자본주의 역시 변천한다. 산업자본주의는 서서히, 그러나 분명한 퇴장의 길을 걷고 있다. 노벨상 수상자인 경제학자 개리 베커Gary Stanley Becker는 지금의 자본주의를 '인적 자본주의'라고 불렀다. 교육, 훈련, 기술, 건강 등의 총합이 현대 국부의 75％를 차지한다고 주장한다. 이제 기업이나 국가의 경쟁력은 토지나 건물, 공장이나 설비에서 나오지 않는다. 보다 본질적으로 인적인 요소로부터 발생한다.

이런 맥락에서 회계혁명주의자들은 전통적인 회계원칙GAAP, Generally Accepted Accounting Principles으로는 현대 지식집약형 기업들의 가치와 실적을 제대로 평가할 수 없다고 믿고 있다. 그래서 이렇게 주장한다.

- 기존의 대차대조표를 던져 버려라.
- 지적 자산, 연구개발, 인사 채용 및 훈련, 직원의 건강 등이 지닌 가치를 담아 낼 수 있는 새로운 평가기준을 만들어라.

우리는 이런 움직임을 지금은 충격회계법Shock Accounting이라고 부르지만, 생각보다 훨씬 빨리 새로운 일반 회계 원리로 받아들이게 될지도 모른다.

과거와 지금의 사이에 분명히 '전략적 변곡점'이 존재한다. 그렇다면 지금 이 기회와 몰락의 변곡점에는 무엇이 자리 잡고 있을까? 이 분기점에 '사람'이 있다. '인재 전쟁'에서의 승리가 앞으로 모든 것을 결정할 것이다.

이런 사람은 절대 쓰지 마라

'장사는 이문을 남기는 것이 아니라 사람을 남기는 것'이라는 멋진 말은 인재경영에 대한 훌륭한 등불이다. 그러면 우리가 남기려고 하는 사람은 어떤 사람일까? 어떤 사람을 인재라고 부를 수 있을까? 그리고 어떤 사람을 등용하면 안 될까?

인간경영을 생각할 때, 내가 가장 먼저 떠올리는 인물은 바로 공자다. 공자를 낙후된 전통의 온상이자, 고리타분한 흘러간 과거의 표본으로 생각하는 사람들이 많이 있다. 천만의 말씀이다. 공자의 경쟁력은 2,500년 동안 계속되어 왔다. 그동안 그는 동서고금의 인간들의 심금을 울려 왔다. 공자만큼 오랫동안 부침하는 세월을 견디며 여전히 중요한 사상가로서 논의의 중심에 자리 잡고 있는 인물이 얼마나 되겠는가? 그는 2,500년을 살아남아 번성해 왔다. 세계 도처에 그의 팬들이 산재해 있고, 아시아 국가들의 문화적 DNA의 중추를 이루고 있다. 겨우 백 년을 버틴 기업들의 수가 극소수인 점을 감안하면, 공자의 경쟁력은 가히 비교를 초월한 슈퍼 경쟁력이라 할 수 있다.

초강력 경쟁력을 가진 공자가 한때 노나라에서 사구司寇라는 직책을 맡아 섭정을 한 적이 있다 한다. 이 기록은 『순자荀子』라는 책에 나오는데 그 진위가 분명치 않아 논란이 되는 대목이다. 그러나 진위를 가리는 것은 공자학을 연구하는 사람들의 일이고, 우리는 순자의 이야기를 음미하기만 하면 된다.

권력을 잡은 지 1주일 만에 공자가 한 일은 우리를 경악케 한다. 공자는 당시 유명한 대부였던 소정묘少正卯라는 사람을 주살誅殺한다. 공자같이 '어짊'을 중요시하는 인물이 권력을 잡자마자 맨 처음 한 일이 다른 사람을 죽이는 일이었다. 사람들이 이 일에 대하여 말들이 많아지자 공자가 이렇게 해명했다.

"사람에게는 다섯 가지의 죄가 있다. 물건을 훔치는 죄 따위와는 비교되지 않는 중대한 죄다. 첫째는 머리 회전이 빠르면서 마음이 음험한 것이다. 둘째는 행실이 한쪽으로 치우쳤으면서도 고집불통인 것이다. 셋째는 거짓을 말하면서도 달변인 것이다. 넷째는 추잡한 것을 외고 다니면서도 두루두루 아는 것이 많아 박학다식해 보이는 것이다. 다섯째는 그릇된 일에 찬동하고 그곳에 분칠을 하는 것이다. 이 다섯

가지 중에 하나라도 있다면 죽여도 된다. 그런데 소정묘는 이 죄악을
두루 겸했다. 어찌 죽이지 않을 수 있겠는가.”

우리는 공자가 미워한 사람이 누구인지 잘 알 수 있다. 그런데 공
자의 5악을 범한 사람들이 어떻게 보면 인재처럼 보일 수도 있다는
점을 경고하고 싶다. 당시 소정묘 역시 노나라 최고의 인재 중 하나
로 추앙받고 있었다. 인재에 관한 공자의 충고를 뒤집으면 아마 이런
말이 되지 않을까 싶다. 무릇 인재란 다음 다섯 가지 중 몇 가지를 갖
춘 사람이다.

첫째, 머리 회전이 빠르지만 마음이 음험해서는 안 된다. 음험한 자

는 이해利害가 관계關係에 우선한다. 필요하면 가까이 하지만 필요치 않으면 안면을 바꾼다. 능력이 있어 가까이 두고 부릴 만하지만 언제 비수를 뽑아 들지 모른다. 배신과 배반의 상처를 반드시 안겨 주는 사람들이다. 공자에게는 인재란 마음의 어짊이 우선이다. 어짊이란 무엇인가?『논어』옹야편雍也篇에서 공자는 어짊에 대해 이렇게 말한다.

무릇 어질다 함은 자기가 서고자 하면 남을 세워주고, 자기
가 이르고자 하면 남을 이르게 해 주는 것이다.

간단하다. 다른 사람의 성공을 도와주는 사람만이 훌륭한 리더가 될 수 있다. 이런 사람을 우리는 마음이 바른 인재라고 부른다.

둘째, 편협되고 고집불통인 사람들은 등용하지 마라. 이들은 어떤 경우 의지력이 강한 사람들, 난관에 좌절하지 않는 사람들로 오해되기도 한다. 그럴까 봐 공자는『논어』이인편里仁篇에서 다시 다음과 같이 말한다.

군자는 하늘 아래 일을 하면서 죽어도 이렇게 해야 한다고
고집을 부리는 일도 없고, 또 이렇게 해서는 절대로 안 된다
고 주장하는 법도 없다. 다만 그 마땅함을 따를 뿐이다.

공자 스스로는 어떤 고정관념이나 완성된 체계를 가지고 있었던 것 같지 않다. 강의할 때 교안을 만들어 두지도 않았다. 똑같은 것을 물

어도 사람의 성격에 따라 달리 대답해 준다. 성질이 급한 자에게는 '용기란 한 번 더 생각해 보는 것'이라고 대답해 주는가 하면, 늘 망설이는 자에게는 '용기란 옳다고 생각하는 것을 당장 실천하는 것'이라고 말해 준다. 그는 스스로 "나는 받아들일 수 있는 것과 받아들일 수 없는 것에 대하여 어떤 선입견도 없다無可, 無不可"고 말한다.

그러나 이것이 '이것도 옳고 저것도 옳다'라는 양가론을 의미하는 것은 아니다. 그랬다면 소정묘는 주살되지 않았을 것이다. 소정묘도 옳을 수 있기 때문이다. 그러나 공자는 그를 죽였다. 그를 죽이는 것이 공자에게는 '마땅한 일'이었기 때문이다.

우리는 이 마땅함이라는 기준이 이리저리 전횡되는 것을 막기 위해, 공자가 마땅함의 근거로 사용한 개념에 대해 더 알아보도록 하자. 이 개념이 명확해야 어떤 사람이 '편협하고 폐쇄적'인지, 아니면 '누가 뭐래도 제 길을 가는 의지가 굳고 추진력이 있는 것'인지를 구별해 낼 수 있다.

공자는 '고기양단叩其兩端'이라는 개념을 가져온다. 즉 "대립되는 논리의 양극단을 다 두드려 본다"는 뜻이다. 마땅함을 찾을 때 공자가 사용한 것은 바로 중용의 미덕이었다. 중용은 사물의 가운데를 뜻하는 것이 아니다. 평균을 의미하지도 않는다. 적절한 타협과 협상을 의미하는 것도 아니다. 그것은 상황에 따라서 그때그때 마음의 저울질을 해야 하는 작업인 것이다. 자, 이제 막대 저울을 이용하여 물건의 무게를 재는 모습을 상상해 보라. 막대 저울의 한쪽 천칭에 물건을 달았다. 지지끈을 잡고 그 물건의 무게를 재기 위해 추를 이동하여 균형을 이루는 눈금에서 그 물건의 무게가 결정되듯이, 중용이란 늘 막대 저울의 균형점을 찾아내는 작업 같은 것이다. 다시 말해 '다이내 믹 이퀄리브리엄 포인트dynamic equilibrium point 찾아내기' 같은 것이라 고 생각하면 좋다. 그러므로 고정된 기준으로 사물을 보게 되면 늘 편 협하여 편을 가르게 될 수밖에 없는 것이다.

현대 경영의 의미로 표현하면, 이 사람들은 모순과 갈등의 접합점 을 찾아내는 눈을 가지고 있다. 그래서 장기적 투자와 단기적 성과 사 이의 균형을 잡을 줄 안다. 변화에 능동적으로 대처하지만 절대로 포 기하지 않는 기업의 가치에 집착한다. 소수의 인재를 위한 특별한 제 도를 가지고 있지만, 성실한 다수가 실망하지 않는 인사적 메커니즘 을 또한 활용할 줄 안다. 세계가 동의할 수 있는 보편적 게임의 룰을 지킬 줄 알지만, 문화적 차별성을 활용하여 특화할 줄도 안다. 이것 은 그냥 되는 것이 아니다. 마음이 열려 있고 살아 있어야 사물의 균 형점을 찾아낼 수 있는 것이다. 인재는 사물을 대하고 자신의 입장을 정할 때, 지나침이 없도록 늘 그 균형점을 찾아낼 수 있는 사람이다.

셋째, 말을 기막히게 잘하더라도 거짓을 말하는 사람은 등용하지 마 라. 말을 잘하는 것이 단점이 될 수는 없다. 그러나 말만 잘하는 사람 들도 있다. 행동보다 말이 앞서는 이런 사람들에게 속아서는 안 된다. 공자는 『논어』 위령공편衛靈公篇에서 말과 말재주에 대해 다음과 같은 멋진 이야기를 한다.

말을 잘한다고 하여 그 때문에 그 사람을 써서는 안 되며,
사람이 문제가 있다 하여 그의 좋은 말을 버려서는 안 된

내 생각에 공자는 정말 말을 잘하는 것 같다. 그의 경쟁력은 이 말에서 온다. 그러나 그의 경쟁력의 핵심은 알맞은 때에, 알맞은 사람에게, 알맞은 말을 해 준다는 점에 있다. 침묵마저도 훌륭한 언어로 활용할 줄 안다. 그의 매력이다. 현대 경영에서는 이것을 커뮤니케이션 능력이라고 부른다. 커뮤니케이션 능력은 내용의 깊이를 체득하여 대상에 따라 가장 적절한 표현 방식을 찾아내는 능력이다. 내용을 의도적으로 자신에게 유리하도록 왜곡시킨 것이 거짓말이다. 거짓말은 불투명성을 증폭시킨다. 거짓말은 결국 신뢰의 밑바닥을 허물게 되고, 신뢰 없이는 누구도 함께 갈 수 없다.

말을 잘하되 그 내용이 거짓된 것을 사기라고 부른다. 사기꾼에게 속지 말라는 것이다. 사기꾼의 법칙이라는 것이 있다. 그것은 사람의 마음속에 들어 있는 욕심을 공략하는 것이다. 숨겨진 욕심을 공략하여 상대방이 스스로 끌려 들어오게 만드는 것이 사기의 제1 법칙이다. 거짓에 걸려들기 가장 쉬운 때는 스스로 넘어갈 준비가 되어 있는 경우다. 사기꾼은 그 욕심에 작은 불꽃 하나를 그어댈 뿐이다. 그래서 사기를 당하는 사람들 대부분은 꽤 똑똑한 사람들이다. 좀 미련하다 싶을 정도로 그저 묵묵히 제 길을 가는 사람들은 사기 당할 확률이 매우 낮다. 세상 돌아가는 이치를 대략 알고 그 속에서 빠른 지

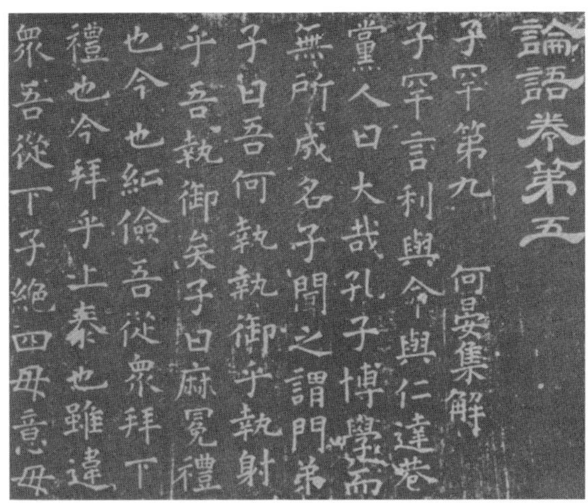

『논어』. 서안(西安)의 비림(碑林)에 있는 당대(唐代)의 석경(石經).

름길을 찾아보려는 헛똑똑이들이 사기꾼의 밥이다.

지혜롭다는 것은 말의 내용의 진위를 구별하여 판별할 수 있는 능력이다. 그리하여 스스로 자신의 욕심을 객관적으로 들여다본 뒤 상황에 따라 어떤 때는 욕망이 흐르는 대로 몰아쳐 가 공을 이루고, 또 어떤 때는 그 욕심을 자제하거나 통제할 수 있는 사람들이 지혜로운 사람들이다. 결국 지혜란 거짓인지 아닌지에 대한 판별력을 가지는 것으로, 취할 것은 취하고 버릴 것은 버리는 것이다. 거짓을 경멸하라. 분식회계 때문에 문 닫은 기업들이 얼마나 많으며, 영광의 자리에서 돌연 악덕 기업가의 나락으로 떨어진 경영자들이 또한 얼마나 많은지 생각해 보라.

넷째, 이리저리 아는 것이 많은 박학다식에 속지 마라. 진짜 전문가는 마음으로 알고 있는 사람이니 그를 등용하라.

공자는 아끼는 제자 안회에 대한 인물평에서 '묵식심융默識心融'이라는 표현을 쓴다. "묵묵히 이해하고, 마음에 녹여 담아둔다"라는 말이다. 지식이 들어와 '마치 양지바른 곳에 쌓인 눈처럼 녹아[融]' 마음에 담기면, 그것이 바로 진정한 자신의 것으로 소화되고 체화되는 것이다. 나는 '묵식심융'이라는 말을 참 좋아한다. 배우는 자의 훌륭한 자세다.

일찍이 화담 서경덕 선생이 자신의 줄 없는 거문고에 새겨두었다는 '무현금명無絃琴銘'이 아름다워 여기 첨부한다.

> 소리를 통해 듣는 것은 소리 없는 곳에서 듣는 것만 같지 못하다. 모습을 즐기는 것은 모습 없는 곳에서 즐기는 것만 못하다…… 소리는 귀로 듣는 것이 아니다. 마음으로 듣는 것이다.

말은 그저 뜻을 얻기 위해 필요한 것이다. 뜻을 얻었다면 말은 많이 필요치 않다. 진짜 전문가는 사용하는 언어가 단순하고 명쾌하다. 그리고 상대방이 어떤 사람인가에 따라 그 수준에 맞게 이야기한다. 전문 용어의 뒤에 숨어 있는 사람들은 진짜 전문가가 아니다. 현란한 말솜씨 대신 고객의 숨은 마음에 자신의 마음을 가져다 붙일 수 있는 사람이 가장 훌륭한 비즈니스맨이다. 왜냐하면 비즈니스는 단 하나의 단어, 즉 고객이기 때문이다.

잡다하여 쓸모없는 것을 피하고, 깊이 알아 정교하고, 핵심을 꿰뚫어 자신의 지식을 창의적으로 연결할 수 있는 인물을 등용하라. 그들이 전문가들이다. 전문가인 척하는 사람에게 속아 중요한 의사결정에서 중대한 실수를 범하지 말라.

다섯째, 부화뇌동하지 않고 자신의 가치관을 가지고 사는 사람들에 주목하라. 이해에 따라 옳고 그름이 달라져서는 안 된다. 분식회계가 문제가 되는 것은 덧칠하고 화장하여 시장을 속이기 때문이다. 공자는 이 부분에서 그 유명한 말을 하였다.

"정말 난 사람(군자)은 사람들과 잘 어울리지만 부화뇌동하지 않는다. 소인들은 부화뇌동할 뿐 다른 사람들과 제대로 어울리지 못한다."

다시 이 말을 친절하게 풀어서 이렇게 말한다.

"군자는 사람들과 두루 함께하지만 이해관계에 따라 이합집산하지 않는다. 소인들은 이해관계에 따라 이합집산할 뿐 사람들과 두루 함께할 줄 모른다."

그래도 모자라 다시 한마디 덧붙인다.

"군자는 늠름하되 다투지 않는다. 뭇사람들과 함께하되 파당을 짓지 않는다."

아, 이제 알겠다. 제대로 된 인간은 이해에 따라 파당과 파벌을 짓지 않는다. 이미 파당을 지으면 자신의 가치관을 지키기 어렵고, 그것을 지키지 못하면 파당의 논리에 자신을 팔아야 한다. 어찌 늠름하게 홀로 설 수 있겠는가? 파당을 지은 사람들은 대세와 주류에 따라 자신을 의탁할 뿐, 스스로의 세계를 만들어 낼 수 없다. 그러니 남들과 어떻게 차별화될 수 있겠는가. 늘 눈치를 보며, 파당의 논리를 따를 뿐이다. 그렇기 때문에 당당할 수 없고 창의적일 수 없으며, 늘 다른 이들의 뒤만 따를 뿐이다.

공자의 군자론은 결국 인재론이다. 스스로를 수련하고 수양하여 제대로 된 사람이 되고자 하는 고품격 자기계발론이다. 나는 공자를 읽으며 늘 감탄한다. 왜 그가 2,500년이라는 긴 세월 동안 그토록 존경받았으며, 그의 사상이 우리의 문화적 바탕으로 자리 잡게 되었는지를 이해하게 된다.

시대가 바뀌면서 많은 것이 변했다. 변화경영은 그러나 변하는 것만을 다루는 학문이 아니다. 변하지 않는 것들이 변하는 것들만큼이나 중요하다. 변화경영은 '질서 속에서 변화를 만들어 내고, 변화 속에서 새로운 질서를 찾아내는 것'이기 때문이다. 내가 공자를 중요하게 생각하는 것은 그가 변해서는 안 되는 것들, 그것을 잃으면 결국 사람을 잃게 되는 바로 그런 인간적 초점과 핵심을 놀라운 통찰력으로 꿰뚫어 보기 때문이다. 그를 읽으면 사람이 보이기 때문이다.

경영은 사람이, 사람과 더불어, 사람의 일을 하는 것이다. 인간을 이해하지 못하고 경영한다는 것은 스스로 삼류임을 자처하는 것이다. 이제 인간을 이해하지 못하는 리더는 인간을 이끌 수 없다. 인간을 이해하지 못하는 경영자는 사람의 열정을 다룰 줄 모른다. 현실을 넘어 꿈을 꾸게 할 줄 모른다. 돈 이면의 의미와 보람을 찾게 하지도 못하고, 몰입하여 인생을 걸게 만들어 주지도 못한다. 더욱이 사회와 공존하고 함께 번영하려는 사람들을 키워 낼 수도 없다. 이런 것 없이 리더가 되려는 사람들을 나는 미워한다.

인간에 대한 이해를 다루어 온 인류의 유산이 바로 인문학이다. 그것은 인간이 좁고 세속적인 현실적 기준에 갇히는 것을 경계하며, 인류의 정신적 높이를 고양하고 그 지평을 넓혀 줌으로써 우리가 상업화하고 타락하는 것을 막아 주었다. 인간에 대한 이해를 다루어 온 인류의 누적된 유산이 바로 문학, 역사, 철학으로 대변되는 인문학인 것이다.

인문학을 하는 지식인들은 지식의 생태계가 파괴되었다고 말한다. 지금은 인문학이 설 땅을 잃은 통속과 상업의 시대라고 표현한다. 옳은 지적이다. 그러나 나는 보다 낙관적이다. 오히려 그렇기 때문에 가장 인문학이 절실한 시기다. 역설적으로 인문학의 시대여야 하는 것이다. 나는 그동안 인문과 경영의 접점을 찾아 헤매왔다. 인문학의 실용성, 혹은 경영의 인간화라는 인문과 경영의 접점에서 인간이 그 타고난 기질과 재능에 맞는 일을 열정적으로 할 수 있도록 만들어 줌으로써 최고의 성과를 얻어 내는 방법을 찾으려 했다. 이 책 또한 바로 그 노력의 일환이다.

지금까지의 논의를 정리해 보자. 다른 사람에 기대어 자신을 키우며, 함께 공을 이루고 싶은 리더는 다음을 명심해야 한다.

- 머리는 빨리 돌지만 마음이 음험한 사람들과 오래 가지 마라. 함께 일하면서 길게 성공할 수 없다. 그들이 노리는 것은 언제나 그대의 등이다.
- 행실이 한쪽으로 치우쳤으면서도 고집불통인 사람들을 등용하지 마라. 그들이 바로 편협하게 닫힌 사람들이다. 낙후의 원천이다.
- 거짓을 말하면서도 달변인 사람을 경계하라. 그들이 바로 사기

꾼이다.

- 추잡한 것을 외고 다니면서도 두루두루 아는 것이 많아 박학다식해 보이는 사람에게 마음을 빼앗기지 마라. 배움은 정신의 일부가 되어야 체화되고, 체화되어야 상황에 맞게 운용될 수 있다. 진짜 전문가를 찾아내라.

- 그릇된 일에 찬동하고 그곳에 분칠을 하는 사람을 당장 내쳐라. 그들이 바로 파당을 만들고 끼리끼리 내집단內集團을 만들어 사람을 괴롭히는 불한당이다. 벽을 만들고 무리를 지어 조직의 협력을 저해하는 사람들이다.

'사람에게서 구하라.' 이것이 지식사회를 맞은 현대 경영학의 가장 중요한 이슈이며 숙제인 것이다.

어떤 사람을 믿을 수 있을까?

한때 조직 안에서 가장 중요한 핵심적 기술을 다루던 사람이 그 기술을 들고 나가 다른 경쟁업체에 팔아넘기기도 한다. 함께 동고동락하던 사람이 최근의 인사에 불복하여 서로가 함께 쌓아올린 공적을 와해시킬 모든 빌미를 찾아 폭로하기도 한다. 좋을 때는 비밀의 공유를 통해 결속력의 비결로 쓰던 사람이 상황이 바뀌면 종종 그 비밀을 다른 동료를 매장시킬 연장으로 사용하기도 한다. 이런 일은 예전부터 있어 왔고 지금도 비일비재하다.

어떤 사람에게 큰일을 맡기면 좋을까? 누가 믿을 수 있는 사람일까?

리더는 사람을 잘 써야 한다. 리더의 가장 커다란 힘은 사람이다. 그러나 골칫거리도 늘 사람이다. 그래서 사람을 다루는 일이 가장 힘든 것이다. 실제로 아주 많은 경영자들이 사람에 관한 일로 그 어려움을 하소연한다. 어떤 사람이 신뢰할 수 있는 사람일까?

아주 오랜 옛날에 이런 일이 있었다. 역아라는 사람이 있었는데 그는 요리사였다. 언젠가 그가 모시고 있던 왕이 농담 삼아 "나는 다른 것은 다 먹어 보았는데, 갓난아이로 만든 찜은 먹어 본 적이 없다"고 말했다. 이 말을 들은 역아는 자신의 첫 아들을 쪄서 바쳤다.

또 이 왕은 여색을 밝히는 편이었고 질투도 많았다. 그래서 많은 후궁을 거느리고 있었고, 그들이 딴 마음을 먹지 못하도록 잘 관리해 줄 사람을 원하고 있었다. 그러자 수조라는 사람이 스스로 자청하여 고자가 되어 후궁들을 관리해 주었다. 후궁들의 기강이 잡히자 왕은 고마워하였다.

또 이 왕에게는 당무라는 사람이 있어 능히 사람이 죽을 때를 알아맞히고 왕의 지병인 피부병을 치료해 주었다. 또 이 왕에게는 아주 근면하고 재치 있는 개방이라는 비서가 있었다. 이 사람은 너무도 성실하여 왕을 모신 지 15년이 지났건만 한 번도 부모를 뵈러 고향에 가지 않을 정도였다.

왕은 이 충성스러운 측근들에 둘러싸여 행복한 일상을 즐길 수 있었다.

그러던 어느 날, 나라의 정치를 맡아 주었던 재상이 병에 걸려 자

리에 눕게 되었다. 40년 동안이나 왕을 보필해 온 아주 현명한 신하
였다. 왕은 걱정이 되었다. 그래서 재상의 병문안을 가게 되었다. 가
서 보니 재상은 자리에서 일어나 앉지도 못할 만큼 중병이었다. 왕은
걱정이 되었다. 그래서 조심스럽게 물어 보았다.

"만일 그대에게 불행한 일이 생긴다면, 앞으로 나는 누구와 더불어
정사를 논하는 것이 좋겠는가?"

그러자 재상은 다음과 같이 말하며 습붕이라는 사람을 승진시켜 쓸
것을 왕에게 권고했다.

"습붕의 사람됨을 말하자면, 옛날 사람들의 선행과 아름다운 이야
기를 많이 기억하고 있습니다. 또 아랫사람에게 묻는 것을 부끄러워
하지 않습니다…… 선善을 남과 다투어 이기는 사람은 다른 사람을
심복시키기 어렵습니다. 선으로 남을 키워 주는 사람만이 비로소 남
을 심복시킬 수 있는 법입니다. 습붕은 그런 사람입니다.

또 언제나 관대하고 대범하여, 나라의 일을 할 때는 세부에 관여하
지 않으며, 집에서도 작은 일에 초연할 수 있는 사람이 습붕입니다.
또한 그는 집에 있으면서도 나라를 잊지 않고, 나라의 일을 하면서도
그 집을 잊지 않는 사람입니다. 군주를 섬기되 두 마음을 품지 않고,
그러면서 그 일신의 일도 잊지 않는 사람이 바로 습붕입니다. 그를 쓰
십시오."

왕은 그렇게 하겠다고 약속했다. 그리고 별도로 당부하고 싶은 말
이 있는지 물었다. 나이 먹은 재상은 그렇지 않아도 말하고 싶었으나
혹 왕이 듣지 않을까 봐 망설여지는 것이 있다고 대답했다. 왕은 꼭
지킬 테니 말해 보라고 했다.

　늙은 재상은 역아와 수조, 당무 그리고 개방을 멀리하라고 말했다. 왕이 놀라 그 이유를 물었다. 그러자 늙은 재상이 다음과 같이 대답했다.

　“역아는 왕을 위해 제 자식을 쪄서 바쳤습니다. 사람은 누구나 제 자식을 사랑합니다. 이처럼 제 자식조차 사랑하지 못하는 사람이 왕을 위해 무엇을 할 수 있겠습니까?

　수조는 왕을 위해 스스로 고자가 되어 후궁에서 벼슬을 살고 있습니다. 제 몸을 사랑하는 것은 인지상정입니다. 제 몸조차 사랑하지 못하는 자가 왕을 위해 무엇을 할 수 있겠습니까?

　사람이 태어나고 죽는 것은 운명에 달린 것입니다. 또한 지병은 타고난 신체의 약점입니다. 당무는 알지 못하는 운명과 천생의 약점을 이용하여 왕께 접근하였습니다. 근본을 지켜 몸을 다스려야지 당무에게 기대어 건강을 유지하는 것은 위험한 일입니다.

　개방은 15년 동안 고향의 부모를 찾지 못했습니다. 고향을 다녀오는 데 불과 며칠이면 됩니다. 제 부모조차 위하지 못하는 자가 왕을 위해 무엇을 해 줄 수 있겠습니까?

　‘거짓은 오래가지 않으며 허망한 일을 곧 드러낸다’고 하였습니다. 정상적인 일을 꾸준히 계속할 수 없는 자들은 죽기 전에 언젠가는 마각을 드러내는 법입니다. 가까이하지 마십시오.”

　왕은 재상이 죽자 그의 충고에 따라 이 사람들을 미워하며 멀리했다. 그러나 역아가 사라지자 음식 맛이 없어졌다. 당무를 쫓아내자 피부병이 다시 돋기 시작했다. 수조를 쫓아내자 후궁의 풍기가 문란해졌다. 공자公子 개방이 사라지자 정부의 사무가 지체되었다.

왕은 이들을 다시 불러 총애했다. 그로부터 1년이 지나 왕이 병에 걸렸다. 당무는 '왕이 모년 모월 모일에 죽게 된다'는 헛소문을 지어 퍼뜨렸다. 이어 역아, 수조, 개방, 당무는 서로 결탁하여 반란을 일으켰다. 궁궐 문을 막고 아무도 들어가지 못하게 하였을 뿐만 아니라 음식물을 일절 들여보낼 수 없도록 차단하였다. 왕을 굶어 죽게 만들 작정이었다.

죽음을 앞둔 왕이 깊이 탄식했다.

"성인의 말이 역시 옳았구나. 죽은 자가 아무것도 모른다면 좋겠구나. 만약 알게 되면 내 무슨 면목으로 지하에 있는 재상을 만난단 말인가?"

왕은 죽은 다음 재상이 자기의 얼굴을 알아보는 것이 부끄러워 백포로 얼굴을 가리고 죽었다. 왕이 죽은 지 열하루가 지나자 시체에서 생긴 구더기가 방문 밖까지 기어 나갔고, 그제야 장사를 지내게 되었다. 한때 패자로서 천하에 군림하던 왕의 최후는 매우 비참했다.

여기서 늙은 재상의 이름은 관중管仲이고, 비참한 최후를 마친 왕의 이름은 춘추시대 패자의 하나였던 제환공齊桓公이다.

관중의 시선은 참으로 무서울 만큼 정치精緻하여, 인간의 본성을 꿰뚫어 놓치지 않는 사람이다. 자신을 사랑하지 못하는 사람이 어떻게 다른 사람을 위해 마음을 다할 수 있겠는가? 자신의 자식조차 바쳐 충성을 증명하려는 자가 아무런 목적 없이 순수한 충성을 바칠 수 있겠는가? 아무도 모르는 운명을 안다고 떠벌리는 자가 어찌 이해를 따라 움직이지 않겠는가? 부모조차 버려둔 자가 누구를 섬길 수 있겠는가? 그것은 거짓된 행동이다. 그리고 거짓은 늘 불순한 목적을 가지고 있다.

제환공과 관련된 사례를 더 잘 조명하기 위해 몇 가지 잘 알려지지 않은 현명한 짧은 사례 몇 개를 대비시켜 보자.

- 낙양자는 위나라 사람이다. 그가 장군이 되어 중산국을 토벌할 때, 그의 아들은 불행히도 적국인 중산국에서 관리로 봉직하고 있었다. 그는 위나라 문후에 대한 충성심을 증명하기 위해, 중산국 사신 앞에서 관리로 일하던 자기 아들을 죽여 그 살을 씹어 먹었다. 문후는 그의 충성심과 공로를 칭찬했다. 그러나 그 후로 그를 믿지 않았고, 결국 문후는 낙양자를 파면시켰다. 매우 잘한 일이다.

- 명나라 천순天順시기에 마량이라는 사람이 황제의 총애를 받았다. 마량의 처가 죽자 황제는 그를 위로하기 위해 찾아갔다. 마량은 여러 날 바깥출입을 하지 않고 있었다. 황제가 그 이유를 묻자 측근이 말했다.
"마량은 지금 혼사를 치르고 있습니다. 새로 예쁜 아내를 들이고 있는 중입니다."
황제는 매우 언짢았다. 그리하여 "제 처한테도 저리 박정한데 내게 충성을 다할 수 있겠는가?" 하며 마량을 내쳐 버렸다. 매우 잘한 일이다.

- 명나라 선덕宣德시기에 금오위 지사로 있던 부광이라는 자가 있었다. 3품의 고관이었던 그는 더 승진하고 싶었다. 방법을 찾던 어느 날 부광은 스스로 거세한 뒤 환관이 되기를 청하였다. 황제가 이 말

관중

을 듣고 이상히 여겨 캐물었다. 그리고 크게 꾸짖었다.

"너는 이미 3품의 고관이거늘 무얼 더 바라는 것이냐? 자기 몸을 해쳐 가면서 또 승진을 하겠다는 것이냐?"

황제는 부광의 죄를 다스린 후 내쳤다. 역시 현명한 판단이다.

관중은 사마천의 『사기』 열전의 두 번째 장에 등장한다. 공자는 관중이 도량이 좁은 사람이라 평했다. 환공을 도와 인과 의로 천하를 다스리는 군자가 되게 하지 못하고, 무력을 써서 천하의 패자로만 이름을 떨치게 했기 때문이다. 공자의 관점에서 관중은 아까운 인물이었을 것이다.

그러나 그는 위대한 정치가였으며, 인간의 본성과 세상의 이치에 밝은 선각자였다. 습붕을 평하여 "집에 있으면서도 나라를 잊지 않고, 나라의 일을 하면서도 그 집을 잊지 않는 사람"이라고 평했는데, 사실은 관중이야말로 그런 사람이었던 것 같다. 관중이 죽었을 때 그의 재산은 제후의 집안의 재산에 버금갔다. 그러나 제나라 사람들은 그를 사치스럽다 여기지 않았다 한다. 당연히 그가 애쓴 만큼의 보상이었다고 여겼던 것 같다.

관중이 죽은 후에도 제나라는 그의 정책을 그대로 썼다. 그리하여 다른 제후국보다 강하고 풍요로웠다. 관중은 죽어서도 자신이 만들었던 제도적 장치들이 작동할 수 있도록 시스템화한 사람이었다. 자신이 죽은 다음에도 작동할 수 있는 장치를 만들어 낼 수 있었던 가장 중요한 바탕은 그 장치가 인간의 본성에 잘 들어맞는 자연스러운 것이었기 때문이 아닐까 한다. 그의 노선을 가리켜 '이상적 현실주의'라고 불러도 될지 모르겠다.

그는 물 흐르듯이 살았다. 국가를 위해 일하고, 일한 대가를 향유하는 자연스러운 삶을 살았다. '그는 창고가 가득 차야 사람들이 예절을 안다'는 진실을 꿰뚫어 알고 있었던 사람이다. 그래서 과장과 부자연스러움과 지나침 속에 숨어 있는 불순한 의도와 야망을 미리 알아낼 수 있었던 것이다.

그러므로 인지상정을 넘어 부자연스럽고 과장된 행위를 하는 사람들을 조심해야 한다. 그 배후에는 감추어진 목적과 음모가 있기 마련이다. 사람의 인격을 가늠할 때, 인지상정에 대한 그의 태도를 살펴 등용하는 것이 가장 기본적인 방법이다. 아마 관중이 현대에 살아 있어 경영자를 위해 조언을 한다면 이렇게 말했을 것이다.

"집에 있으면서 회사를 잊지 않고, 회사 일을 하면서 그 일신도 잊지 않는 사람이 좋은 일꾼이다."

일생에 단 한 번 만날 수 있는
사람을 놓치지 마라

사람을 얻으면 가장 많이 얻는 것이다. 중국의 고대 사회에서 가장 뛰어난 전략가 중의 하나인 한신韓信이라는 인물이 있다. 한고조 유방劉邦이 항우項羽를 물리치고 천하를 통일할 때 이 사람의 힘을 빌리지 않았다면 그 대업을 이룰 수 없었을 것이다. 사마천은 『사기』 열전 32편 「회음후열전淮陰侯列傳」에서 이 인물을 다루고 있다. 한신의 열전을 쓰기 위하여 사마천은 직접 그의 고향에 간 것으로 알려져 있다. 이 인물에 대한 애정이 깊었던 것으로 추측된다.

우리에게도 '건달의 가랑이 밑을 기어든 겁쟁이 한신'으로 잘 알려져 있는 인물이다.

한신은 평민이었고 가난했으며, 더욱이 방종했다. 관리가 될 수도 없었고, 장사를 해서 먹고 살아갈 능력도 없었다. 항상 남을 따라다니며 얻어먹었기 때문에 그를 좋아하는 사람이 없었다. 한때 한 관리의 집에서 밥을 얻어먹은 적이 있는데, 몇 달이 지나자 그 관리의 아내가 귀찮게 여겨 새벽에 밥을 지어 이불 속에서 먹고, 아침식사 시간에 맞추어 나타난 한신에게 밥을 차려 주지 않았다. 또 한번은 빨래를 하여 먹고사는 아낙네 하나가 한신이 굶주리는 것을 가엾게 여겨, 수십 일 동안 밥을 먹여 주었다. 한신이 아낙에게 말했다.

"내 언젠가 이 은혜에 보답하겠소."

아낙이 화를 내며 대수롭지 않게 대답했다.

"사내대장부가 제 힘으로 살아가지 못하기에 내가 다만 가엾게 여겨 밥을 준 것뿐이오. 어찌 보답을 바라겠소."

한신은 한때 평균도 되지 못하는 인물로 평가받았다.

그 후 한신은 처음 항우에게 가서 여러 번 계책을 올렸으나 그가 써 주지 않았다. 그 후 유방에게로 가서 곡식 창고를 관리하는 보잘것없는 벼슬을 받았다. 한번은 법을 어겨 참수를 당하는 벌을 받게 되었다. 같이 처형되는 13명의 목이 잘린 뒤 한신의 차례가 되었다. 한신이 눈을 들어 하늘을 쳐다보다가 우연히 관리였던 하후영夏侯嬰과 눈이 마주쳤다.

한신이 그를 보고 외쳤다.

"왕께서 천하를 얻으려 하지 않습니까? 어찌 장수를 죽이려 합니까?"

유방

하후영은 그 말이 기특하고 모습이 장하다 여겨 살려 주었다. 그러나 그는 등용되지 못했다. 한신이 등용된 것은 승상 소하蕭何 때문이었다. 한신과 자주 이야기를 나누어 본 소하는 한신이 뛰어난 인물임을 알게 되었다.

유방이 한중의 왕이 되어 험지로 좌천되어 들어가게 되자 모두 미래를 비관하였고, 급기야 도망가는 장수들이 수십 명이나 속출하였다. 소하가 유방에게 자신을 여러 번 추천했지만 등용되지 않자 한신도 그 도망자 중에 섞여 도주했다. 소하가 한신의 뒤를 쫓아가 막은 후에 유방에게 찾아가 말했다.

"한신에 견줄 만한 인물이 없습니다. 왕께서 한중의 왕으로 만족하

유방이 관중(關中)에 입성하는 그림. 한고조입관도(漢高祖入關圖) 중에서.

신다면 한신을 보내도 좋습니다. 그러나 천하를 다투려면 한신이 아니고는 함께 일할 사람이 없습니다."

그러자 유방은 한신을 불러 대장으로 삼으려고 했다. 소하가 다시 말했다.

"왕께서 본래 오만하여 예를 차리지 않습니다. 지금 대장을 임명하는데 마치 어린아이를 부르듯 하니, 한신은 떠나서 다시 오지 않을 것입니다. 좋은 날을 택하여 재계하고 대장을 임명하는 단장壇場을 차려 예를 갖추십시오."

유방은 이 말을 따랐기 때문에 한신을 얻을 수 있었고, 한신을 얻음으로써 천하를 얻어 400년 한제국의 시조가 될 수 있었다.

빌 게이츠Bill Gates는 마이크로소프트의 대명사이며, 가장 부유한 사

스티브 발머

나이고, 세계에서 가장 영향력 있는 인물 중의 하나로 평가받고 있다. 그는 신新경제의 총아이며 스타다. 그러나 그가 스티브 발머Steve Ballmer라는 인물을 얻지 못했다면 지금과 같은 마이크로소프트의 영광은 없었을지도 모른다.

스티브 발머는 근육질의 혈기 왕성한 인물이며, 키가 183센티미터나 되는 거구다. 빌 게이츠가 고등학교 동창 폴 앨런을 따라 하버드를 중퇴하고 마이크로소프트를 만들었을 때 스티브 발머는 하버드에 남아 응용수학 부분에서 최우등으로 졸업했다. 졸업 후 그는 소비자 마케팅을 배우기 위해 P & G에 들어가 2년간 근무했다. 그리고 스탠퍼드 비즈니스 스쿨에 들어가 학업에 정진하게 된다. 빌 게이츠는 그에게 급성장하고 있는 마이크로소프트에 합류할 것을 권했고, 그는 연봉 4만 불과 마이크로소프트 지분 8.75%를 받는 조건으로 입사했다.

스티브 발머가 입사한 당시, 그는 프로그래머가 아닌 최초의 직원이었고, 경영과 관련된 광범위한 업무를 소화해 내야 했다. 인력채용 담당자이기도 했던 그는 지식과 정열과 추진력을 가진 사람들을 찾아내 데리고 들어왔다. 1983년 한 인터뷰에서 그는 마이크로소프트의 채용원칙을 다음과 같이 말했다.

"우리 회사는 확고한 정책을 가지고 있다. 탁월한 능력을 가지고 있는 사람을 만나면 고용예산 따위는 생각하지 않는다. 즉시 고용한다. 세상에는 일생에 단 한 번 만날 수 있는 사람들이 있다."

그는 '단 한 번 만나게 된' 사람들을 놓치지 않기 위해 돈을 아끼지 않았다. 그 대신 자신을 비롯하여 다른 사람을 혹사시켰다. 그들은 발머를 '미라를 만드는 사람'이라고 불렀다. 마이크로소프트의 임원이었던 에이드리언 킹은 〈포브스Forbes〉와의 인터뷰에서 다음과 같이 말했다.

"마이크로소프트는 빌 게이츠 없이도 경영될 수 있다. 그러나 스티브 발머의 성공하려는 노력 없이는 살아남을 수 없다. 이것이 그 회사의 독특한 점이다."

오늘날 우리들은 영웅을 숭배한다. 한 사람의 탁월한 지도자를 칭송하느라 수없이 많은 공헌자와 협력자들을 간과하고 있다. 리더는 조직의 신적인 존재가 아니다. 아주 많은 공헌자들, 열정을 가진 인재들의 우두머리라는 평등한 시선이 중요하다. 그들의 관계는 상하관계라기보다는 친구나 동료이며, 형제와 같은 수평적 관계다.

한신이 이인자가 되어 유방을 보좌할 때 유방은 그를 정성껏 대우했다. 자기의 수레로 한신을 태워 주었고, 자기의 옷을 입혀 주었으며, 자기가 먹을 것을 나누어 주었다. 한신 역시 "남의 수레를 타는 자는 그의 우환을 제 몸에 지고, 남의 옷을 입는 자는 그의 근심을 제 가슴에 품으며, 남의 것을 먹는 자는 그의 일을 위해 죽는다"는 말을 명심하고 있었다. 이 관계가 지속되는 동안 그들은 서로 훌륭한 동지이자 파트너였다. 한 제국이 능력 있고 열정을 가진 충실한 협력자들에 의해 만들어졌듯이, 마이크로소프트 역시 도처에서 모인 인재들의 열정과 헌신에 의해 만들어졌다.

모든 위대한 리더는 사람에 대한 투자를 아끼지 않는 것이다. 나는 이 대목과 관련된 재미있는 이야기를 하나 하면서 그 중요함을 전달하고자 한다.

옛날에 어떤 왕이 있었다. 그 왕은 말을 좋아했다. 천 금을 주고라도 천리마를 구하려고 하였다. 그러나 3년이 지나도록 천리마를 구하지 못했다. 신하 중 한 사람이 자기가 한번 천리마를 구해 보겠노라고 말했다. 왕은 신하에게 천 금을 주며 천리마를 구해 오라고 했다.

신하는 3개월 만에 천리마가 있는 곳을 알아냈다. 그러나 그곳으로 갔을 때 말은 이미 죽어 있었다. 그는 죽은 말의 머리를 오백 금을 주고 사 왔다. 그런 다음 왕에게 바쳤다. 왕이 크게 노하여 소리쳤다.

"내가 원하는 것은 살아 있는 말이오. 죽은 말을 어디다 쓴단 말이오."

신하가 대답했다.

"세상 사람들은 이렇게 생각할 것입니다. 왕께서는 좋은 말이라면 죽은 말도 많은 돈을 주고 사는데, 정말 살아 있는 말이라면 오죽하겠냐고 말입니다. 조금만 기다리십시오. 왕께 천리마를 팔려는 사람들이 몰려들 것입니다."

왕은 과연 1년도 지나지 않아 좋은 천리마 세 필을 구할 수 있었다. 『전국책』에 나오는 일화다.

좋은 사람이 없다고 한탄만 할 일이 아니다. 신용이 있는 사람에게 돈이 모이듯 사람을 좋아하고 사람을 대접할 줄 아는 사람에게 사람들이 몰려들게 되어 있다. 이것을 지극하다 부른다. 지극한 사람은 인복이 있다. 지극함이 사람의 마음을 얻는 최고의 처세술이기 때문이다.

마음을 잡을 수 없다
몸을 낮추지 못하면

중국의 전국시대를 통틀어 왕이 아니면서 왕보다 더 존경받은 4명의 위대한 공자가 있었다. 사마천은 이들을 '전국 4공자戰國四公子'라고 불렀다. 이 가운데 가장 뛰어난 인물 중 한 사람이 바로 위魏나라 신릉군 무기無忌다. 그는 겸손을 통해 사람을 매혹하고, 그 네트워크를 통해 당시 누구도 범접할 수 없는 막강한 인물이 된 사람이다. 어디를 가더라도 그의 사람이 포진해 있었고, 다투어 그와 사귀고자 하는 인물들이 3,000명이나 되었다고 한다.

신릉군 무기에 관한 일화 중 그의 휴먼 네트워크의 힘을 보여 주는 이야기부터 시작해 보자. 어느 날 공자 무기가 위나라 왕과 바둑을 두고 있었다. 그때 북쪽의 변방에서 봉화가 오르고, 조나라 군대가 쳐들어오는데 막 국경을 넘어서려 하고 있다는 급한 전갈이 보고되었다. 왕이 놀라 대신을 모아 대책을 강구하려 하자, 신릉군 무기가 왕을 말리며 말했다.

"조나라 왕은 사냥을 하려는 것일 뿐 침략하려는 것이 아닙니다."

그리고 그대로 바둑을 두었다. 그러나 왕은 걱정이 되어 바둑에 마음을 둘 수 없었다. 잠시 후 다시 북쪽 변방에서 전갈이 왔다. 조나라 왕은 사냥을 할 뿐 침략한 것이 아니라는 것이었다. 위나라 왕이 놀라 무기가 그것을 어떻게 알았는지 물었다. 무기가 대답했다.

"제 빈객 중에 조나라 왕의 은밀한 일까지 정탐할 수 있는 자가 있습니다. 그는 조나라 왕의 일거수일투족까지 제게 알려 줍니다. 그래서 알 수 있었습니다."

위나라 왕이 이 말을 듣고 무기의 능력을 두려워하여 그에게 나라의 일을 맡기려 하지 않았다.

이 이야기는 적어도 두 가지의 교훈을 포함하고 있다. 첫 번째 교훈은 무기가 탁월한 인적 네트워크를 가지고 있으며, 힘은 그를 따르는 사람들로부터 나온다는 사실이다. 무기의 힘은 그가 활용할 수 있는 사람들의 깊이와 넓이에서 온다.

두 번째 교훈은 이 세상에는 위나라 왕 같은 리더들이 많다는 사실이다. 그가 졸렬하기 때문이 아니다. 자신보다 두려운 능력을 가진 부하를 기용한다는 것은 쉬운 일이 아니다. 언제 자신의 자리를 차지할지 모르기 때문이다. 이것이 인지상정이다. 따라서 능력이 과인過人한 사람은 아주 어렵고 위태로운 상황이 닥쳐야 비로소 쓰임을 받게 될 가능성이 높다. 한국사의 경우, 임진왜란이 없었다면 영웅 이순신도 없었을 것이다. 평화의 시대에는 위인과 영웅을 필요로 하지 않는다.

〔두 번째 이야기〕

그렇다면 신릉군 무기는 어떻게 하여 그렇게 많은 사람들을 매혹시킬 수 있었을까? 그가 어떻게 사람을 사귀는지 두 번째 이야기를 시작해 보자.

위나라에 숨어 사는 인물이 하나 있었는데, 그의 이름은 후영侯嬴이다. 성문을 지키는 보잘것없는 가난한 사람이다. 그가 훌륭한 사람이라는 말을 듣고 무기는 그를 빈객으로 모시고 많은 선물을 보냈다. 그러나 후영은 받지 않았다. 어느 날 무기는 술자리를 열어 많은 빈객들을 모이게 했다. 그리고 마차를 타고 후영에게 가 그를 자신보다 더 상석에 앉혔다. 후영은 다 해진 옷을 걸치고 거만하게 상석에 앉았다. 그리고 무기의 태도를 살폈다. 무기는 말고삐를 잡고 더 공손하게 대했다. 후영이 무기에게 말했다.

"저에게는 시장에서 푸줏간을 하는 주해朱亥라는 친구가 하나 있습니다. 그곳에 들렀으면 합니다."

후영은 푸줏간 앞에서 주해를 만나 오랫동안 서서 이야기를 나누며 공자 무기의 태도를 살폈다. 무기의 낯빛은 더욱 부드러워져 있었다.

그때 공자 무기의 집에는 장군, 재상, 빈객 등이 무기가 돌아와 술잔을 들기를 기다리고 있었다. 사람들은 무기가 말고삐를 잡고 서 있는 것을 보고 모두 후영을 욕했다. 후영은 무기의 낯빛이 흐트러지지 않는 것을 보았다. 이윽고 무기는 후영을 데리고 집으로 돌아와 상석에 앉히고 장수를 비는 술잔을 올렸다. 후영이 말했다.

"오늘 저는 공자를 위해 많은 일을 했습니다. 저는 천한 성문지기에 불과합니다. 그러나 공자께서는 몸을 낮춰 저를 상석에 태워 주셨습니다. 곧 집으로 돌아가 빈객들과 잔치를 즐겨야 하는데도, 시장에 들러 제가 주해와 오래 이야기하는 동안 기다려 주었습니다. 그동안 공자의 낯빛은 공손했습니다. 사람들은 모두 저를 소인이라 욕하고, 공자께서는 덕이 있으며 선비를 위해 몸을 낮추는 분이라 칭찬을 했습니다."

이리하여 후영은 무기의 상객이 되었다. 그리고 어진 사람이지만 알아주는 사람이 없어 시장에 숨어 사는 주해를 추천해 주었다. 무기는 주해를 자주 찾아가 그를 빈객으로 맞으려 했으나 주해는 답례하지 않았다.

이 이야기의 교훈 역시 적어도 두 가지다. 첫 번째는 공자 무기의 리더십의 핵심은 겸손이라는 점이다. 그는 공손하여 몸을 낮출 줄 알고 낯빛을 통제할 수 있었다. 낮춤으로써 유능한 인물들을 자신의 사람으로 만들었다. 낮춤으로써 영광을 얻어 내는 인물이라는 점이다.

두 번째 교훈은 그가 사람을 찾아내는 방식에 있다. 늘 귀를 열어 놓아 좋은 사람이 있다고 하면 즐겨 그 사람을 찾아가 예를 다해 자신의 사람으로 만들었고, 그 새 사람으로부터 또 좋은 인재를 추천받았다. 후영을 자기 사람으로 만든 다음, 다시 그의 친구 주해를 추천받았다. 그리하여 그의 주위에는 유능한 인물들이 가득해지는 것이다. 인재가 없는 것이 아니라 좋은 사람을 발견하지 못하는 경우가 더 많다. 설혹 그런 사람을 알고 있다 하더라도 자신을 굽혀 자신의 사람으로 만들지 못하는 것이 더 큰 문제이다.

〔세 번째 이야기〕

그러면 공자 무기는 이렇게 애써 얻은 인물들을 어디다 썼을까? 몸을 굽혀 인재를 얻고 그들의 마음을 얻은 다음, 그들과 더불어 무엇을 했을까? 세 번째 이야기를 들어 보자.

진나라가 조나라를 침략하여 수도 한단을 포위하였다. 조나라는 위나라에 구원을 요청했다. 위나라 왕은 장군 진비晉鄙를 시켜 군사 10만 명을 이끌고 조나라를 돕게 했다. 그러자 진나라는 조나라를 돕는 나라는 조나라를 함락시킨 후 반드시 군사를 돌려 그 나라를 치겠다고 위나라를 위협했다. 위왕이 겁을 먹고 진비의 군대를 멈추게 한 뒤 형세를 관망하라고 했다. 조나라 평원군의 아내는 무기의 누이였다. 평원군은 공자 무기에게 어서 와서 조나라를 구해 달라고 애원했다. 무기가 여러 번 위왕에게 진비의 군대를 전진시켜 조나라를 구하라고 진언을 했으나 왕은 듣지 않았다. 위나라 군사의 도움을 얻지 못한 조나라 평원군은 공자 무기를 원망했다. 무기는 의리를 지키기 위해 빈객들을 모아 수레 백 대에 태우고 조나라와 함께 싸워 같이 죽씬 미치지 못한 실패 사례가 비일비재하다. 최신의 것이 더 우월한 것은 아니다. 중요한 것은 그것이 현장에서 작동할 수 있어야 한다는 점이다. 현장에서 작동하지 않는 방법론은 무의미하다. 중요한 것은 현장이지 유행과 이론이 아니다. 이미 만들어진 선반 위의 처방을 가지고 유사한 병변을 보이는 질환에 써서 모두 효험을 볼 수는 없다. 같은 병이라도 증상과 체질에 따라 처방이 달라져야 하기 때문이다. 이와 관련하여 음미해야 할 매우 유명한 이야기가 있다.

춘추전국시대 중국의 조나라에는 조괄趙括이라는 인물이 있었다. 머리 회전이 빠르고 반짝이는 비상한 젊은이였다. 그의 아버지 조사趙奢는 당시 가장 위대한 장군 중의 하나였다. 조괄은 소년 시절부터 아버지의 병서兵書를 공부하였다. 이윽고 아버지 조사 역시 군사에 대해 토론을 하면 아들 조괄을 당할 수 없게 되었다. 조괄은 스스로 군사에 대해 말하라면 자신을 당할 수 있는 사람이 없다고 자부했다. 그러나 아버지는 아들에게 잘한다고 칭찬한 적이 한 번도 없었다. 조괄의 어머니가 그 이유를 묻자, 조사는 이렇게 대답했다.

"전쟁이란 목숨을 거는 것이오. 그러나 괄은 전쟁을 쉽게 말합니다. 만일 조나라 왕이 괄을 장군으로 삼아 등용한다면 반드시 조나라 군대는 파멸을 당하고 말 것이오."

조괄의 어머니는 이 말을 잊지 않고 마음속에 담아 두었다.

중국의 춘추전국시대 당시 전쟁은 일상이었다. 모든 나라들이 서로 합하고 흩어지며 싸우고 있었다. 그들은 서로에게 적군이었고, 동시에 우방이기도 했다. 이해관계에 따라 동맹을 맺기도 하고, 다시 이해관계를 따라 흩어져 적대국이 되기도 했다. 마침 조나라는 진나라와 전쟁에 돌입했다. 당시 이 전쟁을 지휘하고 있던 조나라 장수는 진나라 군대가 싸움을 걸어와도 나가 싸우지 않고 보루를 쌓아 지키는 데 주력했다. 싸움은 교착상태에 빠졌다. 진나라는 이 상황을 바꾸고 싶었다. 그래서 첩자를 활용하여 조나라 조정의 여론을 조장했다.

"진나라가 두려워하는 것은 오직 조사의 아들 조괄이 장군이 되는 것이다."

조나라 왕은 첩자가 만들어 낸 이 말을 믿게 되었다. 조괄이 장군이 되어 떠나려 할 때, 그 어머니가 왕에게 글을 올렸다. 대략 다음과 같은 글이었다.

제 아들을 장군으로 삼아서는 안 됩니다. 조괄의 아버지가 군대의 지휘권을 가진 장군이었을 때, 그가 직접 먹여 살린 사람들이 수십 명이었고, 친한 벗이 된 사람들이 수백 명에 이르렀습니다. 조정에서 내려 준 상을 받으면 군대의 장병들에게 나누어 주었고, 출전의 명령을 받으면 그날부터 집안일을 돌보지 않았습니다. 그런데 지금 제 아들은 하루아침에 장군이 되었습니다. 날마다 높은 곳에서 인사를 받지만, 군대의 장교들 누구도 제 아들을 존경하여 우러러보는 사람들이 없습니다. 왕께서 내려 주신 돈과 비단을 집으로 가져와 감추어 두고, 날마다 이익이 될 만한 땅이나 집을 둘러보았다가 사들입니다. 왕께서는 어찌하여 이 아이를 그 아버지와 같다 여기십니까? 아버지와 아들은 그 마음을 쓰는 것부터 다릅니다.

진다. 스티븐 스필버그가 몇 명의 전문가들과 함께 설립한 드림웍스 SKG가 기업 공개를 하자, 이 회사는 단 한 평의 부동산도 없었지만 단숨에 20억 달러를 조달할 수 있었다. 투자가들은 장래 수익을 거두어들일 수 있는 잠재력에 돈을 건 것이다. 물리적 힘이 중요했던 시대에서 정신적 통찰력이 빛을 발하는 시대로 변하게 되었다. 이에 따라 기업의 진정한 가치를 평가할 수 있는 회계 법칙의 변화도 대두되고 있다. 기존의 회계 법칙으로는 진정한 가치를 평가할 수 없기 때문이다.

생각해 보라. 자산으로 평가받았던 토지, 업무용 부동산, 공장, 설비 등이 짐과 부채로 변하기 시작하는 가벼운 경제의 시대에 이것들을 여전히 중요한 재산으로 평가하는 회계 시스템이 과연 미래의 역량과 기회를 투자자에게 적절히 평가해 줄 수 있겠는가?

우리는 낯선 시대, 역설의 시대를 살고 있다. 아이디어와 개념의 마케팅 시대에 살고 있다. 생각과 사고의 혁명의 시대에 살고 있다. 2,300년 전에 전국시대를 살다간 소진과 장의처럼 우리는 '낯선 시대에 특별한 생각을 하는 괴짜'일 필요가 있다. 어떤 성공도 믿어서는 안 된다. 오늘을 사는 우리는 우리가 서 있는 자리를 다음과 같이 정의해 보도록 하자.

"과거의 성공을 의심한다. 고로 새로운 기회를 찾을 수 있다."

익히지 못하면 배움이 정신의 일부가 되지 못한다

변화경영의 방법론도 유행을 탄다. 한때 일본식 품질관리 기법인 QCQuality Control나 TQMTotal Quality Management 등이 일본의 성공과 함께 세계적으로 유행이 되었다. 일본의 침체가 이어지고 미국식 경영이 다시 힘을 받게 되자 BPRBusiness Process Reengineering, 벤치마킹Bench Marking, CRMCustomer Relationship Management, 6 시그마Sigma, 리스트럭처링Restructuring 등이 앞을 다투어 소개되었다. 그러나 그 방법론이 모두 영험한 효과를 본 것은 아니다. 오히려 기대에 훨

오늘날 우리는 이들의 혀처럼 '가벼운' 시대에 살고 있다. 경제의 기본적 구조는 물리적 경제에서 글로벌 네트워크 경제로 이행되었다. 보고 만져지는 물질의 시대에서 만질 수 없는 지식의 시대로 옮겨 왔다. 예를 들어 보자.

10년 전에 이미 마이크로소프트는 IBM보다 시장 평가액이 더 높아졌다. 당시 IBM은 공장, 설비, 각종 업무용 부동산 등을 합해 170억 달러 규모를 보유하고 있었다. 그러나 마이크로소프트의 고정 자산은 10억 달러도 되지 않았다. 당연히 장부상 가격으로 보면 IBM이 월등한 우위에 있다. 그러나 투자가들은 마이크로소프트의 주식을 더 높은 가격으로 구입했다. 전통적으로 한 기업의 주식 가치를 총체적으로 평가하는 잣대 역할을 해 왔던 고정 자산은 더 이상 중요하지 않게 되었다. 마이크로소프트의 주식을 구매한 사람들은 이 회사를 이끌어 가는 사람들의 선의와 아이디어, 재능 그리고 경험을 눈에 보이지 않는 강력한 자산으로 인식하게 되었다. 작가이며 언론인인 프레드 무디Fred Moody가 〈뉴욕타임스〉에 기고한 글 속에서 표현한 대로 "마이크로소프트의 유일한 공장 자산은 직원들의 상상력"인 것이다. 21세기의 새로운 비즈니스는 중후한 물리적 자산이 아니라 '작고 가벼운micro & soft' 자산인 것이다.

GM은 이미 10년 전인 1997년에 1,780억 달러를 판매하여 세계에서 가장 매출액이 큰 기업이 되었다. 그러나 GM의 주식 가격은 뉴욕 증권거래소의 최고 40대 기업에도 오르지 못했다. 실제로 세계 최고의 매출 실적을 올렸음에도 불구하고 GM의 시장 평가액은 그 절반에도 미치지 못했다. 이것은 막대한 자금이 공장, 기계, 설비, 창고 등의 고정 자산에 묶여 있는 전통적인 기업의 현 위치를 보여 준다. 장부상으로 GM의 재무구조는 양호하다. 그러나 새로운 글로벌 경제의 현실에서 GM의 물리적 자산은 오히려 부채가 된 것이다. 지금 GM의 위기는 이미 외형적으로 가장 큰 기업으로 평가받을 때 비롯된 왜곡된 성공에서부터 온 것이다. GM의 외형이 커지기 시작할 때 크라이슬러는 생산을 공급업자에게 아웃소싱하고, 보유 부동산을 대부분 팔아 치웠다. 본사는 설계와 마케팅에만 주력하였다. 장부상으로는 초라해 보이지만, 시장에서는 짭짤한 수익을 올리게 되었다.

새로운 상행위의 또 다른 모델을 보여 주는 사례로 나이키를 들 수 있다. 일반인들은 나이키를 운동화 제조 판매회사 정도로 알고 있지만 그렇지 않다. 나이키는 정교한 마케팅 원리와 유통망을 갖춘 연구 디자인실이라고 보아야 한다. 나이키는 이제 가상회사가 되었다. 나이키는 내세울 만한 공장도, 설비도, 부동산도 없다. 그 대신 동남아시아에 협력업체라고 부르는 광범위한 공급자 망을 구축하여 본사에서 디자인한 수백 종의 운동화와 스포츠 웨어 그리고 각종 운동 장비를 이들을 통해 생산하고 있다. 나이키는 광고와 마케팅 업무도 과감하게 아웃소싱 하였다. 실제로 1990년대 들어 위든 앤드 케네디 Wieden+Kennedy 사의 혁신적 광고 전략에 힘입어 매출을 대폭 늘릴 수 있었다. 나이키는 운동화를 팔지 않는다. 나이키는 개념을 판다. 이 회사는 동남아시아의 무명 기업들과 계약을 맺어 그 개념의 물리적 형태를 생산해 낸다.

장부가격과 시장평가액의 엄청난 괴리는 다른 산업에서도 두드러도 장의가 구슬을 훔쳤다고 말하지 않으니 그때서야 풀어 주었다. 유혈이 낭자한 채 업혀 온 장의에게 아내가 말했다

"당신이 글을 읽어 유세하지 않았다면 오늘 이런 일을 당하지 않았을 것입니다."

그러자 장의가 아내에게 이렇게 대꾸했다.

"내 혀가 아직 붙어 있는지 보아 주시오."

장의의 아내가 웃으며 말했다.

"혀는 아직 붙어 있네요."

장의는 웃으며 말했다.

"그럼 되었소."

이 에피소드는 장의의 일화 가운데 가장 유명한 이야기 중의 하나다. 장의는 그 후 가장 강한 진나라로 가서 진나라 왕을 설득하여 소진이 6국을 연합해 놓은 것을 풀고, 개별적으로 진과의 동맹 관계를 맺어 진이 강성해지도록 한 공로가 크다.

소진과 장의는 한 선생 밑에서 배웠지만 서로 라이벌이었다. 하나는 강한 진나라에 대항하여 힘이 약한 나라들끼리 힘을 합하여 대항하게 하는 합종책合縱策을 썼고, 하나는 합종에 대항하여 강한 진을 중심으로 개별적 동맹관계를 맺도록 하여 합종을 궤멸시키는 연횡책連橫策을 썼다. 사마천은 『사기』 열전에서 이 두 사람에 대하여 상당한 분량을 할애한 후 다음과 같이 평가했다.

소진은 결국 제나라에서 첩자의 혐의를 받고 죽었다. 그래서 사람들은 그를 비웃고 그의 술수를 배우기를 꺼렸다. 그러

나 소진은 보통 집안에서 일어나 여섯 나라를 연합시켜 합종을 맺게 한 것으로 보아 그의 지혜가 뛰어났다는 것을 알 수 있다. 나는 그의 경력과 사적을 서술하여 유독 그만이 나쁜 평가를 듣지 않도록 하였다……. 장의가 일을 꾸민 것은 소진보다 더 심한 점이 있다. 그런데도 세상 사람들이 소진을 더 미워하는 것은 소진이 먼저 죽었기 때문에 장의가 그의 단점을 들추어 부풀려서 자신의 주장을 유리하게 끌어나가 연횡을 이루었기 때문이다. 두 사람 다 나라를 기울게 한 위험한 인물들이다.

태사공 사마천의 평가대로 이 두 사람은 한때 전국시대의 모든 나라들을 이끌어 서로 연합하고 흩어지게 만들었던 시대의 풍운아들이었다. 그들은 아무것도 가진 것이 없는 사람들이었다. 땅도 권력도 돈도 문벌도 배경도 없었다. 그저 그들이 가진 것은 그들 자신이었다. 그중에서 그들의 최고의 무기와 강점은 바로 그들의 혀였다. 아마 요새 언어로 조금 상스럽게 표현하면 '죽어서도 입만 둥둥 떠다닐 만큼' 가벼운 재산이 바로 그들의 혀였다. 그들은 첩자였고 사기꾼이었고 거짓말쟁이였는지 모른다. 그러나 그들은 또한 공부한 학자였고, 유능한 외교관이었으며, 배짱이 두둑한 전략가였고, 설득에 강한 변설가였다. 바로 전국시대의 전란 속에서 아이디어와 자신에 대한 마케팅을 통해 뜻을 이룬 한 시대의 특별한 괴짜들임에 틀림이 없다. 아마 이 두 사람은 『사기』 열전 전체를 통틀어 가장 가벼운 무기로 위험한 일을 해낸 사람들일 것이다.

양저가 장고에게 물었다

"어째서 약속 시간보다 늦었습니까?"

장고가 대답했다.

"대부들과 친지들이 송별연을 열어 주어 지체하게 되었소."

양저가 말했다.

"장수는 명령을 받으면 그날부터 집을 잊어야 합니다. 군령이 내려지면 친척을 잊고, 북을 쳐 급히 나아갈 때는 자신조차 잊어야 합니다. 지금은 적국이 쳐들어와 나라가 들끓고, 병사들은 국경에서 뜨거운 햇살과 비바람을 맞고 있습니다. 왕께서는 잠자리에 들어도 잠을 편히 잘 수 없고, 음식을 드셔도 그 맛을 느끼지 못합니다. 백성들의 목숨이 모두 우리에게 달려 있는데, 당신은 송별회를 벌여 술에 취하고 군령을 어겼습니다."

그러고 나서 군에서 법을 다루는 군정을 불러 장수의 영을 받고도 약속 시간을 어긴 자가 받아야 할 벌이 무엇인지 물었다. 군정이 대답했다.

"마땅히 목을 베야 합니다."

장고는 겁에 질려 급히 사람을 왕에게 보내 목숨을 구해 달라고 요청했다. 왕에게 보낸 사람이 돌아오기 전에 양저는 장고의 목을 쳐 그 목을 전군에게 돌리며 군법의 엄중함을 보여 주었다. 병사들이 모두 떨었다. 한참을 지나 왕의 사면장을 가진 사자가 말을 달려 군영 안으로 들이닥쳤다. 그러자 양저가 왕의 사자를 보고 말했다.

"장수가 군영에 있을 때는 상황에 따라 왕의 명령도 받들지 않을 수 있소."

그리고 군정을 돌아보며 물었다.

"군영 안에서 허락 없이 말을 달리면 어떻게 되는가?"

"목을 베어야 합니다."

왕의 사자가 이 말을 듣고 몹시 두려워했다. 양저가 다시 말했다.

"그는 왕의 사자이니 차마 죽일 수 없소."

양저는 사자의 목숨을 살려 주는 대신 그가 타고 온 세 마리 말이 끄는 마차의 왼쪽 말의 목을 쳐 전군에게 돌리며 본보기를 보였다. 병사들은 양저가 어떤 사람인지 보게 되었고, 누구도 그를 두려워하지 않는 사람이 없었다. 양저는 왕에게 보고하고 출정했다.

출정한 다음부터 그는 전장에서 병사들과 함께 숙식을 같이했다. 먹거리를 직접 챙기고, 병든 자들의 문병을 게을리 하지 않았다. 자신에게 나온 음식을 모두 병사들에게 나누어 주고, 자신은 조금 먹었다. 군대의 사기는 충천했고, 적군들은 물러나기 시작했다. 양저는 군사를 몰아 그들의 후미를 공격하고 대승을 거두었다. 그리고는 군대를 이끌고 도성으로 귀환했다. 도성에 이르러 모든 군대의 무장을 해제시키고, 왕에게 충성을 맹세한 다음 입성했다. 양저는 벼슬이 높아지고 나날이 더욱 존경을 받게 되었다.

양저는 자신의 자리를 정확하게 읽고 있었다. 적국의 압박은 점점 강해지고, 이 싸움에서 지면 물러날 곳이 없다는 것을 알고 있었다. 그러나 그는 자신의 군대가 아직 자신을 진정한 리더로 받아들일 준비가 되어 있지 않다는 것을 파악하고 있었다. 그는 싸우기 전에 정치적 보완이 필요하다는 것을 알고 있었다. 그는 왕의 권위를 빌리고자 했다. 사기가 떨어져 있는 군대를 장악하고 충성을 바치며 돌진하게 만들기 위해 왕의 총애를 받는 인물의 도움을 받으려고 했다. 그

저항의 목은 단번에 쳐라.
그래야 피를 줄일 수 있다

변화는 과정이다. 그것은 목표를 향한 추구이며, 도처에서 벌어지는 크고 작은 저항과의 싸움을 전제로 한다. 이 싸움에서 지면 앞으로 나아가기 어렵다. 변화는 적이 많다. 한 번 지면 모든 적들이 사방에서 달려들게 되어 있다. 그런 의미에서 변화는 전쟁이며, "전쟁은 또 다른 방법으로 행해지는 정치이자 마지막 정치적 수단"이라는 카를 폰 클라우제비츠Carl von Clausewitz의 통찰을 명심할 필요가 있다. 변화에도 삶의 다른 국면과 마찬가지로 정치가 필요하다.

춘추전국시대의 제나라 역시 늘 이웃 나라와의 싸움에 시달려야 했다. 진나라와 연나라가 쳐들어오자 제나라는 맞서 싸웠지만 완패하고 말았다. 이때 제나라에는 좋은 장수감이 있었다. 사마양저司馬穰苴라는 사람이었다. 그는 지위가 낮은 서출 출신이었다. 그러나 그는 글로 사람을 감동시킬 수 있었고, 무예가 출중하여 전군을 장악할 수 있는 인재였다. 위기가 그에게 기회를 주었고, 제나라 왕은 그를 장군으로 삼아 진나라와 연나라의 공격을 저지하게 했다. 출정하기 전에 양저가 왕에게 말했다.

"저는 원래 미천한 출신입니다. 왕께서 그런 저를 백성 가운데서 뽑아 장군으로 만들어 주었습니다. 그러나 병졸들은 저에게 복종하지 않고, 백성들은 아직 저를 믿지 못하고 있습니다. 신분이 천해 권세가 미미하고 보잘것없는 존재일 뿐입니다. 부디 왕께서 총애하고 모든 백성이 존경하는 신하를 뽑아 군대를 감독하게 해 주십시오."

왕은 자신이 총애하는 장고莊賈라는 신하에게 양저를 도와 군을 감독하게 했다. 양저는 장고에게 다음날 정오에 군문軍門에서 만나자고 약속하고 헤어졌다.

다음날 양저는 군영으로 가 해시계와 물시계를 마련해 놓고 장고를 기다렸다. 장고는 원래 왕의 신임을 믿고 오만하게 행동하는 사람이었다. 장군이 군을 책임지고 있으니 자신은 좀 늦게 가더라도 괜찮을 것으로 생각했다. 그래서 대부들과 친지들이 준비해 준 송별잔치에 가 거나하게 취했다. 양저는 정오가 지나자 해시계와 물시계를 거두고 전군에 영을 내려 출발할 준비를 마쳤다. 저녁때가 다 되어서야 장고가 군영에 나타났다.

잭 웰치

사업부 내의 상당수를 다시 포지셔닝하지 않으면 안 될 시점이었다. 실제로 GE는 '업계 1/2위'라는 성과의 재정의를 통해 상당수의 사업부를 재배치하는 변화를 성공시켰다. 이 과정에서 많은 직원이 해고되거나 다른 회사로 떠났다. 잭 웰치는 결국 '중성자탄 잭'이라는 별칭을 얻게 되었다.

그러나 캐논 사장인 미타라이 후지오御手洗富士夫의 방식은 달랐다. 캐논 역시 카메라, 사무기기, 컴퓨터 주변기기 등 백화점식 조합을 가지고는 승산이 없었다. 전략적으로 중요한 디지털카메라, 컬러복사기 분야에 초점을 맞추고 다른 사업부를 정리할 수밖에 없었다. 그러나 캐논은 창업 이후 고수해 온 '종신고용'을 포기하지 않았다. 사업의 구조조정은 단행했지만 인력 감축은 하지 않았다. 그 대신 인력의 재배치를 통해 전략적 초점사업 안으로 이들을 받아들였다. 제품의 연구개발에 걸리는 오랜 기간을 고려하고, 비전을 함께 공유하는 충성도가 높은 직원들이 일본의 전통적 가치관과 문화에 적합하다고 판단했기 때문이다.

또한 1997년부터 셀cell 생산방식을 도입해 생산혁신을 이루었다. 셀 생산방식은 숙련된 작업자가 처음 공정부터 마지막까지 완결 짓는 방식이다. 분업을 기초로 한 기존의 자동화 벨트라인을 철거하고 대체한, 새로운 책임 생산 시스템이라 할 수 있다. 종신고용이라는 일본의 전통적 가치관에 그동안 일본의 강점이었던 생산혁신을 연동시키고, 그 위에 가망 없는 부서를 가차 없이 도려내는 미국식 구조조정을 절충한 퓨전경영은 '캐논적'이었다. 매년 연속적으로 순이익을 갱신해 가고 있는 캐논은 동종의 경쟁업체인 니콘을 멀리 따돌리고, 2003년 시가총액에서 '전자 거인' 소니를 눌러 일본의 대표 브랜드로 성장했다.

모방은 반드시 자신의 현장을 토대로 구축되는 창조적 모방이어야 한다. 한 가지 사례를 추종하는 것은 단순 모방이지만, 여러 가지 사례들을 잘 들여다본 후 내게 적합한 처방을 찾아내는 것은 이미 모방을 넘어선 연구이며 창조라 할 수 있다. 훌륭한 경영자는 늘 자신의 방식을 찾아내는 창조자들이다. 이것이 아비를 능가하는 자식이며, 스승을 뛰어넘는 제자라 할 수 있다. 이들만이 새로운 경영 이야기를 만들어 낼 수 있다.

부디 제 아들을 보내지 마십시오.

왕이 대답했다.

"나는 이미 결정했습니다. 더 이상 어머니는 말하지 마십시오."

조괄의 어머니는 다시 말했다.

"만일 왕께서 굳이 그 아이를 보낸다면, 그 아이가 책임을 다하지 못한다 하더라도 저를 그 아이의 죄에 연루시켜 벌하지 마십시오."

왕은 약속했고, 조괄은 전쟁터로 갔다. 싸움터에 이른 조괄은 전임 장수로부터 지휘권을 인계 받은 후 군령을 모두 바꾸고 장교들을 모조리 교체하였다. 진나라의 장군은 거짓으로 패하여 달아났고, 조괄의 군대는 뒤쫓았다. 진나라 군대는 되돌아와 병참로를 끊어 조나라 군대를 둘로 나누었다. 40여 일이 지나자 조나라 군대는 굶어 죽어 갔다. 조괄은 정예부대를 이끌고 직접 싸우러 나갔지만 화살에 맞아 죽고 말았다. 조괄의 군대는 싸움에 졌고, 수십만의 군대는 항복했다. 진나라 군대는 이들을 모두 땅에 묻어 죽였다. 이 싸움의 전후로 조나라가 잃은 군사의 수는 45만 명이나 되었다고 사마천의 『사기』 열전에 기록되어 있다.

이듬해 진나라는 조나라 수도 한단을 포위했다. 한단은 1년 동안 포위에서 풀려날 수 없었다. 겨우 다른 나라의 도움을 얻어 한단의 포위망을 풀 수 있었는데, 조나라 왕은 과거의 약속 때문에 조괄의 어머니를 죽이지 않았다.

조괄은 아버지가 남긴 병법을 책으로 읽어 외우는 것에는 탁월하였다. 그러나 그의 병법은 책 속에 머물러 있는 다른 사람의 생각에 지나지 않았다. 아버지와 아들은 마음 씀씀이가 달랐고, 따라서 아들은 겉을 모방할 수는 있었지만 아버지의 마음을 본받지는 못했다. 그것이 비극이었다. 똑같은 병법이지만 아버지가 성공한 곳에서 아들은 실패했다. 이것은 마치 거문고와 가야금을 탈 때 그 현을 받치는 괘를 고정시켜 두는 것과 같았다. 아버지의 병서를 읽어 이론에 밝고 재능은 뛰어나지만, 마음 씀씀이는 아버지를 당할 수 없어 군사들의 마음이 그를 떠나게 되었다. 또한 상황에 따라 판단하고 그때마다 꺼내 써야 하는 방법도 달라야 했지만, 조괄은 배운 것을 익혀 몸에 맞게 쓸 수 없었다. 그의 배움은 그의 정신적 일부가 되지 못했다. 그와 그가 알고 있는 것은 서로 돕지 못했다. 결국 몸은 먼저 죽고 나라를 망쳐 놓게 되었다.

경영 역시 마찬가지다. 상황과 현장에 적합한 자신만의 방법을 찾아 차별적인 처방을 하지 않으면 성공하기 어렵다. GE와 캐논은 서로 다른 방식을 썼지만 모두 성공했다. 자신의 몸에 맞는 처방을 썼기 때문이다. 1981년 잭 웰치Jack Welch가 GE의 회장으로 취임할 때, GE는 기록적인 매출과 수익을 거두었을 때였다. 웰치는 사업의 실적을 재정의했다. 즉 GE 포트폴리오에 속해 있는 모든 사업부들은 해당 업계에서 1위 혹은 2위 안에 들어야 한다는 것이었다. 이것이 새로운 성공의 기준이 되었다. 매출과 수익의 기준으로 성과를 가늠하던 세계에 새로운 기준을 들이댐으로써 GE 내부에 강력한 위기의식을 촉발시켰다.

1970년 말 당시 GE는 전 세계의 최고 경쟁자들과 비교해 볼 때, GE

고 다른 경관의 눈치를 보지 않아도 될 때, 그 친구에게 음주의 정도에 따라 스티커를 발부하거나 법적 제재를 가해야 하냐고 물어 보면, 미국인들의 다수는 그래야 한다는 쪽에 손을 든다. 왜냐하면 법을 어겼기 때문이다. 법이라는 보편주의가 친구라는 사적 특수 관계보다 우위이기 때문이다.

그러나 동양 사회에서는 다수가 친구에게 스티커를 발부하거나 법적 제재를 가하지 않는 쪽을 선택한다. 친구라는 특수한 관계가 법이라는 보편주의 원칙에 우선하기 때문이다. 동양의 오래된 도덕과 규범은 법보다 우선적인 인간들의 관계 기준을 설정해 왔다. 법이라는 보편주의를 존중하지만, 특수한 연대와 관계들을 중요하게 생각하기 때문이다.

반면 미국은 여러 인종이 다양한 문화적 배경을 가지고 모인 나라이고, 이들을 효과적으로 지배하는 사회적 기준은 보편주의에 입각한 법이라는 해결책을 찾을 수밖에 없었다. 그들은 갈등이 생기면 먼저 법에 호소하고, 우리는 갈등이 생기면 먼저 다른 방법을 찾아보다가 마지막에 가서 법에 호소한다. 법은 동양인들에게 마지막 갈 데까지 간 뒤의 해결책인 것이다.

모든 문화에는 '침묵의 영역'이 있다. 그것은 그 문화를 이루는 구성원들이 너무도 당연히 여겨 평소에는 전혀 의식하지 못하는 잠재의식 속에 살아 있는 신념들이다. 동양 사회에서 한 개인의 지위는 늘 전체 속의 일원이며 상대적인 것이었다. 다른 사람들과의 원만한 관계 속에서 자신의 자리가 찾아지는 '고맥락 사회'였던 것이다. 그러므로 특히 자신을 둘러싸고 있는 사람들이 어떤 사람들인가에 따라 지대한 영향을 받을 수밖에 없다.

동양 사회가 특수주의에 입각하여 관계를 중시하는 고맥락 사회라는 점은 종종 바람직하지 못한 현상을 만들어 내기도 한다. 가장 대표적인 것이 혈연을 중심으로 하는 연대 혹은 지연이나 학연으로 패거리를 만들고, 그 속에서 이권이 분배되는 부패와 폐쇄성으로 쉽게 전락될 수 있다는 점이다. 그러나 이 점이 약점만은 아니다. 오히려 공동체 안에서의 배려와 포용, 실수를 교정할 수 있는 더 많은 기회, 법적 칼날보다는 인간으로서의 당위적 규범과 도덕에 의한 교화가 가능하다는 것, 그리고 이 속에서 부드럽고 온화한 덕치주의가 가능하다는 비전을 가지고 있기 때문이다.

이러한 동양적 문화와 정서적 잠재의식 속에서 서구적 인재경영 모델이 적합하게 작동하기 어렵다는 것이 나의 생각이다. 예를 들어 비용의 절감을 우선적 원칙으로 설정하고 명예퇴직을 통해 직원의 수를 줄여 갈 때, 그 결과 오히려 밖에서 기회를 찾을 수 있는 유능한 직원의 이탈이 많아지며, 자신의 능력을 제대로 발휘하기 어려운 근로자들만 기업에 남는 결과를 초래하기도 한다. 그런가 하면 직업의 불안정을 통해 사회는 능력을 발휘하지 못한 파트타이머들과 실업자들을 떠안게 되었다. 기업에 남아 있는 사람들은 업무량의 증가, 근무시간의 증가, 높아진 스트레스, 그리고 직장 상실의 두려움에 휩싸이게 되었다. 근로자는 소모품이 되었고, 충성도는 줄었으며, 겨우 소수만이 고용주를 위해 좀 더 일하려고 할 뿐이다. 이들은 훈련되지 않았고, 아이디어가 모자란다고 말한다.

　인재 활용법의 첫째는 기업의 비전을 만들어 가는 데 적합한 사람을 등용하는 것이다. 적합성이 중요하다.

　중국 고대사의 인물 중에서 가장 뛰어난 정치가의 한 사람인 관중管仲의 생각과 일대기를 다룬 『관자管子』 속에 사람을 어떻게 써야 하는지에 대한 짧지만 정채精彩 있는 대목이 나온다.

　하루는 제齊나라 환공이 마구간을 둘러보다 그곳에 근무하는 벼슬아치에게 물어 보았다.

　"마구간 일을 하다 보면 가장 어려운 일이 무엇인가?"

　벼슬아치가 대답을 하지 못하자 대동했던 관중이 답했다.

　"저도 예전에 이 직책을 맡아 본 적이 있습니다. 말을 세울 우리를 만드는 일이 가장 어렵습니다. 처음에 굽은 나무를 쓰면, 이 굽은 나무가 다시 굽은 나무를 원하기 때문에 곧은 나무를 쓰려야 쓸 수가 없습니다. 이와 반대로 처음에 곧은 나무를 쓰면, 이 곧은 나무가 다시 곧은 나무를 원하기 때문에 굽은 나무를 쓰려야 쓸 수가 없는 것입니다."

　이 말은 명쾌하다. 투명하고 윤리적인 사람을 쓰면 다음 사람도 그런 종류의 사람이어야 함께 일하는 것이 가능해지고, 그 반대의 경우에는 그다음 사람도 탁한 사람일 수밖에 없는 것이다. 처음에 유능한 사람을 쓰면 그다음 사람도 유능한 인물이 들어오게 되지만, 처음에 무능한 사람이 들어오면 그다음에도 무능한 인물이 꼬이게 마련이다. 유유상종이다. 같은 깃털의 새들이 모이게 마련이기 때문이다.

　병원에 가면 어디서 그렇게 많은 환자들이 모여들었는지 모를 정도로 여러 가지 질병을 앓고 있는 사람들로 가득하다. 세상 사람들이 다 그렇게 아픈 것이 아니다. 병자가 모이는 까닭은 그곳이 병원이기 때문이다. 마찬가지로 좋은 사람들은 좋은 직장에 모이고, 새로 좋은 직장에 들어와 좋은 일원이 되는 사람들은 좋은 인재로 성장하게 된다. 그러므로 애초부터 좋은 인재와 적합한 인물을 선택하여 채용하는 것이 경영자와 관리자의 핵심적인 경영 활동이 되어야 한다.

둘째는 일단 들어와 한 무더기를 이루게 되면, 관계 지향적인 동양 문화적 DNA를 활용하여 매우 건강한 팀워크를 형성해야 한다. 동양의 고전인 『주역』이 있다. 『주역』은 점치는 책이다. 그러나 점괘란 늘 해석을 하는 것이기 때문에 어떤 점괘를 해석할 때는 해석하는 사람의 세계관과 가치관이 반드시 들어가게 되어 있다. 따라서 『주역』은 자연과 사회를 바라보는 오랫동안의 누적된 인식의 틀이라고 할 수 있다.

『주역』 64개 대성괘大成卦 중에서 가장 이상적인 괘를 '지천태괘地天泰卦'라고 한다. 이 괘의 모양은 '하늘 위에 땅을 올려놓은 모양'이다. 일반적인 상식으로는 매우 불안정해 보이고 불길해 보인다. 그렇다. 이 괘는 혁명을 의미하는 괘다. 혁명은 혼란과 피를 요구한다. 그러나 혁명이 없이는 태평도 없다는 것이 동양적 사고다. 그래서 일견 기상천외한 해석을 얻어 내게 된다. 하늘의 기운은 위를 향하고, 땅의 기운은 밑을 향한다. 그러므로 서로 만나게 되고 서로 다가가게 된다는 것이다. 그리하여 하늘과 땅이 교통하여 태평하게 된다는 것이다. 신영복은 이 괘를 인간관계와 연관 지어 좀 더 부연 설명해 놓았는데, 대략 "능력이 뛰어나지 않은 멀리 있는 사람도 포용하고, 맨

발로 황하를 건너온 과단성 있는 사람도 포용하고, 남아 있는 사람, 즉 주변의 비주류도 멀리하지 말고, 붕당을 만들지 않고 중용을 행하면 태평하다"는 뜻으로 풀이해 두었다.

능력이 모자라는 사람을 잘라내고, 내 편이 아니라고 또 잘라내어 주변에 머무는 사람을 격리시키면 그 사회와 조직은 태평하지 않다. 즉 잘 어울려 살 수 없다. 유능한 독립적인 개인만이 기업의 미래에 기여하는 것이 아니라 이 다중의 어울림이 팀을 이루고, 힘을 모으고, 물결을 만들어 훌륭한 결과를 만들어 낼 수 있는 것이다. 팀의 장점은 여러 관점과 다양한 의견을 가지고 있다는 점이다. 팀원을 자극하고, 동기를 부여하며, 가지고 있지만 발휘되지 않은 것과 아직 발견되지 않은 것을 활성화하면 위대한 팀을 만들어 낼 수 있다. 재능이란 종종 숨어 있는 것이다. 개인의 고유의 능력을 효율적으로 팀에 결속시키는 것이 중요하다. 신뢰는 열린 의사소통을 의미한다. 자유롭게 표현하고 공감을 얻도록 해야 한다. "개인을 훈련시키는 것이 아니라 전체를 훈련시켜 하나로 만드는 것"이 중요하다.

셋째는 스스로 배우게 도와주어야 한다. 10년간 경험을 쌓았다고 무언가를 터득한 것은 아니다. '1년의 경험을 10번 되풀이하는 사람들'도 많다. 평생직장을 보장한다는 것이 신선한 사고와 기술로 무장된 젊은이들의 앞길을 방해하는 것은 아니다. 진정한 장애는 나이가 아니라 경험이 쌓이면서 그 경험 위에 새로운 것을 채우지 못하는 것이다. 동양의 고전인 『맹자』는 제자백가의 사상을 담고 있는 대작이며, 대부분 치세에 관한 논설이다. 이 중에는 매우 엄정한 자기 성찰에 관한 내용이 있어 가히 좌우명으로 삼아 실천할 만한 경구가 많다.

특히 '불영과불행不盈科不行'이라는 말이 있는데, 물이 흐르다 구덩이를 만나면 그 '구덩이를 다 채운 다음에야 앞으로 흘러가는 것'을 뜻한다. 건너뛰고, 지름길에 연연해 하지 않고, 정도를 걸으며 우직하게 앞으로 나아가는 고집이 바로 훌륭한 전문가에 이르는 방식임을 알아야 한다. 기본을 중시하고 원칙에 충실한 독학이 스스로를 필요한 인재로 만들어 가는 방식이다.

또 "바다를 본 적이 있는 사람은 물을 말하기 어려워하고觀於海者 難爲水"라는 말도 함께 나온다. 한번 바다처럼 크게 깨달은 사람은 사소한 것이라도 업신여기지 않는다는 뜻이다. 오직 잘 모르는 사람들만이 왈가왈부하기 좋아한다는 뜻이다. 스스로 배우고 익히는 사람들의 자세에 대한 좋은 경구가 아닐 수 없다. 당연히 경영자들도 이런 단단한 학습방식을 권장하고 이런 사람을 크게 쓸 수 있어야 한다.

스스로 배우는 힘이 약하면 정규 교육에 의존하는 바가 클 수밖에 없다. 그러나 공식 교육은 반드시 한계가 있다. 피터 드러커Peter Drucker는 "100년간의 미국 경영대학은 단지 쓸 만한 행정사무 직원을 양산했을 뿐이다"라고 개탄했다. 전 크라이슬러 회장 리 아이아코카Lee Iacocca 역시 "정규교육에서도 많이 배울 수 있지만, 정말 필요한 것은 대부분 혼자 터득해야 한다"는 사실을 잘 알고 있었던 사람이다.

적합한 인재를 채용하고, 적합한 배움과 기회를 제공하여 그들의 열정을 이끌어 내며, 적절한 자리에 적절한 사람을 배치하고 적합한 대우를 해줌으로써 '사람들이 스스로 경영할 수 있도록 만들어 주는 것'이 훌륭한 경영자와 리더의 공통된 과제다.

'사람'은 경영자가 자신의 대부분의 시간을 할애하여 집중할 만한 무엇보다 훌륭한 투자처다. 매출을 챙기고 수익을 챙기는 데 대부분의 시간을 쓰는 경영자는 삼류다. 결코 위대한 기업을 만들어 낼 수 없다. 좋은 경영자의 비밀은 사람에게 자신의 시간을 우선적으로 할애할 수 있다는 데 있다.

복종시키되 굴욕을
느끼게 하지 마라

리더는 명령할 수 있는 힘을 가져야 한다. 그러나 그것은 부드러워야 한다. 부드럽지 않은 것은 힘이 아니라고 말해도 좋을 만큼 역사는 진보해 왔다. 역사의 어느 시기든 몽둥이를 가지고 있는 자를 두려워하지 않은 때는 없었지만, 누구도 즐겨 몽둥이에 진심으로 굴복하려 하지는 않는다. 특히 지금은 더욱 그렇다.

미국의 시어도어 루스벨트는 "커다란 몽둥이를 가지고 있을수록 부드럽게 말하는 법을 배워야 한다"고 말했다. 그는 부드러움이 침투하는 강력한 방식을 알고 있었다. 이 점이 바로 루스벨트가 몽둥이에 의존하는 오만한 조지 부시보다 훨씬 훌륭한 리더라는 것을 증명하는 대목이다. 앞으로도 계속 미국이 몽둥이만 흔들 줄 아는 주먹국가로 진화의 방향을 잡는다면, 그동안 다이내믹한 대중문화와 민주주의, 인권과 열린사회를 지향하는 개방성 등으로 대변되어 온 가치를 상실함으로써 2차 세계대전 이래 누려 왔던 영향력과 지도력을 상실할 것이다. 미국은 이미 다른 나라의 국민들을 사로잡을 수 있는 매력을 잃어 가고 있다.

이것은 경영에도 똑같이 적용된다. 명령과 통제로 이루어진 경영은 두려움이 긍정적인 동기가 된다는 생각을 바탕으로 한다. 실제로 나는 유감스럽게도 수많은 직장인들이 상사들로부터 업무 능력과 성과 수준에 대하여 비열하고 악의에 찬 비난을 받고, 심지어는 다른 직장 동료들 앞에서 '험한 꼴'을 당함으로써 자신감과 자존심에 큰 상처를 입은 사람들을 수없이 많이 목격했다. 이 상처는 조직에게 독이 되고, 스스로 자신을 찌르는 비수가 되며, 끝없이 재생산되는 악성 감염 과정을 통해 확산되는 것을 보아 왔다.

부드럽게 명령함으로써 명령이 요청이 되고, 복종이 참여와 동의로 바뀌게 할 수 있다면 훌륭한 리더다. 그들은 명령하는 자와 명령받는 자 사이의 감정적 간격과 괴리를 메워 줌으로써 마음속으로 즐겨 따르도록 만들 수 있는 사람들이며, 하나의 방향으로 나아가게 하는 사람들이다.

막스 베버Max Weber에 따르면 권력은 세 군데서 온다. 하나는 전통적 권력이다. 군주나 왕 혹은 창업주의 2세 경영인처럼 세습되어 주어지는 권력이다. 또 하나는 카리스마적 권력이다. 다시 말해 신으로부터 받은 자신의 매력으로 혼란기의 군중 위에 군림하게 된 사람들이 가지고 있는 스스로 만들어 낸 권력이다. 나폴레옹, 한니발, 크롬웰 같은 인물들이 가지고 있던 힘이 카리스마적 권력의 대표적 사례라 할 수 있다. 또 하나는 법률로 정해진 합법적 절차에 따라 주어진 권력이다. 민주주의가 발달함에 따라 사람들은 기간을 정해 새로운 권력을 탄생시키는 선거라는 합법적인 절차를 만들어 냄으로써 권력의 정당성을 부여하는 방법을 얻게 되었다. 선거를 통해 당선된 대통령이나 이사회의 추대를 받아 취임한 대표이사들이 바로 그 예들이다.

그러나 지식사회로 발전해 오면서, 전통적 권력은 이제 상징적으로만 남게 되는 경향이 있다. 말하자면 '군림하나 지배하지 않는다'는 개념으로 바뀌어 갔다. 카리스마적 영웅들은 체제가 안정되면서 다양한 사회적 요구가 분출되기 시작하면 그 위력을 잃어 가는 경향이 있다. 위기의 시대는 영웅을 부르지만, 평화의 시대에는 누구도 간섭하지 않는 자유를 원하기 때문이다. 때때로 합법적으로 주어진 권력이라도 리더가 그 소임을 다하지 못하면 실질적인 오피니언 리더들이 나타나 그 자리를 대체하게 된다. 우리는 명목과 실질이 일치하는 리더가 좋은 리더라는 것을 안다. 그 사람들만이 명령할 수 있는 힘을 가지게 된다. 훌륭한 리더는 명령할 줄 아는 사람들이며, 그 명령이 위에서 아래로 물 흐르듯이 흐르게 하기 위해 자신이 어떻게 해야 하는지 알고 있는 사람들이다. 그들은 다음과 같은 두 가지 깨달음의 줄을 잡고 놓지 않는 사람들이다.

첫째는 '위계가 지나친 권위를 가져서는 안 된다'고 믿고 있는 사람들이다. 그 속에서 직원들은 보스가 원하는 대로 행동하기 때문이다. 더 정확히 말하면 보스가 원하는 대로 생각하려 하기 때문이다. 이것이 무슨 뜻인지 『전국책』에 좋은 사례가 있어 소개한다.

제나라의 재상인 추기鄒忌라는 사람이 있었다. 그는 꽤 외모에 자신이 있었던 것 같다. 그 당시 제나라 최고의 얼짱은 서공徐公이었다. 추기는 자신과 서공을 비교할 때 누가 더 잘 생겼는지 알아보고 싶었다.

어느 날 아침, 옷을 입다가 추기가 아내에게 서공과 자신 중 누가 더 미남인지 물어 보았다. 아내는 자신의 남편 추기가 서공보다 낫다고 했다. 추기는 이 말을 믿을 수 없어 첩에게 다시 물어 보았다. 그녀의 대답도 서공이 추기를 따를 수 없다고 했다.

며칠이 지나 추기의 집에 손님이 찾아왔다. 이런저런 이야기를 나누다가 서공에 대한 이야기에 이르러 추기는 그 손에게 자신과 서공 중 누가 더 미남인지 물어 보았다. 손님이 말하기를 "서공이 그대만 못합니다"라고 대답했다. 그 후 기회가 되어 추기는 서공을 만나게 되었다. 그는 서공의 얼굴을 자세히 뜯어 보다가 결국 자신이 서공에 비할 바 못 된다는 것을 알게 되었다. 그러고 나서 생각했다.

'아내가 내가 더 미남이라고 말한 것은 나를 사랑해서다. 첩이 내가 더 미남이라고 말한 것은 내가 두려워서다. 그리고 그 손이 내가 더 미남이라고 말한 것은 나에게 바라는 것이 있어서일 것이다.'

생각이 여기까지 미치자 추기는 궁궐로 들어가 위왕威王을 만났다. 그리고 왕에게 진언했다.

"지금 제나라는 영토가 광대하고 위세가 등등합니다. 궁중에 있는 여인들과 왕의 좌우에 있는 사람들 중 왕을 사랑하지 않는 자들이 없고, 조정의 신하들 중 왕을 두려워하지 않는 자들이 없습니다. 또한 이 나라의 백성들 중 왕께 바라는 바가 없는 자가 없습니다. 서공은 저와 비교하여 상대가 되지 않을 만큼 잘생긴 미남입니다. 그러나 제 아내는 저를 사랑하여 제가 더 미남이라고 말했습니다. 제 첩은 저를 두려워하기 때문에, 그리고 절 찾아온 손님은 제게 바라는 바가 있어 아부를 했던 것입니다. 상황이 이러할진대, 이제 왕께서는 자신의 잘못을 지적해 줄 수 있는 사람을 한 명도 갖지 못한 것 아니겠습니까?"

위왕은 이 말을 듣고 깜짝 놀랐다. 그리고 즉시 다음과 같은 영을 내렸다.

- 왕의 잘못을 직접 면전에서 말해 주는 자에게는 최고의 상을 내린다.
- 글로써 잘못을 일깨워 주는 자에게는 중급의 상을 내린다.
- 왕의 잘못을 비방하는 소문을 내어, 자신의 귀에까지 들리게 하는 자에게는 하급의 상을 내린다.

이 영이 떨어지자 처음에는 왕의 잘못을 말하는 사람들이 줄을 이었다. 그러나 시간이 지나면서 그 수는 줄어들었다. 그리고 이내 왕의 잘못을 말하려 하여도 그 결점을 찾기가 어려워졌다. 지적을 받으면 바로 이를 고쳤기 때문이다. 이 소문을 듣자 주변의 나라들이 제 나라에 조공을 바치기 시작했다. "전쟁의 승리는 조정에서 이미 이루어진다"는 것은 바로 이를 두고 이르는 말이다.

추기나 추기가 섬기는 위왕은 자신의 권력이 자신의 자리로부터 온다는 것을 뼈저리게 알고 있는 사람들이다. 그리고 권력의 주위에는 수많은 사람들이 침묵하고, 아첨하고, 왜곡하고, 시기하고, 경쟁한다는 것을 알고 있다. 또한 언젠가 자신들의 자리를 빼앗으려 한다는 것을 잊지 않는 사람들이다.

둘째는 바로 이런 이유로 훌륭한 리더는 '권력의 원천을 자리로부터 인간 그 자체에 대한 매력으로' 옮겨오려고 노력하는 것이다. 추기와 위왕은 그 권력이 자리로부터 오는 것이 아니라 자신으로부터 올 수 있도록 근신하고 자제했던 사람들이다. 훌륭한 리더는 자리로부터 오는 권력을 자신으로부터 오는 매력으로 바꾸는 법을 터득한다. 자신의 내면적 매력이 사람들을 사로잡을 수 있을 때 그 힘은 오래갈 수 있다는 것을 알고 있기 때문이다.

이 사람들은 자신의 꿈과 비전을 달성하기 위하여 자리가 주는 권력을 수단으로 사용하는 사람들이다. 권력 자체가 목적인 사람들이 아니다. 예를 들면 프랑스의 샤를 드골이나 이탈리아 통일의 영웅 가리발디 같은 사람들이다.

드골은 프랑스의 통일과 영광을 꿈꾸었다. 2차 세계대전 당시 프랑스 정부가 독일에 항복한 뒤에도 영국으로 건너가 레지스탕스 세력을 결집하여 대독항쟁에 앞장섰다. 결국 프랑스를, 항복한 패전국에서 2차 세계대전의 전승국으로 만든 인물이었다. 1946년 1월 총리직에서 물러났고, 1947년 '프랑스 국민연합'을 조직해 개헌을 시도했지만 실패했다. 그 후 그는 정치적 생명을 연장하기 위한 어떤 타협도 거절한 채 고향집으로 내려갔다. 1958년 알제리 전쟁으로 프랑스가 내란의 위기로 치닫자 드골은 다시 프랑스의 부름을 받았다. 파리로 돌아온 그는 프랑스에 정치적 안정을 가져다 주었다.

19세기 이탈리아 통일의 영웅 가리발디 역시, 통일 이탈리아 왕국의 어떤 자리에도 참여하지 않았다. 당시 자리를 나누어 가진 무능력하고 허영에 들뜬 자들, 졸부들의 제안을 거부했다. 그러나 이탈리아가 외세와의 싸움에 시달릴 때마다 그는 원정대를 이끌고 앞장서 싸웠다. 가리발디는 권력의 외곽에 머물렀고, 말년에는 카프레라 섬에 들어가 소박하고 평화로운 여생을 보냈다.

드골이나 가리발디 같은 사람들은 권력 자체가 목적인 사람들과 확연히 구별된다. 직위가 주는 권력을 추구하는 사람들은 자리를 뒤쫓는다. 국회의원, 장관, 은행장, 총장, 이사장 등 조직의 장長을 추구하는 자들이다. 그들은 기사가 딸린 고급 승용차와 도처에서 날아드는 공식 초대장, 화려한 저녁, 명사로서의 예우에만 관심이 있을 뿐이다. 그들의 힘은 간판에서 나온다. 그러므로 자리를 잃으면 모든 것을 잃게 된다. 그들의 내면은 늘 텅 비어 있고, 존중해야 할 비전도 지켜야 할 원칙도 없다. 그들은 조작과 음모 그리고 다수가 되기 위한 표, 그리고 언제나 이해로 움직이는 똑같은 부류들과의 뒷줄 놓기에 혈안이 되어 있는 사람들이다. 그들이 가장 희열을 느끼는 것은 공식행사를 순례하며 가장 좋은 자리에 앉아 성공한 사람다운 웃음을 흘리는 것이다.

반면 훌륭한 리더들은 자신의 힘을 표현할 때, 늘 다음과 같은 조화와 균형을 잃지 않는다.

• 자리가 주는 힘은 하드 파워다. 누구라도 그 자리에 가면 그 힘을 가질 수 있다. 그것은 커다란 몽둥이 같은 것이다. 따라서 몽둥이를 등 뒤에 숨길 수 있어야 한다. 그리고 두려움을 느끼는 사람들에게 부드럽게 말할 수 있어야 한다. 그것이 조직의 솔직한 목소리를 들을 수 있는 방법이다. 군림하면 왜곡된다.

• 자신의 내면적 가치로부터 나오는 힘은 소프트 파워다. 꿈과 비전에 대한 열정은 바로 이 부드러운 힘의 원천이다. 좋은 리더는 꿈과 비전으로 말한다. 이것은 여러 사람들이 함께 참여할 수 있는 자유롭고 멋진 정신적 공간이다. 공감, 동의, 참여, 격려, 지원, 신뢰는 이 공통의 공간 안에서 이루어지는 정신적 유대가 된다.

• 하드 파워와 소프트 파워의 균형은 모든 훌륭한 리더가 추구하는 목표이다. 그들은 명령하지만 강요하지 않는다. 그들은 호소하지만 거절하기 어렵게 한다. 추종자들은 복종하지만 굴욕을 느끼지 않는다. 그들은 기꺼이 즐겨 따르며, 리더의 결정을 스스로 동의하고 찬성한 자기 결정이라 여긴다.

4장

사람을 이끌고
혁신을 거듭하다

변화경영 리더십

귀는 아름다운 소리를 좋아한다. 눈은 아름다운 모습을 즐기려 한다. 입은 좋은 맛을 탐한다. 몸은 편하고 즐거운 것을 좋아하고, 마음은 권세와 명예를 자랑하고 싶어 한다. 이것이 자연스러운 것이다. 농부는 먹을 것을 생산하고, 어부는 고기를 잡는다. 장인은 물건을 만들고, 장사꾼은 돈이 될 만한 것을 유통시킨다. 물건은 이익이 남는 곳으로 밤낮없이 흘러들고, 사람들은 누가 만들라고 하지 않아도 팔릴 것을 만들어 낸다. 각자가 그 생업에 힘쓰고 즐겁게 일하는 것은 마치 물이 낮은 곳으로 흐르는 것과 같다. 이런 일들은 모두 자연스러운 것이다. 그러므로 세상을 가장 잘 다스리는 방법은 자연스러움을 따르는 것이다. 가장 졸렬한 정치는 백성들과 다투는 것이다.

빈부의 도가 있다. 그것은 인위적으로 빼앗거나 안겨 주는 것이 아니다. 사람들은 저마다의 능력에 따라 힘을 다해 원하는 것을 얻고자 한다. 묘한 재주가 있는 사람은 부유해지고, 모자라는 사람은 가난해진다.

—사마천, 『사기』 열전 중에서

변화란 낡고 오래되어 자연스러움의 흐름을 막는 구습과 악폐를 제거하여 물길을 뚫어 주는 것이다. 자연스러움을 잃으면 사람이 따르지 않는다. 변화는 사람을 위해 하는 일이니 사람을 잃고 이념만 남게 만든다면 결국 잘못된 것이다.

믿게 한 후에야 비로소 바꿀 수 있다

 다음과 같은 세 가지 장면을 만나 보자.

〔장면 1〕

옛날에 어떤 부자가 있었는데 비가 하도 와서 담이 무너져 내렸다. 아들이 아버지에게 말했다.

"담을 다시 쌓지 않으면 도둑이 들 것입니다."

잠시 후에 이웃집 사람이 다시 똑같은 말을 했다. 그날 밤에 정말

도둑이 들어 많은 재물을 잃어 버렸다. 부자는 자기 아들의 선견지명을 크게 칭찬했다. 그러나 이웃집 사람은 의심했다. 같은 말이지만 누가 했는가에 따라 이렇게 다르게 받아들여진다.

〔장면 2〕

은殷나라의 시조인 탕왕湯王은 성인이다. 그를 도와 천하를 은나라로 만든 이윤伊尹은 가장 지혜로운 재상의 상징이다. 최고의 지자智子가 최고의 성인을 설득하여 자기의 의견을 실행하고자 했기 때문에 단번에 헌책獻策이 채택되어 쓰일 만도 한데 그러지 못했다. 이윤이 70번이나 탕왕을 설득하려 했지만 받아들여지지 않았다고 한다. 그래서 이윤은 훌륭한 요리사가 되어 왕에게 가까이 갔다. 이윤이 어진 것을 안 다음에야 탕왕은 비로소 이윤의 말을 듣고 그를 중용했다.

〔장면 3〕

옛날에 미자하彌子瑕라는 사람이 있었다. 그는 왕의 총애를 받았다. 어느 날 밤에 미자하의 어머니가 몹시 아팠다. 어떤 사람이 이 사실을 궁궐에 있는 미자하에게 알렸다. 미자하는 왕의 명령이라고 속인 뒤 왕의 수레를 타고 대궐 문을 빠져나갔다. 당시 왕의 수레를 타면 다리를 자르는 형벌이 국법으로 정해져 있었다. 후에 이 사실을 전해 들은 왕은 미자하를 어질다고 칭찬했다.

"효자로구나. 어미를 위해 다리가 잘리는 것도 두려워하지 않다니."

또 언젠가는 왕과 함께 과수원에 갔다가 복숭아를 먹어 보니 맛이 달았다. 미자하가 먹던 복숭아를 왕에게 바쳤다. 왕은 또 이렇게 말했다.

"나를 끔찍이 위하는구나. 제가 먹던 것이라는 것도 잊고 나를 생각해 주는구나."

세월이 흘러 미자하는 왕의 총애를 잃고 죄를 짓게 되었다. 그러자 왕은 이렇게 말했다.

"예전에 이 자는 나를 속여 내 수레를 탔고, 먹던 복숭아를 나에게 먹인 괘씸한 놈이다."

미자하의 행위는 처음이나 나중이나 다를 바가 없었다. 다만 총애를 받고 있을 때는 칭찬받은 일이, 총애를 잃게 되니 죄가 되었을 뿐이다.

세 가지 장면 모두 우리에게 주는 메시지는 공통적이다. 먼저 사람들이 믿고 내 편이 되어야 그들을 움직일 수 있다는 것이다. 만일 많은 사람들과 아주 힘든 일을 시작하여 끝을 잘 맺으려면 시작하기 전에 그들의 전폭적인 지지와 도움이 필요하다. 그들의 땀과 피를 얻어내려면, 그들이 나를 믿고 힘든 길을 따라오게 해야 한다.

변화의 길은 피와 땀으로 얼룩진 길이다. 그것은 여럿이 모여 살고 있던 낡고 열악한 집을 허물고, 새로운 집을 짓는 것과 같다. 당분간은 집 없는 풍찬노숙風餐露宿의 불편을 감수해야 한다. 불편과 불안정 속에서 새 집을 지을 때 리더에게 가장 중요한 것은 다음과 같은 세 가지 요소를 장악하는 것이다.

첫째는 무너져 내리는 낡은 집에서는 더 이상 살 수 없다는 인식을 공유하는 것이다. 그리고 머뭇거리는 사람들을 그 집에서 끌어내는 것이다. 살고 있는 집에서 이들을 끌어내는 것은 쉬운 일이 아니다. 불편하지만 잘 참으면 그럭저럭 일상이 이루어지는 집을 버리고 식구들을 데리고 거리로 나서는 것은 어려운 일이다.

둘째는 낡고 썩어 냄새 나는 집 대신 크고 아름답고 편안한 집의 조감도를 사람들에게 보여 주면서, 새집을 지은 다음의 쾌적하고 안락한 삶을 설득할 수 있어야 한다. 바로 새로운 집에 대한 비전을 공유하는 것이다.

셋째는 실제로 이 사람들을 데리고 새집을 지으면서 불편하고 힘든 역사에 서로 격려하고 열정을 다해 참여하도록 설득할 수 있어야 한다. 기초를 다지고, 기둥을 세우고, 서까래를 얹고, 벽을 만들어 내는 공정을 보고 즐길 수 있도록 새집을 짓는 역사를 지원하고 통제할 수 있어야 한다. 이것이 리더다.

콜린 파월Colin Powell은 자메이카 이민 2세로 1937년 뉴욕 할렘 가에서 태어났다. 미국처럼 인종 차별이 심한 나라에서 합참의장을 거쳐 텍사스 카우보이 부시 정권의 국무장관이 되었다. 언젠가 미국 대통령 후보로 한 번쯤 나올지도 모르는 사람이다.

파월이 국무장관으로 취임한 직후 지인에게 보낸 편지 가운데 다음과 같은 것이 공개되었다.

"모두들 내가 국무부 조직의 판을 다시 짜기를 바랍니다. 그러나 나는 이 사람들이 내 편이 되기를 기다릴 것입니다. 그들이 나의 리더십을 믿을 때까지 재조직을 감행하지 않을 것입니다."

콜린 파월

　그는 변화를 시도할 때 듣고 배우고 사람들을 참여시키는 데 엄청난 시간을 쓰는 것으로 알려져 있다. 그러나 모든 사람을 만족시키려고 하지는 않는다. 단지 기반을 조성하는 데 성실하다는 뜻이다. 때가 되면 그는 변화의 앞에 설 준비가 되어 있다. 중요한 것은 자신을 믿고 따르게 하기 위해 먼저 많이 투자하고, 그 신뢰 위에서 변화를 시작한다는 점이다. 사람들에게 자신을 믿게 하지 못하면 아무것도 설득하지 못한다는 것을 그는 알고 있는 것 같다.

　변화는 가장 어려운 일 중의 하나다. 서로에 대한 믿음이 없이는 함께 가기 어렵다. 신뢰는 설득의 기본이다. 나를 믿지 않는 사람이 진심으로 나를 따르기를 바라는 것은 어리석은 일이다. 경영의 첫째는 사람이고, 사람은 함께 일할 수 있어야 하며, 협력의 바탕은 믿음이다.

뉴 유나이티드 모터 매뉴팩처링NUMMI, New United Motor Manufacturing, Inc.이라는 아주 긴 이름을 가진 기업이 있다. 지금은 미국 최고의 생산성을 자랑하며 가장 성공한 자동차 공장 중의 하나다. 그러나 이 공장은 아픈 기억을 가지고 있다. 한때 GM의 캘리포니아 공장이었던 이곳은 당시 GM 사업장 가운데 생산성과 품질 면에서 최하위였다. 직원들의 고의적 결근율은 20%에 달했고, 태업, 파업, 사보타지가 만연했다. 마약중독자와 알코올 문제를 가진 직원도 상당수였다. 회사 측과 노조원들의 대립은 악화 일로를 걸었다. 현장에서 근무하는 간부들은 신변의 위협을 느껴 총기를 휴대해야 할 정도였다. 그것은 전쟁 상태였고, 노조는 '투쟁을 통해 얻어내야 한다'는 것이 기본 가정과 전제였다. 1982년 공장은 폐쇄되었다. 그리고 이듬해 GM과 도요타는 합작 투자를 통해 NUMMI라는 이름으로 이 공장을 다시 가동시켰다. 경영은 도요타가 맡았다. GM에서 해고된 대부분의 직원이 다시 복직했고, 당시의 노사협상위원회도 그대로 유지되었다. 새로운 비전과 목표에 동의하고 하나가 되기 위해서는 그들의 힘이 필요했기 때문이다.

GM 시절 노사 협약서는 1,400페이지로 8권에 달했지만, NUMMI의 협약서는 100페이지에 불과했다. 노사 협약서의 첫 페이지는 다음과 같이 새로운 관계를 규정하고 있다.

"노사 양측은 혁신적인 노사 관계를 구축하고, 전통적인 적대 관계를 청산하며, 상호 신뢰와 신의의 정신을 목적으로…… 최선의 노력을 기울인다."

어디서나 볼 수 있는 평범한 문구지만 그 정신이 달라졌다. 과거의 협약서에는 회사 측이 24시간 이전에 통고해야만 직원을 정리 해고 시킬 수 있게 되어 있었다. 그러나 NUMMI는 기본적으로 무해고 원칙을 도입했다. 이 정책은 기업의 장기적 미래가 위협받지 않는 이상, 누구도 정리 해고의 대상이 되지 않는다는 약속이다. 실제로 노사 협약에는 정리 해고를 실시하려면 반드시 외주 계약을 철회하고, 고위 경영간부 65명의 연봉을 삭감하는 조치를 먼저 실시한 후, 그래도 부득이한 경우에만 할 수 있다고 명시되어 있다.

그 후 NUMMI는 4번의 위기를 겪었다. 예를 들어 1998년 매출 감소로 생산량을 40% 정도 줄여야 했다. 회사는 조업을 단축하고 휴가를 적극 권장했다. 그리고 생산 팀워크 문제 해결 등의 재교육을 실시하고 특별 개선 프로젝트를 만들어 직원들을 참여하게 했다. 위기는 지나갔고 그 누구도 해고되지 않았다. 여론 조사에 따르면 직원 중 80% 이상이 NUMMI의 최고의 장점은 일자리를 보장해 준다는 회사의 방침이라고 응답했다.

이 회사에서도 노사 관계는 늘 밀월의 관계에 있는 것은 아니며, 긴장의 연속이기도 하다. 그러나 늘 마음을 터놓고 공동의 노력을 하는 것이 노사 양측의 기본 입장이며 자세다. 관리자들은 기본적으로 직원을 존중해 주며, 그들이 자율적으로 건강한 현장 담당자로서 의사 결정을 할 수 있는 환경을 만들어 주었다. 과거 GM 시절처럼 철저한 감독과 보상을 통해 통제하려고 하는 대신, 공동의 목표를 가진 공동 운명체라는 믿음을 바탕으로 직원이 잠재력을 발휘할 수 있도록 배려하고 지원해 주었다. 1년을 근무한 후 원한다면 다른 팀으로 옮겨 갈 수 있도록 요청할 수 있다. 직원들은 몇 명의 팀으로 나뉘어 스스로 계획하고, 스스로 관리해 나가며, 목표를 달성해 갔다. 그리고 그들은 끊임없이 개선해 나갔다. 그것은 캘리포니아에 있는 작은 도요타였다.

그렇다면 GM의 다른 공장이나 다른 기업들은 왜 이런 성과를 낼 수 없었을까? 시스템과 하드웨어뿐 아니라 모방이 불가능한 근본적인 차이가 있었기 때문이다. 즉 인간에 대한 가정이 다르기 때문이다. 과거 GM의 경영자들에게 직원들은 기본적으로 열심히 일하기 싫어하고, 책임지지 않으려 하고, 노력을 회피하고, 시키는 일만 하는 사람들일 뿐이었다. 그러나 NUMMI가 되면서 이 가정은 달라졌고 신뢰는 회복되었다. 한때 과격한 노조원이었던 한 사람은 다음과 같이 말했다.

"나는 지금 56살이다. GM에서 31년간 근무했다. 지금까지 살아오면서 처음으로 일하는 재미를 제대로 느꼈다. 정말 일할 맛이 난다. ……이제는 할 일이나 방법을 우리 스스로 결정한다. 팀장은 작업장에 1주일에 1번, 30분 정도 둘러볼 뿐이다. 나는 팀워크가 기업 성공의 제1의 요소라고 생각한다. 팀워크만 맞으면 관리자가 없어도 아무 문제가 없다."

실제로 NUMMI에서는 근무 시간에 늦게 오거나, 해야 할 필수 과정을 빼먹거나, 함께 지켜야 할 규칙을 어기게 되면 팀장에게 불려가 야단을 맞는 것이 아니라, 대신 동료들이 한 번도 그냥 넘어가지 않는다. 누군가 근무 시간에 늦으면 동료가 나서서 부탁한다. "급한 일이라면 사전에 말해라. 그러면 우리가 해 줄 수 있다. 그러나 아무 말

도 없이 늦으면 모두에게 피해를 준다. 그러지 말아라." 이런 부탁을
동료에게서 받으면 누구도 늦을 수 없다. 이들은 서로 부탁한다. 그
리고 실수가 생기면 일을 더 잘할 수 있도록 서로 도와준다. 과거 GM
에서 근무했던 똑같은 이 사람들이 어떻게 NUMMI에서는 이렇게 다
르게 행동할 수 있게 되었을까? NUMMI의 경영진들은 성공의 비결
을 3가지 원칙으로 정리한다.

- 회사와 노조 양측은 공동운명체다. 공유 목표를 위해 협력해야
  한다는 사실을 깨달았다.
- 직원이 자발적으로 열심히 일할 수 있도록 모든 직원을 공정하
  게 대우한다는 약속을 지킨다.
- 시스템이 효율적으로 운영되기 위해 협동정신과 상호 신뢰 및 존
  중에 바탕을 둔다.

평범한 원칙이다. 그러나 그 원칙을 만든 정신이 구현되고 실천된
다는 것은 참으로 어려운 일이다. 신뢰와 믿음은 그것을 지키려는 노
력이 없이는 얻을 수 없는 보물이다. 그리고 혁신과 개혁은 믿음과 신
뢰가 없이는 오래가기도 어렵고, 현장에서 작동되지도 않는다.

모
순
과

상
생
하
라

제자 한 사람이 배움에 싫증이 났다. 쉬면서 놀고 싶었다. 그래서 스승인 공자에게 휴식을 취할 곳이 있으면 좋겠다고 말했다. 공자가 말했다.

"사람이 사는 동안에는 휴식할 곳이 없는 법이다."

제자 자공이 다시 물었다.

"그렇다면 저에게는 쉴 곳이 없다는 말씀입니까?"

공자가 말했다.

공자와 그의 제자들. 한대(漢代)의 화상석.

"있다. 저 무덤을 보아라. 울룩불룩 솟아 있는 저 무덤들이 바로 네가 쉴 곳이다."

자공이 이해하고 이렇게 받았다.

"위대하구나, 죽음이여.

군자에게는 휴식을 뜻하고, 소인에게는 굴복을 뜻하는구나."

공자가 기뻐하며 이렇게 말했다.

"자공아, 네가 그것을 알았구나.

사람들은 모두 삶이 즐거워야 한다는 것은 알지만,

삶 가운데 고통도 있어야 한다는 것은 모른다.

늙으면 힘들게 된다는 것은 알지만,

늙으면 또한 편안함이 온다는 것을 알지 못한다.

죽음에 대한 무서움만 알지,

죽음이 휴식을 준다는 것은 알지 못한다."

이것은 『열자列子』에 나오는 이야기다. 좋은 스승과 훌륭한 제자의 가르침과 깨달음이 즐거운 장면이다. 동양의 지혜와 깨달음은 대부분 이런 모순적 동반과 상생을 통해 이루어진다. 이분법적인 사고에 길들여진 서양인들의 경우는 대부분 이런 모순의 공존은 정신적 혼란으로 이어지는 경우가 많다. 유교와 함께 동양 사상의 기조를 이루는 불교의 경우도 다를 바 없다. 오히려 더욱 이중적이고 모순적이다. 예를 들어 명말의 고승 지욱智旭이 한 말(혹자는 명초의 선승 묘협의 어록이라 하기도 한다)로 세간에 많이 회자하고 있는 『보왕삼매론寶王三昧論』은 다음과 같은 모순적 지혜로 가득 차 있다.

첫째, 몸에 병 없기를 바라지 말라. 몸에 병이 없으면 탐욕이 생기기 쉽다. 그래서 성인이 말씀하기를 "병고病苦로써 양약良藥을 삼으라" 하셨느니라.

둘째, 세상살이에 곤란 없기를 바라지 말라. 세상살이에 곤란이 없으면 제 잘난 체하는 마음과 사치한 마음이 일어난다. 그래서 성인이 말씀하기를 "근심과 곤란으로써 세상을 살아가라" 하셨느니라.

셋째, 공부하는 데 마음에 장애가 없기를 바라지 말라. 마음에 장애가 없으면 배우는 것이 넘치게 된다. 그래서 성인이 말씀하기를 "장애 속에서 해탈을 얻으라" 하셨느니라.

넷째, 수행하는 데에 마魔 없기를 바라지 말라. 수행하는 데에 마가 없으면 서원이 굳건해지지 못한다. 그래서 성인이 말씀하기를 "모든 마군으로써 수행을 도와주는 벗을 삼으라" 하셨느니라.

다섯째, 일을 계획하되 쉽게 되기를 바라지 말라. 일이 쉽게 풀리면 뜻이 경솔해지기 쉽다. 그래서 성인이 말씀하기를 "많은 세월을 두고 일을 성취하라" 하셨느니라.

여섯째, 친구를 사귀되 내가 이롭기를 바라지 말라. 내가 이롭고자 한다면 의리를 상하게 된다. 그래서 성인이 말씀하기를 "순결로써 사귐을 깊게 하라" 하셨느니라.

일곱째, 남이 내 뜻대로 순종해 주기를 바라지 말라. 남이 내 뜻대로 순종해 주면 마음이 스스로 교만해진다. 그래서 성인이 말씀하기를 "내 뜻에 맞지 않는 사람들로 무리를 이루라" 하셨느니라.

여덟째, 공덕을 베풀 때에는 과보果報를 바라지 말라. 과보를 바라게 되면 불순한 생각이 움튼다. 그래서 성인이 말씀하기를 "덕 베푼 것을 헌 신처럼 버리라" 하셨느니라.

아홉째, 이익을 분에 넘치게 바라지 말라. 이익이 분에 넘치면 어리석은 마음이 생기기 쉽다. 그래서 성인이 말씀하기를 "적은 이익으로써 부자가 되라" 하셨느니라.

열째, 억울함을 당할지라도 굳이 변명하려고 하지 말라. 억울함을 변명하다 보면 원망하는 마음을 돕게 된다. 그래서 성인이 말씀하기를 "억울함을 당하는 것으로 수행의 문을 삼으라" 하셨느니라.

지금은 역설의 시대다. 모순과 패러독스의 시대다. 몇 가지 예만 들어 보면 금방 알 수 있다. 패스트푸드의 시대라는 것을 모두가 느끼게 될 때, 웰빙과 슬로푸드에 대한 새로운 반추세가 만들어졌다. 세계화의 트렌드가 압도적이지만, 동시에 지역화하고 차별화하는 것이 경쟁력이다. 보편적 게임의 룰을 따라야 하지만, 과거에는 존재하지 않던 새로운 룰들이 만들어지고 있다. 새로운 룰을 만들어 내는 사람은 지배자가 되고, 그 룰을 따라야 하는 사람들은 추종자가 되어야 한다. 전 지구는 서로 연결되어 있어 아프가니스탄 전쟁이나 이라크 전쟁은 마치 영화처럼 실시간으로 보도된다. 틀림없이 세계는 하나가 되어가고 있고, 지구는 작아지고 있다.

그러나 또한 세계는 분화되기 시작했다. 1945년 UN에 가입한 나라는 51개국이었다. 15년이 지난 1960년에는 UN 회원국의 수가 거의 두 배에 달했다. 2000년 9월 회원국의 수는 다시 그 두 배에 육박하는 189개국이 되었다. 그리고 아직도 동티모르, 퀘벡, 티베트 등 독립을 기다리고 있는 나라들이 많이 있다. 정치적으로 점점 더 분화되고 있는 나라들은 한편으로는 다시 서로 울타리를 없애는 경제적 제휴를 늘려가고 있다. 유럽연합EU, 동남아국가연합ASEAN, 북미자유무역협정NAFTA 등을 통해 공통의 기준을 정하고, 관세를 낮추며, EU처럼 단일 통화를 사용하게 되기도 한다.

영어는 국제공용어가 되어 가고 있다. 인류의 1/4에 해당하는 15억 인구가 영어를 사용하고 있다. 그러나 여기에도 반추세가 생겨나고 있다. 영어 사용 인구가 늘어나기도 하겠지만 점점 더 많은 소수 언어가 사용되는 현상을 보게 될 것으로 전망된다.

예를 들어 미국에는 남미의 히스패닉 인구의 유입이 늘고 있다. 역사적으로 이민자들의 언어는 이민 3세쯤에 가서야 사라지는 경향이 있었다. 그러나 지금의 추세로는 그럴 것 같지 않다고 보는 전문가의 견해가 있다. 즉 히스패닉의 수가 많아지면서 영어를 사용하지 않았을 때의 불이익이 줄고 있기 때문에 스페인어는 지속적으로 확산되는 추세에 있다는 것이 그들의 주장이다. 우리는 미국을 가장 자유스러운 나라이자 열린사회라고 생각하고 있다. 실제로 그런 면이 없지 않다. 그러나 그 반대의 어두운 폐쇄성을 함께 보고 있다.

〈뉴욕타임스〉의 기자인 니콜라스 크리스토프는 이 내부 지향성을 이렇게 묘사한다.

> 문명국 가운데 미국은 외국서적이 베스트셀러에 오르는 경우가 거의 없는 유일한 나라다. 할리우드 영화가 아니면 흥행에 성공하지 못한다. UN을 비롯한 국제기구에 대하여 '본능적 거부감'을 가지고 있으며, 교육을 제대로 받은 사람들도 외국어를 거의 하지 못하는 나라다. 세계가 나날이 국제화되어 가는 시대에 미국만은 오만과 종교적 우월주의, 외국어와 외래문화에 대한 무관심, 그리고 자아 몰두의 함정에 빠져들고 있다.

이 정도면 우리가 지금 어떤 곳에 살고 있는지 잘 알 수 있을 것이다. 우리는 추세와 반추세 사이에서 살아가고 있는 것이다. 이러한 다양한 물결이 공존하는 모순적인 세계 속에서 훌륭한 리더들은 모순을 마음속에서 회통會通시킬 수 있는 동양의 지혜를 체득해야 한다. 말하자면 세상과 자신을 들여다볼 수 있는 두 개의 시선을 가질 수 있어야 한다는 뜻이다.

변화하려는 사람은 자신과 세상을 보는 이중적 시선을 가질 수 있어야 한다. 고쳐야 할 것과 고치지 않고 오래 써야 할 것을 구별해 낼 수 있어야 한다. 고쳐야 할 것은 반드시 해체하고 제거해야 하며, 남겨야 할 것은 철저히 보존해야 한다. 그리고 버려야 할 것과 남겨야 할 것을 분명히 구별할 수 있어야 한다. 변화란 결국 모순과 대립이 함께 '가장 잘 살 수 있는' 공생의 균형점을 찾아가는 과정이다.

앞으로 리더들은 톰 피터스Tom Peters가 목청을 높이는 다음과 같은 선동적이며 모순적인 개념들을 마음속에 담아 둘 필요가 있다. 성공에 느긋해질 때, 하는 일이 판에 박은 듯한 일이라 특별함이 없을 때, 다시 인생의 줄을 당겨 팽팽한 긴장 속에서 의사결정을 해야 할 것이다.

1. 변화의 시대에 가장 먼저 제거해야 할 단어는 '개선'이다. 개선은 아무 감명도 없다. 상투어일 뿐이다. 개선이라는 말 대신 '해체와 창조'라고 말하라.
2. 냉정한 경영은 가라. 왜냐하면 뜨거운 경영의 시대가 왔기 때문이다. 뜨거운 시대에 가장 많이 쓰이는 단어들은 다음과 같은 것들이다. 미친……, 괴짜……, 열광……, 열정……, 죽여주는……, 헌신……, 상상……, 꿈……, 감동…….
3. 지금은 기업국가의 시대다. 지구상에서 가장 큰 경제 규모 100개 중 다국적 기업이 51개를 차지하고 있다. 그러나 지금은 한편 피그미들의 세계이기도 하다. 잭 웰치가 말했다. "거대한 기업의 몸뚱이에 작은 기업정신을 불어 넣어라." 사람들이 비대한 조직의 권력의 복도에서 길을 잃게 해서는 안 된다.
4. 충성심을 잊어 버려라. 적어도 조직에 대한 충성심은 잊어 버려라. 그러나 고객에 대한 충성심, 휴먼 네트워크에 대한 충성심은 강화하라.
5. 모든 업무를 기업화하라. 피고용자는 없다. 직원 모두를 1인 기업 사업가로 만들어라.
6. 교육은 가장 투자효과가 늦게 나타난다. 어떤 때는 투자한 모든 돈이 흘러나가는 것 같다. 그러나 이렇게 생각하라. 교육은 경제적인 것이고, 경제적

인 것은 곧 교육이다. 왜냐하면 우리는 지식사회로 넘어왔기 때문이다.

7. 시키는 일을 하지 마라. 그 대신 하고 싶은 일을 하라. 당신은 무엇으로 유명
   해질 것인지를 늘 생각하라.

많은 사람이 가는 길에는 이익이 없다

아껴 쓰고 부지런한 것은 대체로 생업을 다스리는 올바른 길이다. 그러나 부자가 된 사람들은 반드시 기이한 방법을 사용했다. 그것은 남들이 쓰지 않는 방법이었다. 그들은 그들만의 방법을 가지고 부자가 되었다.

월越나라 왕 구천句踐은 회계산會稽山에서 패한 후에 범려范蠡와 계연計然을 중용하여 나라를 부강하게 만들고 싶었다. 계연이 다음과 같이 말했다.

"가뭄이 든 해에는 미리 배를 준비해 두고, 수해가 있는 해에는 미리 수레를 준비해 두는 것이 사물의 이치입니다. 물건이 남아도는지 모자라는지를 알면 그것이 귀한 것인지 천한 것인지 알게 됩니다. 비쌀 대로 비싸지면 헐값으로 돌아오고, 싸질 대로 싸지면 비싼 값으로 되돌아옵니다. 물자를 축적하는 원칙은 온전한 채 보존하는 것이며, 오래 쌓아 두어서도 안 됩니다. 서로 교역하여 상하기 쉬운 것을 남겨 두어서는 안 되며, 비싼 것을 오래 가지고 있어서는 안 됩니다. 비싼 물건은 오물을 배설하듯 팔아 버리고, 싼 물건은 구슬을 손에 넣듯 사들이는 것입니다. 이것이 유통의 도입니다."

구천은 이것을 실천에 옮겨 10년 만에 부강한 나라를 만들어 냈다. 범려는 계연의 제자인데, 스승의 이론을 자신에게도 적용해 보았다. 그래서 벼슬을 버리고 도陶라는 곳으로 가서 주공이라고 불렸다.

그는 우선 물자의 교역이 왕성한 중심지인 도陶를 선택했다. 그리고 장사를 하여 물자를 쌓아 두었다가 시세의 흐름에 따라 내다 팔아 이익을 거두었다. 사람의 노력에 기대지 않고 자연의 시세에 맡겼다. 도주공은 19년 동안에 세 차례나 천만금을 벌었다. 그리고 두 차례에 걸쳐 가난한 사람들에게 나누어 주었다. 이것이 바로 '부유하면 그 덕을 즐겨 행한다'는 것을 의미한다. 자손들도 가업을 잘 운영하여 재산을 늘려 거만금의 부자가 되었다. 이것이 바로 중국 역사상 가장 부유한 자의 이름으로 도주공을 꼽는 이유다.

공자의 제자인 자공子貢은 70명의 제자들 중에서 가장 부유했다. 위나라에서 벼슬을 하고 조나라와 노나라 사이에서 물건을 사고팔아 재산을 모았다. 사두마차를 타고 기마행렬을 거느린 채 비단 폐백을 들고 제후들을 찾아다녔으므로 왕들이 몸소 뜰까지 내려와 대등한 예로 맞았다. 공자의 이름이 천하에 알려지게 된 데에는 자공의 힘이 컸다. 자공이 공자를 모시고 다니며 도왔기 때문이다. 부를 통해 스승을 빛내 주었던 것이다.

중국인들이 ‘사업하는 비법의 원조’로 꼽는 사람 중에 주나라 사람 백규白圭가 있다. 그는 시세의 변동을 살피는 데 탁월했다. 그래서 백규는 세상 사람들이 버리고 돌아보지 않을 때 사들이고, 세상 사람들이 사들일 때 팔아 넘겼다. 풍년이 들면 곡식을 사들이고 실과 옻을 팔았으며, 흉년이 들어 누에고치가 나돌면 비단과 풀솜을 사들이고 곡식을 팔았다.

그는 거친 음식을 달게 먹고, 하고 싶은 것을 억눌렀으며, 옷을 검소하게 입고, 노복들과 함께 고통과 즐거움을 같이했다. 시기를 보아 나아가는 것을 마치 사나운 짐승이나 새처럼 빨리했다. 그는 이렇게 말했다.

“나는 경영할 때, 이윤伊尹과 여상呂尚이 계책을 꾀하고, 손자와 오자가 군사를 쓰고, 상앙이 법을 시행하는 것과 같이 한다. 그런 까닭에 임기응변하는 지혜가 없거나, 일을 결단하는 용기가 없거나, 주고받는 어짊이 없거나, 지킬 바를 끝까지 지킬 수 없는 사람에게는 내 방법을 가르쳐 주지 않았다.”

백규는 자신의 방법을 직접 시험하여 자신의 뛰어남을 입증했다. 아무나 할 수 있는 것이 아니다.

다시 몇 가지의 예를 더 들어 보자. 촉 땅의 탁卓씨는 원래 조나라 사람이었다. 조나라가 진나라와 싸워 지자 포로가 된 조나라의 백성들은 강제로 다른 곳으로 옮겨 살게 되었다. 탁씨 역시 모든 것을 빼앗긴 채, 부부가 수레를 끌고 이주지로 가게 되었다. 조금이라도 재물이 남아 있는 사람들은 진나라 관리들에게 뇌물을 바치고, 고향과 가까운 곳에 거주하게 해달라고 사정을 하여 가맹葭萌이라는 곳에 자리를 잡았다. 그러나 탁씨는 생각이 달랐다.

"가맹은 땅이 좁고 메마르다. 문산 기슭은 기름진 들이 있고 큰 감자가 생산되기 때문에 죽을 때까지 굶지 않을 것이며, 백성들은 장사에 뛰어나고 교역이 활발하다고 들었다. 나는 그리로 가리라."

사람들은 가맹보다 더 먼 곳으로 가기를 자청하는 탁씨를 이해하지 못했다. 새로운 거주지로 옮겨간 탁씨는 철이 많이 나는 산으로 들어가 쇠를 녹여 그릇 만드는 일을 했다. 그는 그릇을 팔아 부를 축적하고, 다른 백성들은 철을 제련하는 기술자로 삼았다. 탁씨는 부자가 되었다. 노비가 1,000명에 이르렀고, 산에서 사냥하고 연못에서 고기를 잡는 즐거움은 임금과 견줄 만했다.

제나라 사람들은 특히 노예를 업신여기고 천대하기가 유별났다. 그러나 조간刁閒이라는 사람은 노예를 사랑하고 귀하게 여겼다. 사람들은 사납고 교활한 노예들을 싫어했지만, 조간은 노예 중에서 그런 자들을 발탁하여 생선과 소금을 팔게 하였다. 그들의 기질이 상업에 맞는다고 생각했기 때문이다. 조간은 고을의 태수나 나라의 재상들과 사귀기도 했지만, 노예들을 더욱 신임하고 그들의 힘을 빌려 수천만 금의 부를 쌓았다. 그래서 "벼슬을 사느니 차라리 조간의 노예가 되겠다"는 말까지 나오게 되었다고 한다. 이것은 조간이 사나운 노예들의 기질을 살려 제대로 발휘할 수 있게 도와주었기 때문이다.

선곡宣曲의 임任씨는 조상 대대로 창고의 관리였다. 진나라가 싸움에 지자 싸움에 참가한 호걸들이 관아로 몰려들어 금·은·옥 등의 보석을 탈취하기 시작했다. 그러나 임씨만은 창고의 곡식을 굴속에 감추어 두었다. 전쟁은 계속되었고 백성들은 밭을 갈고 씨를 뿌릴 수 없었다. 쌀 한 섬 값이 1만 전까지 올랐다. 다른 호걸들이 차지했던 보물들은 모두 임씨의 차지가 되어 부자가 되었다.

호걸들이 서로 사치를 다툴 때, 임씨만은 절약하고 검소한 생활을 하였다. 그리고 농사와 목축에 힘을 쏟았다. 사람들은 밭과 가축을 살 때 싼 것을 찾았지만, 임씨는 값은 비싸도 질이 좋은 것을 골랐다. 임씨는 아주 부자였지만 "내 집의 밭과 가축에게서 얻은 것이 아니면 먹지도 입지도 않고, 하는 일이 끝나지 않으면 술과 고기를 입에 대지도 않는다"고 했다. 임씨는 자손대대로 부유함을 더해 갔다. 마을 사람들은 말할 것도 없고, 천자까지도 그를 존중해 주었다.

공자의 고향인 노나라 사람들의 풍속은 검소하고 절약하는 것인데, 병邴씨는 그중에서도 특히 심했다. 그는 대장장이로 일어나 거만금의 부를 쌓게 되었는데, 그 집안 대대로 내려오는 하나의 원칙이 있었다.

"구부리면 물건을 줍고, 일어서면 물건을 취하라"는 것이다. 그로 인해 그 인접한 곳의 사람들 중에는 학문을 버리고 이익을 좇아 나선 사람들이 많아졌다고 한다.

밭에서 농사를 짓는 것은 졸렬한 방법이지만, 진나라 양씨는 농사를 지어 부호가 되었다. 행상은 남자에게 천한 일이지만, 옹낙성雍樂成은 행상을 하여 천금을 얻었다. 술장사는 하찮은 일이지만, 장張씨는 술장사를 하여 갑부가 되었다. 칼을 가는 것은 보잘것없는 기술이지만, 질郅씨는 그것으로 제후처럼 반찬을 벌여 놓고 식사를 즐길 수 있었다. 양의 위를 삶아 말려 파는 것은 단순하고 하찮은 일이지만, 탁濁씨는 이 일을 통해 기마행렬을 거느리고 다닐 수 있었다. 말의 병을 고치는 것은 대단찮은 의술이지만, 장리張里는 그것으로 종을 쳐서 하인을 부르게 되었다.

이상의 이야기들은 2,300년 전 사마천이 쓴 『사기』 열전 중 「화식열전貨殖列傳」 속에 등장하는 중국인들의 이야기다. 사마천은 다음과 같이 말한다.

"이런 것으로 미루어 볼 때, 부유해지는 데는 정해진 직업이 없고 재물은 미리 정해진 주인이 없다. 능력이 있는 자에게는 재물이 모이고, 능력이 없는 자들에게는 기왓장이 부서지듯 흩어진다. 천금의 부자는 한 나라의 귀족과 맞먹고, 거만금을 가진 부자는 한 나라의 왕과 그 즐거움을 같이한다."

리자청

　이제 옛날이야기는 이쯤 해 두고 현재의 이야기를 하나만 더 해 보기로 하자.

　리자청李嘉誠은 개인 재산이 124억 달러에 달하는 아시아 최고의 부자이며 홍콩인이다. 현재 청쿵長江그룹의 회장이며, 홍콩에서는 리카싱이라 불린다. 어느 날 그는 차에서 내리다 동전 하나를 흘렸다. 우리 돈으로 260원쯤 하는 2홍콩달러짜리 동전은 차 밑으로 굴러가다 하수구에 걸친 채 멈췄다. 그는 몸을 구부려 그 동전을 주우려고 했다. 그러나 손이 닿지 않아 골프장 직원이 대신 주워 주었다. 그는 100홍콩달러를 그 직원에게 사례금으로 주었다. 2홍콩달러를 아끼려고 100홍콩달러를 내놓는 것에 대해 모두 의아해 했다. 그가 말했다.

"내가 그 동전을 줍지 않으면 그 동전은 아마 하수구에 빠져 세상에서 사라질 것이다. 하지만 종업원에게 준 100홍콩달러는 어딘가에서 사용될 것이다."

리자청의 연봉은 5,000홍콩달러(약 60만 원) 정도 된다. 30년 이상 같은 승용차를 타고, 우리 돈으로 3만 원 정도의 값싼 시계를 차고 다니며, 고무 밑창을 댄 7만 원짜리 구두를 신고 다니는 검소함이 몸에 배어 있다. 매주 월요일이면 손자들을 집으로 불러 식사를 하는데, 반찬 네 가지와 국 한 그릇이 전부라고 한다. 1950년대부터 지금까지 똑같이 지키고 있는 습관이라고 한다. 짠돌이다. 그러나 그는 돈을 쓸 줄도 안다. 2004년 동남아 일대를 쓰나미가 덮쳐 무수한 사람들이 죽었다. 리자청은 개인 자격으로 310만 달러를 내놓았다.

이 사례들로부터 부자들의 법칙 몇 가지를 일반화해 보자.

첫 번째, 부자들은 업종과 관련 없이 비즈니스를 하는 자신만의 특별한 방식을 가지고 있다. 그대다운 비결을 가지고 있는가? 이것이 핵심 질문이다. 나다운 생각과 방식이 없으면 죽은 비즈니스다. 나다운 방식을 만들어 내라. 이것이 첫 번째 원칙이다. 경영을 하는 사람들은 이것을 차별화라 부르고 마치 격언처럼 '유일한 것이 최선이다 the only, the best'라고 말한다. 현대적 의미의 차별화를 만들어 가는 기술 세 가지를 소개하겠다.

〔기술 1〕 취미를 직업으로 전환하라

모든 훌륭한 전문가들의 공통점이다. 좋아하는 것은 우리가 다양한 시도를 즐기도록 도와준다. 이렇게도 해보고 저렇게도 해보는 것 자체가 즐거움이기 때문이다. 마음이 있는 곳에 길도 있고, 그곳에서만이 바빠도 기분 좋은 피곤을 즐길 수 있는 것이다. 일 자체를 즐기는 대신, 돈에 연연하면 결국 비즈니스를 망치게 된다.

〔기술 2〕 이미 가지고 있는 자원을 활용하라

개인의 구체적 경험과 체험들은 유일한 것들이다. 그 개별적 체험 속에서 얻은 것들을 지금 시작하려는 비즈니스 속에 넣어 휘저어라. 커피 속에 넣은 시럽처럼 커피 맛을 달라지게 할 것이다.

〔기술 3〕 새로운 기술을 도입하라

이 말에 기죽을 것 없다. 이 말의 뜻은 새로 습득하게 된 지식을 현실에 도입하라는 의미다. 새로운 기술을 자신의 비즈니스에 활용하라는 뜻은 끊임없이 배우라는 의미다. 학습하는 사람들만이 어제보다 나아질 수 있고, 빈곤의 고리를 끊을 수 있으며, 시시한 과거와 결별할 수 있다.

두 번째 불변의 법칙은 아껴 쓰고 부지런한 것이 대체로 생업을 다스리는 올바른 길이라는 점이다. 고생하여 돈을 벌어 본 사람은 손끝이 야무지다. 씀씀이가 헤픈 부자는 제 손으로 돈을 벌어 본 적이 없는 부자 2세들이 대부분이다. '부는 3대를 가기 어렵다'는 속담의 뜻은 그 근면과 절제의 정신을 잃었기 때문이다.

세 번째 법칙은 훌륭한 부자는 돈을 벌 줄도 알지만 쓸 줄도 안다는 점이다. 이 원칙이 훌륭한 부자와 인색한 부자를 가르게 하는 결정적인 차이라고 생각한다. 자신의 주머니 속에 돈을 쌓아 두는 것은 누구나 할 수 있다. 그러나 절약하고 검소하게 생활하면서 번 돈을 쓸모 있게 쓰는 일은 아무나 할 수 없다. 후자가 훨씬 어렵고 흐뭇한 일이다. 이런 부자들은 결국 부유함과 함께 명예마저 얻게 된다. 이런 사람들은 부자라기보다는 이미 자신의 인생에서 성공한 사람들로 불려야 한다.

지금 곤궁하게 살면서 부유해지고 싶은 사람은 첫 번째와 두 번째 질문을 자신에게 던져야 한다. 돈에 연연해 하기보다는 이 두 가지 질문에 대한 답을 찾아 체화하는 것이 부자가 되는 첩경이다.

만일 지금 부자인 사람은 세 번째 질문을 해야 한다. 돈은 세상에 머무는 동안 잠시 빌린 것이다. 다행스럽게도 당대에 부유함을 즐기다가 약간의 재물을 아끼는 사람에게 남겨 두고 갈 수 있으면 축복받은 인생이다. 그 이상 억지를 써서는 안 된다. 눈을 감기도 전에 남아 있는 자식들이 싸우는 소리를 듣게 될 것이다. 그것이 죽음이 가르쳐 주는 최고의 교훈인 것이다.

지금까지 예로 든 사람들은 크게는 한 군을 압도하고, 작게는 한 마을을 압도하는 부호들이다. 그 예를 일일이 다 들 수는 없다. 이들은 모두 작은 작읍爵邑을 가지고 있는 것도 아니고, 봉록을 받은 것도 아니며, 법을 교묘히 이용하여 나쁜 짓을 통해 부자가 된 것도 아니다. 모두 사물의 이치를 헤아려 행동하고 시세의 변화를 살펴 이익을 얻은 것이다.

위대한 역사가였던 사마천에 따르면 집이 가난하고, 어버이는 늙고, 처자식은 연약하고, 조상에게 제사를 올리지 못하고, 가족이 둘러앉아 음식을 먹지 못하고, 사람들과 어울리기 어려우면서 이를 부끄러워하지 않는다면 못난 사람이다. 오랫동안 가난하고 천하게 살면서 인의를 말하는 것만을 즐기는 것 또한 부끄러운 일이다. 그러므로 재물이 없는 사람들은 힘써 일하고, 약간의 재물이 있는 사람들은 지혜를 짜내며, 이미 많은 재물을 가진 사람들은 이익을 좇아 시간을 다툰다. 이것이 사람 사는 대강인 것이다.

생활을 꾸려 나갈 때 자신을 위태롭게 하지 않으면서 수입을 꾸려 나가는 것이 현명한 사람이 힘쓰는 일이다. 간사하고 교활한 방법으로 부를 얻는 것은 가장 저급하고 위험한 방법이다. 못이 깊어야 고기가 있고, 산이 깊어야 짐승이 오가며, 사람은 부유해야 인의를 따른다.

예禮라는 것은 재산이 있는 곳에서 생겨나고, 빈한한 곳에서 사라진다. 평범한 사람들은 상대방의 재산이 자기보다 열 배가 많으면 몸을 낮추고, 백 배가 많으면 두려워하며, 천 배가 많으면 그의 일을 하고, 만 배가 많으면 그의 하인이 된다. 이것이 사물의 이치다.

이런 것으로 미루어 볼 때, 남과 다르게 생각하는 사람들에게는 재물이 모이고, 차별적 혁신의 능력이 없는 사람들은 기왓장이 부서지듯 재물이 흩어져, 잘해야 겨우 먹고살게 되는 것이다. 혁신의 능력이란 창조적 부적응자가 될 수 있는 능력이다. 남과 경쟁하여 이익을 다투기를 마치 진흙 속에서 싸우는 개들처럼 하는 대신 스스로 자신

의 강점을 고려하여 잘할 수 있는 블루오션을 찾아내 특화하는 능력
인 것이다.

물건을 팔지 마라,
그 대신 새로운 개념을 팔아라

중국 전국시대 최고의 유세객遊說客은 소진蘇秦과 장의張儀다. 그들은 모두 귀곡선생鬼谷先生이라는 한 스승에게 배운 동문이다. 귀곡선생이라고 불린 이유는 그가 귀곡鬼谷에서 살았기 때문이다. 그 역시 전국시대에 활약한 종횡가縱橫家의 한 사람으로 귀곡자라고 불리기도 했다.

소진과 장의 두 사람 중 먼저 출세한 사람은 소진이다. 그러나 소진 역시 처음에는 여러 나라를 유세하러 다니며 자신을 써줄 제후를 찾았으나 실패했다. 몇 년을 떠돌다가 낙담하여 집으로 돌아오니 형제, 형수, 누이, 아내, 첩들이 모두 은근히 비웃으며 다음과 같이 말했다.

"우리나라의 풍속에 따르면 농사를 주로 하고, 물건을 만들어 장사를 해서 10분의 2는 이익을 올리는 것이 사람의 의무라고 합니다. 그런데 당신은 본업을 버리고 입과 혀끝만을 놀리고 있으니 가난하고 궁핍한 것 또한 당연한 것 아니겠습니까?"

소진은 이 말을 듣고 부끄럽고 슬퍼져 문을 잠그고 방에 틀어박혔다. 그리고 그동안 읽은 책들을 훑어보며 탄식했다. 그의 마음속에는 '선비가 머리를 숙여 힘써 배우고도 높은 벼슬과 영화를 얻을 수 없다면 책을 많이 읽은들 무엇 하랴'는 자괴감이 들었다. 그러다가 마음을 다잡고 다시 1년을 죽은 듯이 공부하였다. 그러자 비로소 상대방의 심리를 알아내어 설득하는 묘리를 깨닫게 되었다. 그 후 그는 강한 진나라에 대항하여 상대적으로 약한 6국이 서로 힘을 합해 합종하게 함으로써 15년 동안 진나라가 동쪽으로 무력 확장을 하지 못하도록 막아 낼 수 있었다. 소진은 바로 그 공으로 한때 여섯 나라의 재상이 되어 빛나는 영예를 안기도 했다.

장의 역시 학업을 마치고 제후들을 찾아다니며 유세를 했다. 그러나 그 역시 그리 성공적이지 못했다. 한번은 초나라에 이르러 초나라 재상과 함께 술을 마신 적이 있었다. 마침 초나라 재상이 구슬을 잃어버렸는데, 장의가 의심을 받게 되었다. 한 사람이 "장의는 가난하고 행실이 바르지 못합니다. 그 자가 당신의 구슬을 훔쳤습니다"라고 하며 무고誣告했다. 사람들은 장의를 잡아 심하게 매질을 했다. 그래도 장의가 구슬을 훔쳤다고 말하지 않으니 그때서야 풀어 주었다. 유혈이 낭자한 채 업혀 온 장의에게 아내가 말했다

"당신이 글을 읽어 유세하지 않았다면 오늘 이런 일을 당하지 않았을 것입니다."

그러자 장의가 아내에게 이렇게 대꾸했다.

"내 혀가 아직 붙어 있는지 보아 주시오."

장의의 아내가 웃으며 말했다.

"혀는 아직 붙어 있네요."

장의는 웃으며 말했다.

"그럼 되었소."

이 에피소드는 장의의 일화 가운데 가장 유명한 이야기 중의 하나다. 장의는 그 후 가장 강한 진나라로 가서 진나라 왕을 설득하여 소진이 6국을 연합해 놓은 것을 풀고, 개별적으로 진과의 동맹 관계를 맺어 진이 강성해지도록 한 공로가 크다.

소진과 장의는 한 선생 밑에서 배웠지만 서로 라이벌이었다. 하나는 강한 진나라에 대항하여 힘이 약한 나라들끼리 힘을 합하여 대항하게 하는 합종책合縱策을 썼고, 하나는 합종에 대항하여 강한 진을 중심으로 개별적 동맹관계를 맺도록 하여 합종을 궤멸시키는 연횡책連橫策을 썼다. 사마천은 『사기』 열전에서 이 두 사람에 대하여 상당한 분량을 할애한 후 다음과 같이 평가했다.

소진은 결국 제나라에서 첩자의 혐의를 받고 죽었다. 그래서 사람들은 그를 비웃고 그의 술수를 배우기를 꺼렸다. 그러

나 소진은 보통 집안에서 일어나 여섯 나라를 연합시켜 합종을 맺게 한 것으로 보아 그의 지혜가 뛰어났다는 것을 알 수 있다. 나는 그의 경력과 사적을 서술하여 유독 그만이 나쁜 평가를 듣지 않도록 하였다……. 장의가 일을 꾸민 것은 소진보다 더 심한 점이 있다. 그런데도 세상 사람들이 소진을 더 미워하는 것은 소진이 먼저 죽었기 때문에 장의가 그의 단점을 들추어 부풀려서 자신의 주장을 유리하게 끌어나가 연횡을 이루었기 때문이다. 두 사람 다 나라를 기울게 한 위험한 인물들이다.

태사공 사마천의 평가대로 이 두 사람은 한때 전국시대의 모든 나라들을 이끌어 서로 연합하고 흩어지게 만들었던 시대의 풍운아들이었다. 그들은 아무것도 가진 것이 없는 사람들이었다. 땅도 권력도 돈도 문벌도 배경도 없었다. 그저 그들이 가진 것은 그들 자신이었다. 그중에서 그들의 최고의 무기와 강점은 바로 그들의 혀였다. 아마 요새 언어로 조금 상스럽게 표현하면 '죽어서도 입만 둥둥 떠다닐 만큼' 가벼운 재산이 바로 그들의 혀였다. 그들은 첩자였고 사기꾼이었고 거짓말쟁이였는지 모른다. 그러나 그들은 또한 공부한 학자였고, 유능한 외교관이었으며, 배짱이 두둑한 전략가였고, 설득에 강한 변설가였다. 바로 전국시대의 전란 속에서 아이디어와 자신에 대한 마케팅을 통해 뜻을 이룬 한 시대의 특별한 괴짜들임에 틀림이 없다. 아마 이 두 사람은 『사기』 열전 전체를 통틀어 가장 가벼운 무기로 위험한 일을 해낸 사람들일 것이다.

오늘날 우리는 이들의 혀처럼 '가벼운' 시대에 살고 있다. 경제의 기본적 구조는 물리적 경제에서 글로벌 네트워크 경제로 이행되었다. 보고 만져지는 물질의 시대에서 만질 수 없는 지식의 시대로 옮겨 왔다. 예를 들어 보자.

10년 전에 이미 마이크로소프트는 IBM보다 시장 평가액이 더 높아졌다. 당시 IBM은 공장, 설비, 각종 업무용 부동산 등을 합해 170억 달러 규모를 보유하고 있었다. 그러나 마이크로소프트의 고정 자산은 10억 달러도 되지 않았다. 당연히 장부상 가격으로 보면 IBM이 월등한 우위에 있다. 그러나 투자가들은 마이크로소프트의 주식을 더 높은 가격으로 구입했다. 전통적으로 한 기업의 주식 가치를 총체적으로 평가하는 잣대 역할을 해 왔던 고정 자산은 더 이상 중요하지 않게 되었다. 마이크로소프트의 주식을 구매한 사람들은 이 회사를 이끌어 가는 사람들의 선의와 아이디어, 재능 그리고 경험을 눈에 보이지 않는 강력한 자산으로 인식하게 되었다. 작가이며 언론인인 프레드 무디Fred Moody가 〈뉴욕타임스〉에 기고한 글 속에서 표현한 대로 "마이크로소프트의 유일한 공장 자산은 직원들의 상상력"인 것이다. 21세기의 새로운 비즈니스는 중후한 물리적 자산이 아니라 '작고 가벼운micro & soft' 자산인 것이다.

GM은 이미 10년 전인 1997년에 1,780억 달러를 판매하여 세계에서 가장 매출액이 큰 기업이 되었다. 그러나 GM의 주식 가격은 뉴욕 증권거래소의 최고 40대 기업에도 오르지 못했다. 실제로 세계 최고의 매출 실적을 올렸음에도 불구하고 GM의 시장 평가액은 그 절반에도 미치지 못했다. 이것은 막대한 자금이 공장, 기계, 설비, 창고 등의 고정 자산에 묶여 있는 전통적인 기업의 현 위치를 보여 준다. 장부상으로 GM의 재무구조는 양호하다. 그러나 새로운 글로벌 경제의 현실에서 GM의 물리적 자산은 오히려 부채가 된 것이다. 지금 GM의 위기는 이미 외형적으로 가장 큰 기업으로 평가받을 때 비롯된 왜곡된 성공에서부터 온 것이다. GM의 외형이 커지기 시작할 때 크라이슬러는 생산을 공급업자에게 아웃소싱하고, 보유 부동산을 대부분 팔아 치웠다. 본사는 설계와 마케팅에만 주력하였다. 장부상으로는 초라해 보이지만, 시장에서는 짭짤한 수익을 올리게 되었다.

새로운 상행위의 또 다른 모델을 보여 주는 사례로 나이키를 들 수 있다. 일반인들은 나이키를 운동화 제조 판매회사 정도로 알고 있지만 그렇지 않다. 나이키는 정교한 마케팅 원리와 유통망을 갖춘 연구 디자인실이라고 보아야 한다. 나이키는 이제 가상회사가 되었다. 나이키는 내세울 만한 공장도, 설비도, 부동산도 없다. 그 대신 동남아시아에 협력업체라고 부르는 광범위한 공급자 망을 구축하여 본사에서 디자인한 수백 종의 운동화와 스포츠 웨어 그리고 각종 운동 장비를 이들을 통해 생산하고 있다. 나이키는 광고와 마케팅 업무도 과감하게 아웃소싱 하였다. 실제로 1990년대 들어 위든 앤드 케네디 Wieden+Kennedy 사의 혁신적 광고 전략에 힘입어 매출을 대폭 늘릴 수 있었다. 나이키는 운동화를 팔지 않는다. 나이키는 개념을 판다. 이 회사는 동남아시아의 무명 기업들과 계약을 맺어 그 개념의 물리적 형태를 생산해 낸다.

장부가격과 시장평가액의 엄청난 괴리는 다른 산업에서도 두드러진다. 스티븐 스필버그가 몇 명의 전문가들과 함께 설립한 드림웍스 SKG가 기업 공개를 하자, 이 회사는 단 한 평의 부동산도 없었지만 단숨에 20억 달러를 조달할 수 있었다. 투자가들은 장래 수익을 거두어들일 수 있는 잠재력에 돈을 건 것이다. 물리적 힘이 중요했던 시대에서 정신적 통찰력이 빛을 발하는 시대로 변하게 되었다. 이에 따라 기업의 진정한 가치를 평가할 수 있는 회계 법칙의 변화도 대두되고 있다. 기존의 회계 법칙으로는 진정한 가치를 평가할 수 없기 때문이다.

생각해 보라. 자산으로 평가받았던 토지, 업무용 부동산, 공장, 설비 등이 짐과 부채로 변하기 시작하는 가벼운 경제의 시대에 이것들을 여전히 중요한 재산으로 평가하는 회계 시스템이 과연 미래의 역량과 기회를 투자자에게 적절히 평가해 줄 수 있겠는가?

우리는 낯선 시대, 역설의 시대를 살고 있다. 아이디어와 개념의 마케팅 시대에 살고 있다. 생각과 사고의 혁명의 시대에 살고 있다. 2,300년 전에 전국시대를 살다간 소진과 장의처럼 우리는 '낯선 시대에 특별한 생각을 하는 괴짜'일 필요가 있다. 어떤 성공도 믿어서는 안 된다. 오늘을 사는 우리는 우리가 서 있는 자리를 다음과 같이 정의해 보도록 하자.

"과거의 성공을 의심한다. 고로 새로운 기회를 찾을 수 있다."

변화경영의 방법론도 유행을 탄다. 한때 일본식 품질관리 기법인 QCQuality Control나 TQMTotal Quality Management 등이 일본의 성공과 함께 세계적으로 유행이 되었다. 일본의 침체가 이어지고 미국식 경영이 다시 힘을 받게 되자 BPRBusiness Process Reengineering, 벤치마킹Bench Marking, CRMCustomer Relationship Management, 6 시그마Sigma, 리스트럭처링Restructuring 등이 앞을 다투어 소개되었다. 그러나 그 방법론이 모두 영험한 효과를 본 것은 아니다. 오히려 기대에 훨씬 미치지 못한 실패 사례가 비일비재하다. 최신의 것이 더 우월한 것은 아니다. 중요한 것은 그것이 현장에서 작동할 수 있어야 한다는 점이다. 현장에서 작동하지 않는 방법론은 무의미하다. 중요한 것은 현장이지 유행과 이론이 아니다. 이미 만들어진 선반 위의 처방을 가지고 유사한 병변을 보이는 질환에 써서 모두 효험을 볼 수는 없다. 같은 병이라도 증상과 체질에 따라 처방이 달라져야 하기 때문이다. 이와 관련하여 음미해야 할 매우 유명한 이야기가 있다.

춘추전국시대 중국의 조나라에는 조괄趙括이라는 인물이 있었다. 머리 회전이 빠르고 반짝이는 비상한 젊은이였다. 그의 아버지 조사趙奢는 당시 가장 위대한 장군 중의 하나였다. 조괄은 소년 시절부터 아버지의 병서兵書를 공부하였다. 이윽고 아버지 조사 역시 군사에 대해 토론을 하면 아들 조괄을 당할 수 없게 되었다. 조괄은 스스로 군사에 대해 말하라면 자신을 당할 수 있는 사람이 없다고 자부했다. 그러나 아버지는 아들에게 잘한다고 칭찬한 적이 한 번도 없었다. 조괄의 어머니가 그 이유를 묻자, 조사는 이렇게 대답했다.
"전쟁이란 목숨을 거는 것이오. 그러나 괄은 전쟁을 쉽게 말합니다. 만일 조나라 왕이 괄을 장군으로 삼아 등용한다면 반드시 조나라 군대는 파멸을 당하고 말 것이오."
조괄의 어머니는 이 말을 잊지 않고 마음속에 담아 두었다.
중국의 춘추전국시대 당시 전쟁은 일상이었다. 모든 나라들이 서로 합하고 흩어지며 싸우고 있었다. 그들은 서로에게 적군이었고, 동시에 우방이기도 했다. 이해관계에 따라 동맹을 맺기도 하고, 다시 이해관계를 따라 흩어져 적대국이 되기도 했다. 마침 조나라는 진나라와 전쟁에 돌입했다. 당시 이 전쟁을 지휘하고 있던 조나라 장수는 진나라 군대가 싸움을 걸어와도 나가 싸우지 않고 보루를 쌓아 지키는 데 주력했다. 싸움은 교착상태에 빠졌다. 진나라는 이 상황을 바꾸고 싶었다. 그래서 첩자를 활용하여 조나라 조정의 여론을 조장했다.

"진나라가 두려워하는 것은 오직 조사의 아들 조괄이 장군이 되는 것이다."

조나라 왕은 첩자가 만들어 낸 이 말을 믿게 되었다. 조괄이 장군이 되어 떠나려 할 때, 그 어머니가 왕에게 글을 올렸다. 대략 다음과 같은 글이었다.

제 아들을 장군으로 삼아서는 안 됩니다. 조괄의 아버지가 군대의 지휘권을 가진 장군이었을 때, 그가 직접 먹여 살린 사람들이 수십 명이었고, 친한 벗이 된 사람들이 수백 명에 이르렀습니다. 조정에서 내려 준 상을 받으면 군대의 장병들에게 나누어 주었고, 출전의 명령을 받으면 그날부터 집안일을 돌보지 않았습니다. 그런데 지금 제 아들은 하루아침에 장군이 되었습니다. 날마다 높은 곳에서 인사를 받지만, 군대의 장교들 누구도 제 아들을 존경하여 우러러보는 사람들이 없습니다. 왕께서 내려 주신 돈과 비단을 집으로 가져와 감추어 두고, 날마다 이익이 될 만한 땅이나 집을 둘러보았다가 사들입니다. 왕께서는 어찌하여 이 아이를 그 아버지와 같다 여기십니까? 아버지와 아들은 그 마음을 쓰는 것부터 다릅니다.

부디 제 아들을 보내지 마십시오.

왕이 대답했다.

"나는 이미 결정했습니다. 더 이상 어머니는 말하지 마십시오."

조괄의 어머니는 다시 말했다.

"만일 왕께서 굳이 그 아이를 보낸다면, 그 아이가 책임을 다하지 못한다 하더라도 저를 그 아이의 죄에 연루시켜 벌하지 마십시오."

왕은 약속했고, 조괄은 전쟁터로 갔다. 싸움터에 이른 조괄은 전임 장수로부터 지휘권을 인계 받은 후 군령을 모두 바꾸고 장교들을 모조리 교체하였다. 진나라의 장군은 거짓으로 패하여 달아났고, 조괄의 군대는 뒤쫓았다. 진나라 군대는 되돌아와 병참로를 끊어 조나라 군대를 둘로 나누었다. 40여 일이 지나자 조나라 군대는 굶어 죽어 갔다. 조괄은 정예부대를 이끌고 직접 싸우러 나갔지만 화살에 맞아 죽고 말았다. 조괄의 군대는 싸움에 졌고, 수십만의 군대는 항복했다. 진나라 군대는 이들을 모두 땅에 묻어 죽였다. 이 싸움의 전후로 조나라가 잃은 군사의 수는 45만 명이나 되었다고 사마천의 『사기』 열전에 기록되어 있다.

이듬해 진나라는 조나라 수도 한단을 포위했다. 한단은 1년 동안 포위에서 풀려날 수 없었다. 겨우 다른 나라의 도움을 얻어 한단의 포위망을 풀 수 있었는데, 조나라 왕은 과거의 약속 때문에 조괄의 어머니를 죽이지 않았다.

조괄은 아버지가 남긴 병법을 책으로 읽어 외우는 것에는 탁월하였다. 그러나 그의 병법은 책 속에 머물러 있는 다른 사람의 생각에 지나지 않았다. 아버지와 아들은 마음 씀씀이가 달랐고, 따라서 아들은 겉을 모방할 수는 있었지만 아버지의 마음을 본받지는 못했다. 그것이 비극이었다. 똑같은 병법이지만 아버지가 성공한 곳에서 아들은 실패했다. 이것은 마치 거문고와 가야금을 탈 때 그 현을 받치는 괘를 고정시켜 두는 것과 같았다. 아버지의 병서를 읽어 이론에 밝고 재능은 뛰어나지만, 마음 씀씀이는 아버지를 당할 수 없어 군사들의 마음이 그를 떠나게 되었다. 또한 상황에 따라 판단하고 그때마다 꺼내써야 하는 방법도 달라야 했지만, 조괄은 배운 것을 익혀 몸에 맞게 쓸 수 없었다. 그의 배움은 그의 정신적 일부가 되지 못했다. 그와 그가 알고 있는 것은 서로 돕지 못했다. 결국 몸은 먼저 죽고 나라를 망쳐 놓게 되었다.

경영 역시 마찬가지다. 상황과 현장에 적합한 자신만의 방법을 찾아 차별적인 처방을 하지 않으면 성공하기 어렵다. GE와 캐논은 서로 다른 방식을 썼지만 모두 성공했다. 자신의 몸에 맞는 처방을 썼기 때문이다. 1981년 잭 웰치Jack Welch가 GE의 회장으로 취임할 때, GE는 기록적인 매출과 수익을 거두었을 때였다. 웰치는 사업의 실적을 재정의했다. 즉 GE 포트폴리오에 속해 있는 모든 사업부들은 해당 업계에서 1위 혹은 2위 안에 들어야 한다는 것이었다. 이것이 새로운 성공의 기준이 되었다. 매출과 수익의 기준으로 성과를 가늠하던 세계에 새로운 기준을 들이댐으로써 GE 내부에 강력한 위기의식을 촉발시켰다.

1970년 말 당시 GE는 전 세계의 최고 경쟁자들과 비교해 볼 때, GE

잭 웰치

사업부 내의 상당수를 다시 포지셔닝하지 않으면 안 될 시점이었다. 실제로 GE는 '업계 1/2위'라는 성과의 재정의를 통해 상당수의 사업부를 재배치하는 변화를 성공시켰다. 이 과정에서 많은 직원이 해고되거나 다른 회사로 떠났다. 잭 웰치는 결국 '중성자탄 잭'이라는 별칭을 얻게 되었다.

그러나 캐논 사장인 미타라이 후지오御手洗富士夫의 방식은 달랐다. 캐논 역시 카메라, 사무기기, 컴퓨터 주변기기 등 백화점식 조합을 가지고는 승산이 없었다. 전략적으로 중요한 디지털카메라, 컬러복사기 분야에 초점을 맞추고 다른 사업부를 정리할 수밖에 없었다. 그러나 캐논은 창업 이후 고수해 온 '종신고용'을 포기하지 않았다. 사업의 구조조정은 단행했지만 인력 감축은 하지 않았다. 그 대신 인력의 재배치를 통해 전략적 초점사업 안으로 이들을 받아들였다. 제품의 연구개발에 걸리는 오랜 기간을 고려하고, 비전을 함께 공유하는 충성도가 높은 직원들이 일본의 전통적 가치관과 문화에 적합하다고 판단했기 때문이다.

또한 1997년부터 셀cell 생산방식을 도입해 생산혁신을 이루었다. 셀 생산방식은 숙련된 작업자가 처음 공정부터 마지막까지 완결 짓는 방식이다. 분업을 기초로 한 기존의 자동화 벨트라인을 철거하고 대체한, 새로운 책임 생산 시스템이라 할 수 있다. 종신고용이라는 일본의 전통적 가치관에 그동안 일본의 강점이었던 생산혁신을 연동시키고, 그 위에 가망 없는 부서를 가차 없이 도려내는 미국식 구조조정을 절충한 퓨전경영은 '캐논적'이었다. 매년 연속적으로 순이익을 갱신해 가고 있는 캐논은 동종의 경쟁업체인 니콘을 멀리 따돌리고, 2003년 시가총액에서 '전자 거인' 소니를 눌러 일본의 대표 브랜드로 성장했다.

모방은 반드시 자신의 현장을 토대로 구축되는 창조적 모방이어야 한다. 한 가지 사례를 추종하는 것은 단순 모방이지만, 여러 가지 사례들을 잘 들여다본 후 내게 적합한 처방을 찾아내는 것은 이미 모방을 넘어선 연구이며 창조라 할 수 있다. 훌륭한 경영자는 늘 자신의 방식을 찾아내는 창조자들이다. 이것이 아비를 능가하는 자식이며, 스승을 뛰어넘는 제자라 할 수 있다. 이들만이 새로운 경영 이야기를 만들어 낼 수 있다.

저항의 목은 단번에 쳐라.
그래야 피를 줄일 수 있다

변화는 과정이다. 그것은 목표를 향한 추구이며, 도처에서 벌어지는 크고 작은 저항과의 싸움을 전제로 한다. 이 싸움에서 지면 앞으로 나아가기 어렵다. 변화는 적이 많다. 한 번 지면 모든 적들이 사방에서 달려들게 되어 있다. 그런 의미에서 변화는 전쟁이며, "전쟁은 또 다른 방법으로 행해지는 정치이자 마지막 정치적 수단"이라는 카를 폰 클라우제비츠Carl von Clausewitz의 통찰을 명심할 필요가 있다. 변화에도 삶의 다른 국면과 마찬가지로 정치가 필요하다.

　춘추전국시대의 제나라 역시 늘 이웃 나라와의 싸움에 시달려야 했다. 진나라와 연나라가 쳐들어오자 제나라는 맞서 싸웠지만 완패하고 말았다. 이때 제나라에는 좋은 장수감이 있었다. 사마양저司馬穰苴라는 사람이었다. 그는 지위가 낮은 서출 출신이었다. 그러나 그는 글로 사람을 감동시킬 수 있었고, 무예가 출중하여 전군을 장악할 수 있는 인재였다. 위기가 그에게 기회를 주었고, 제나라 왕은 그를 장군으로 삼아 진나라와 연나라의 공격을 저지하게 했다. 출정하기 전에 양저가 왕에게 말했다.

　"저는 원래 미천한 출신입니다. 왕께서 그런 저를 백성 가운데서 뽑아 장군으로 만들어 주었습니다. 그러나 병졸들은 저에게 복종하지 않고, 백성들은 아직 저를 믿지 못하고 있습니다. 신분이 천해 권세가 미미하고 보잘것없는 존재일 뿐입니다. 부디 왕께서 총애하고 모든 백성이 존경하는 신하를 뽑아 군대를 감독하게 해 주십시오."

　왕은 자신이 총애하는 장고莊賈라는 신하에게 양저를 도와 군을 감독하게 했다. 양저는 장고에게 다음날 정오에 군문軍門에서 만나자고 약속하고 헤어졌다.

　다음날 양저는 군영으로 가 해시계와 물시계를 마련해 놓고 장고를 기다렸다. 장고는 원래 왕의 신임을 믿고 오만하게 행동하는 사람이었다. 장군이 군을 책임지고 있으니 자신은 좀 늦게 가더라도 괜찮을 것으로 생각했다. 그래서 대부들과 친지들이 준비해 준 송별잔치에 가 거나하게 취했다. 양저는 정오가 지나자 해시계와 물시계를 거두고 전군에 영을 내려 출발할 준비를 마쳤다. 저녁때가 다 되어서야 장고가 군영에 나타났다.

양저가 장고에게 물었다

"어째서 약속 시간보다 늦었습니까?"

장고가 대답했다.

"대부들과 친지들이 송별연을 열어 주어 지체하게 되었소."

양저가 말했다.

"장수는 명령을 받으면 그날부터 집을 잊어야 합니다. 군령이 내려지면 친척을 잊고, 북을 쳐 급히 나아갈 때는 자신조차 잊어야 합니다. 지금은 적국이 쳐들어와 나라가 들끓고, 병사들은 국경에서 뜨거운 햇살과 비바람을 맞고 있습니다. 왕께서는 잠자리에 들어도 잠을 편히 잘 수 없고, 음식을 드셔도 그 맛을 느끼지 못합니다. 백성들의 목숨이 모두 우리에게 달려 있는데, 당신은 송별회를 벌여 술에 취하고 군령을 어겼습니다."

그러고 나서 군에서 법을 다루는 군정을 불러 장수의 영을 받고도 약속 시간을 어긴 자가 받아야 할 벌이 무엇인지 물었다. 군정이 대답했다.

"마땅히 목을 베야 합니다."

장고는 겁에 질려 급히 사람을 왕에게 보내 목숨을 구해 달라고 요청했다. 왕에게 보낸 사람이 돌아오기 전에 양저는 장고의 목을 쳐 그 목을 전군에게 돌리며 군법의 엄중함을 보여 주었다. 병사들이 모두 떨었다. 한참을 지나 왕의 사면장을 가진 사자가 말을 달려 군영 안으로 들이닥쳤다. 그러자 양저가 왕의 사자를 보고 말했다.

"장수가 군영에 있을 때는 상황에 따라 왕의 명령도 받들지 않을 수 있소."

그리고 군정을 돌아보며 물었다.

"군영 안에서 허락 없이 말을 달리면 어떻게 되는가?"

"목을 베어야 합니다."

왕의 사자가 이 말을 듣고 몹시 두려워했다. 양저가 다시 말했다.

"그는 왕의 사자이니 차마 죽일 수 없소."

양저는 사자의 목숨을 살려 주는 대신 그가 타고 온 세 마리 말이 끄는 마차의 왼쪽 말의 목을 쳐 전군에게 돌리며 본보기를 보였다. 병사들은 양저가 어떤 사람인지 보게 되었고, 누구도 그를 두려워하지 않는 사람이 없었다. 양저는 왕에게 보고하고 출정했다.

출정한 다음부터 그는 전장에서 병사들과 함께 숙식을 같이했다. 먹거리를 직접 챙기고, 병든 자들의 문병을 게을리 하지 않았다. 자신에게 나온 음식을 모두 병사들에게 나누어 주고, 자신은 조금 먹었다. 군대의 사기는 충천했고, 적군들은 물러나기 시작했다. 양저는 군사를 몰아 그들의 후미를 공격하고 대승을 거두었다. 그러고는 군대를 이끌고 도성으로 귀환했다. 도성에 이르러 모든 군대의 무장을 해제시키고, 왕에게 충성을 맹세한 다음 입성했다. 양저는 벼슬이 높아지고 나날이 더욱 존경을 받게 되었다.

양저는 자신의 자리를 정확하게 읽고 있었다. 적국의 압박은 점점 강해지고, 이 싸움에서 지면 물러날 곳이 없다는 것을 알고 있었다. 그러나 그는 자신의 군대가 아직 자신을 진정한 리더로 받아들일 준비가 되어 있지 않다는 것을 파악하고 있었다. 그는 싸우기 전에 정치적 보완이 필요하다는 것을 알고 있었다. 그는 왕의 권위를 빌리고자 했다. 사기가 떨어져 있는 군대를 장악하고 충성을 바치며 돌진하게 만들기 위해 왕의 총애를 받는 인물의 도움을 받으려고 했다. 그 사람이 잘 도와주면 자신의 모자라는 권위의 한 부분을 보완해 줄 수 있기 때문에 좋은 일이다. 그러나 그 사람이 잘 도와주지 않아도 자신이 스스로 권위를 보이면 되기 때문에 상관없다. 그는 본보기를 보일 정치적 사건을 필요로 했고, 그래서 장고는 목을 잃은 것이다. 그는 왕으로부터 장군의 지위를 얻었지만, 그 지위가 껍데기가 아니라 진짜 힘이라는 것을 보여 주기 위한 강력한 설득의 방법을 찾을 수밖에 없었던 것이다.

반면 장고는 자신의 자리를 잘 읽지 못했다. 높은 지위에 있고 왕의 총애를 받는 인물로서 양저를 도와 헌신적인 노력을 보여 주는 충실한 파트너로 남았더라면 서로 좋았을 것이다. 그러나 그는 결국 자신의 목을 제공하는 역할을 맡고 말았다. 왕으로부터 양저의 동반자로 임명되는 순간 그것이 매우 위험한 결정의 시기라는 것을 알았어야 했다. 과거에 매인 오만이 그를 죽게 했다. 그는 싸우기 전에 승리를 위해 그의 목을 제단에 바치고 싶어 하는 양저라는 사람이 있다는 사실을 잊고 있었던 것이다.

이와 비슷한 사례가 또 있다. 『손자병법』으로 잘 알려진 손무는 제나라 사람으로 병법이 뛰어나 오吳나라 왕 합려闔閭를 만나게 되었다. 합려가 손자에게 말했다.

"그대가 지은 13편의 병서를 모두 읽어 보았소. 군대를 한 번 지휘해 보겠소?"

"좋습니다."

합려가 다시 물었다.

손자

"아녀자들도 지휘할 수 있겠소?"

"상관없습니다."

오왕 합려는 180명의 궁중 미녀들을 불러들였다. 손무는 그들을 두 편으로 나누고, 왕이 총애하는 후궁 두 사람을 각 편의 대장으로 삼았다. 그리고 모두들 창을 잡고 서게 했다.

"여러분들은 자신의 가슴, 왼손, 오른손, 등을 알고 있는가?"

"네, 알고 있습니다."

손무가 말했다. "좋다. '앞으로' 하면 가슴 쪽을 바라보라. '좌로' 하면 왼손 쪽을 보고, '우로' 하면 오른손 쪽을 바라보라. '뒤로' 하면 등 뒤를 바라보라."

손자는 이렇게 훈련규정을 정하고, 여러 차례 군령을 내렸으나 아녀자들은 그때마다 큰 소리로 웃어댈 뿐이었다.

손자가 다시 말했다.

"군령이 분명하지 않아 명령이 이르지 못하는 것은 장수의 죄다."

그리고 다시 여러 차례 군령을 되풀이하고 북을 쳐 군대를 움직이려 했지만 아녀자들은 웃고 떠들 뿐이었다. 손자가 다시 말했다.

"군령이 이미 분명해졌는데도 규정을 따르지 않는 것은 사졸의 죄다."

손무는 이렇게 말하고 좌우 대장의 목을 베려 하였다. 궁녀들과 함께 누대 위에서 이를 지켜보며 웃고 있던 왕이 놀라 급히 사람을 보내 명을 내려 말했다.

"이미 장군의 용병이 뛰어난 것을 알았소. 과인은 이 후궁들이 없으면 밥을 먹어도 단맛을 모르니 부디 두 사람의 목숨을 살려주시오."

그러자 손무가 말했다.

"저는 이미 왕의 명령을 받아 장수가 되었습니다. 장수가 군에 있을 때에는 왕의 명령이라도 받들지 않는 경우가 있습니다."

그는 결국 두 대장의 목을 베어 군대 안에 돌렸다. 그리고 그들 다음으로 왕의 총애를 받는 후궁을 대장으로 삼아 다시 북을 쳤다. 아녀자들의 군대는 좌우앞뒤로 행진하기를 자로 잰 듯 정확히 하게 되었다. 손무는 전령을 보내 왕에게 말했다.

"군대는 이미 잘 갖추어져 있습니다. 왕께서 그들을 쓰고자 한다면 이제 물불을 가리지 않을 것입니다."

오왕 합려는 그 군대의 사열을 보지 않았다. 그러자 손무가 말했다.

"왕께서는 이론을 좋아할 뿐, 그것을 실제로 활용할 수 없습니다."

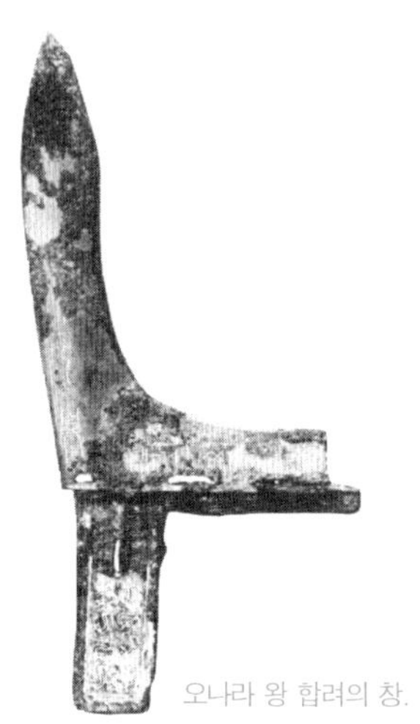

오나라 왕 합려의 창.

오왕은 결국 손무의 용병술을 인정하고 그를 장군으로 임명하였다. 그리고 가장 강한 나라 중의 하나가 되었다.

변화는 매우 위험한 단어다. 잘 다루지 못하면 되돌아와 가슴에 꽂히는 비수 같은 단어다. 변화란 엄청난 힘을 필요로 하는 에너지 집약적인 활동이다. 에너지를 얻지 못하면 변화는 한 발도 움직이려 하지 않을 뿐 아니라, 오히려 되돌아와 변화를 추진하는 사람들을 궤멸시키게 되는 단어인 것이다. 비즈니스 프로세스 리엔지니어링 이론의 대부 격인 마이클 해머 Michael Hammer가 말했듯이 "변화는 중역실에서 탄생하지만, 변화의 목이 교살되는 곳도 바로 중역실"이며, 이때 변화를 추구하던 인물들도 그 실패의 책임을 지고 사라지게 된다.

나는 사마양저와 손무의 이 이야기를 읽을 때마다 변화가 가지는 정치적 의미를 생각하게 된다. 변화는 반드시 피를 원한다. 변화가 있는 곳에는 반드시 전투가 있고, 이 전투에서 지면 교두보를 확보하기 어렵다. 싸움을 피하면 변화는 없다. 금연은 담배를 피우던 습관과 싸워야 하고, 다이어트는 식욕과 싸워야 한다. 시작할 때 이미 전투를 염두에 두어야 한다. 그만큼 변화의 단호한 실천을 요구한다. 그것은 로맨틱한 것이 아니며, 구호도 아니며, 하면 좋은 것이 아니다. 그것은 생명이 자신의 길을 찾아가는 방식이다.

『주역』의 마흔아홉 번째 괘는 '혁革'괘다. 변화를 나타내는 가장 중요한 단어인 '혁'은 짐승의 가죽이다. 이것은 짐승의 날가죽 '피皮'와는 다른 것이다. 벗겨 낸 날가죽은 그 자체로 그대로 쓸 수 없다. 날가죽의 털과 기름을 제거해 내는 무두질을 거쳐 가죽으로 만들어 가는 과정을 통해 비로소 쓸모 있는 가죽이 되는 것이다. 종래의 모습을 벗고 새로워지는 것이 바로 『주역』에서 말하는 '혁'이다.

짐승의 가죽을 잘못 다루면 좋은 날가죽을 망치게 된다. 실수하지 않으려면 '혁'이 가지고 있는 특성을 잘 이해해야 한다. 다음 세 가지를 최소한 잊어서는 안 된다.

첫째, 개혁은 때가 지난 것들을 청산하는 것이다. 구악과 폐습, 잘못된 관행과 제도가 바로 그것이다. 한때 필요해서 만든 것들이지만, 이미 시기가 지나 더 이상 새로운 환경과 조건에 맞지 않아 일상을 어렵게 하는 것들이다. 유효기간이 지난 것들이 일상의 건강과 성장을 어지럽히는 형국이다.

그러나 개혁을 할 때 조심해야 할 것이 있다. 무두질을 통해 새로운 가죽으로 만들어 갈 때, 털의 유용성을 고려해야 한다. 표범 가죽과 개 가죽의 가치의 차이는 털에 있다. 털을 벗겨 내면 표범 가죽과 개 가죽은 다를 바가 없다. 따라서 털이 가치를 가지고 있다면 털을 벗겨 내서는 안 된다. 날가죽의 기름을 떼어 내고, 털을 살릴 수 있도록 바꿔 주어야 한다. 마찬가지로 지나간 것들 중에서 가치 있고 아름다운 것은 벗겨 내서는 안 되는 것이다.

둘째, 개혁은 믿음을 필요로 한다. 황소 가죽으로 묶어 놓은 듯 단단한 마음으로 시작해야 한다. 단단한 마음이란 가려고 하는 길에 대한 자기 믿음이다. 개혁은 어려운 길이다. 그동안 살아온 터전을 허물어 내는 것이니 몸도 마음도 다 고단하고 피로하다.

그러므로 개혁을 시작한 사람은 그 정당성과 이룸을 믿어야 한다. 마음이 굳지 못하면 성공하기 어렵다. 체 게바라는 이 믿음을 이렇게 아름답게 표현했다.

"우리 모두 리얼리스트가 되자. 그러나 가슴 속에는 불가능한 꿈을 가지자. 인간은 꿈의 세계에서 내려온다."

셋째, 개혁은 성과를 요구한다. 공약한 것은 반드시 이루어야 한다. 다른 사람을 개혁에 참여하도록 설득할 때 첫 번째 요소는 약속한 것을 이루는 것이다. 사람들은 증거를 필요로 한다. 『주역』에서는 이를 '혁언삼취 유부革言三就 有孚'라고 부른다. 즉 혁명의 공약이 세 번은 이루어져야 비로소 사람들이 이를 믿고 따르게 되어 있다는 뜻이다. 세 번이라는 숫자는 물론 상징적인 것이다. 성공이야말로 변화를 지속할 수 있는 가장 훌륭한 설득력이다. 사람을 이끌려면 반드시 비전에 이르는 험하고 가파른 길에 손잡이를 만들고 발판을 구축하여 등반이 가능하게 해야 한다. 그 손잡이와 발판의 구실을 해 주는 것이 바로 전투에서의 승리며 약속의 성취인 것이다.

승리는 인간을 열광하게 한다.

사마양저의 사례는 이 세 가지를 잘 보여 준다. 그는 군대의 기강을 흐리게 하는 것들을 제거함으로써 군령을 바르게 했다. 이 과정에서 그는 최소한의 피를 피하려고 하지 않았다. 그러나 두렵게 만들기만 한 것이 아니라 최고의 군인이 할 수 있는 기본, 즉 병사와 동고동락한다는 원칙을 지켰다. 그는 일시적으로 왕의 총신을 죽이고 사자를 겁줌으로써 왕의 권위에 도전했지만, 이 과정을 통해 자신의 확고한 뜻을 전군에 보여 주었다. 그리고 결국 적군을 몰아냄으로써 자신에게 주어진 과업을 완성했다.

변화가 전투라는 것을 잊어서는 안 된다. 그리고 일단 싸우면 반드시 승리해야 한다. 승리야말로 증거가 되어 스스로를 설득하고 다른 사람의 동의와 참여를 얻어 낼 수 있다는 것을 잊어서는 안 된다.

5장
정당한 이익으로
오래 번창하다

윤리경영 리더십

이익이 건강한 기쁨이 되게 하려면 이익의 깨끗함을 물어야 한다.
이익을 꾀하는 욕망과 이익의 정당함을 묻는 윤리는 배치되는 것이 아니다.
그것들은 가속기와 브레이크 같은 것이다.

사람들은 종종 가속기밖에 없는 차에 탑승하고 싶은 욕망에 휩싸일 때가 있다.
실제로 그렇게 파멸을 향해 질주하기도 한다.
그러나 이익으로 가는 길은 아우토반이 아니다.

경영은 갈 때 가고, 멈출 때 멈출 줄 아는 것이다.
그리고 그때가 언제인지 분별해 아는 것이다.
어려워 보이지만 쉬운 일이다.
모든 운전자가 다 알고 있는 주행의 원리다.

신호등이 없어서 사고가 나는 것은 아니다.
지킬 원칙과 지키려는 마음이 없기 때문이다.
마음의 신호등을 껐기 때문이다.

창랑의 물이 맑으면 갓끈을 씻고,
물이 흐리면 발을 씻으리

비가 쏟아졌다. 며칠을 퍼부었다. 강물이 불어났다. 정나라의 부자 한 사람이 강물에 휩쓸려 빠져 죽고 말았다. 강물이 줄고 물이 빠지자 시체가 강기슭의 나무에 걸려 있었다. 우연히 근처를 지나던 어떤 사람이 그 시체를 건졌다. 부자의 가족들이 돈을 주고 그 시체를 넘겨받으려고 하였다. 그러나 그 시체를 건진 사람은 많은 돈을 요구하며 시체를 넘겨주는 것을 거절했다. 부자의 가족들은 등석鄧析이라는 사람을 찾아가 그간의 사정을 이야기하고 도움을 청했다. 그는 그 당시 총명하기로 이름을 날리는 사람이었다. 등석이 말했다.

"안심하시오. 그는 당신네들의 말을 들을 수밖에 없을 것이오. 결국 그 시체는 당신네들밖에는 가져갈 사람이 없을 것 아니오? 조금 더 기다리시오."

이 말을 들은 유가족들은 돈을 더 달라는 것을 거절하고 며칠을 더 버텼다. 시체를 건진 사람이 이제는 안달이 났다. 답답해진 그 사람도 등석을 찾아가 어찌하면 좋을지를 물었다. 등석이 태연히 말했다.

"안심하고 기다리시오. 당신은 더 많은 돈을 받을 수 있을 것이오. 결국 그 가족들은 당신 말고는 다른 곳에서 그 시체를 살 수 없을 테니 말이오."

이것은 『여씨춘추呂氏春秋』에 나오는 일화다. 등석은 명석하다. 그의 말에 틀린 것이 없다. 시체를 사려는 유가족도, 시체를 팔려는 사람도 다 버틸 만한 이유가 있다. 그러나 그 시체는 어떻게 되었을까? 도덕적 판단이 빠진 명석함을 우리는 간지奸智라고 부른다. 교활한 지식이라는 뜻이다. 머리 좋은 사람들이 흔히 저지르는 죄악이다. 이익을 다투는 비즈니스의 세계에서 경영이 자칫 빠져들기 쉬운 함정이기도 하다.

미국에서 가장 존경받는 기업인 가운데 한 명인 버크셔 해서웨이 Berkshire Hathaway 회장 워렌 버핏Warren Buffett이 보험 부정거래와 관련해 사정 당국의 조사를 받은 적이 있다. 세계 2위의 거부巨富이기 때문이 아니라 정직하고 주주를 중시하는 경영으로 기업인은 물론 일반인들로부터 폭넓게 존경받는 사람이었기 때문에 미국인들의 상실감이 컸다. 그는 기업 가치에 바탕을 둔 투자로 막대한 부를 축적했을 뿐만 아니라 명예와 정직성을 중시하는 경영철학으로 '오마하Omaha의 현인'이라는 별명을 얻었다. 엔론Enron의 몰락 이후 연달아 터져 나온 미국기업 스캔들의 와중에서 기업윤리 문제로 버핏 회장의 자문을 얻으려는 최고경영자CEO들은 그동안 오마하를 즐겨 찾았다. 버핏 회장의 말 한마디는 미국 경영자들에게 '금과옥조'였다. 그러던 그가 사정 당국의 조사 결과에 따라서는 '이익을 챙기기 위해 불법행위도 마다하지 않는 파렴치한 기업인'으로 낙인찍힐 위기에 놓이게 되었던 것이다.

연방 법무부와 뉴욕 주 검찰, 증권규제 당국인 증권거래위원회SEC 조사관들이 버핏 회장을 상대로 조사한 내용의 핵심은 버크셔 해서웨이 계열 재보험사인 제너럴 리General Re와 세계 최대 보험업체인 AIG의 재보험상품 변칙거래를 버핏 회장이 사전에 알고 있었는지 여부다. 그가 부당거래를 주도하지는 않았더라도 내용을 알면서 사전에 이를 막기 위해 노력하지 않았다면 책임을 면하기는 어렵게 되었다.

지난 2000년 4·4분기와 2001년 1·4분기에 AIG는 제너럴 리와의 한정 보험상품 거래를 통해 보험료로 5억 달러를 받았는데, 손실위험이 거의 없는 이 돈은 부채로 기재돼야 했지만 AIG는 이를 매출로 기재함으로써 재무실적을 부풀린 혐의를 받고 있었다. 제너럴 리는 AIG와 공모해 이와 같은 변칙적인 장부 처리를 도왔다는 의혹을 사고 있었고, 조사 과정에서 AIG는 이미 제너럴 리와의 거래가 부적절했음을 시인한 바 있다.

워렌 버핏

　버핏 회장 자신은 이 문제가 본격적으로 불거지기 시작한 2005년 1월 사내에 배포한 메모를 통해 "버크셔는 돈을 잃을 여유는 있어도, 명성을 잃을 여유는 없다"면서 "우리는 이러한 명성의 보호자이며 궁극적으로는 우리에게 합당한 명성을 되찾게 될 것"이라고 말해 자신의 결백을 주장했다.

　그러나 버핏 회장을 바라보는 뉴욕 금융계의 시선은 곱지 않았다. 〈월스트리트 저널〉은 버핏 회장 측이 2월부터 사정 당국에 적극 협조하며 부정거래 자료를 제출한 것이 모리스 그린버그 Maurice R. Greenberg AIG 회장 '몰락'의 직접적인 원인이 됐다고 보도했다. 버핏 회장이 자신에 대한 부정거래 혐의를 줄이기 위해 수십 년간 우정을 쌓아 온 그린버그 전 회장의 불법거래 연루 사실을 부각시켰다는 것이다. 이 과정에서 엘리엇 스피처Elliot Spitzer 뉴욕 검찰총장은 TV에 출연해 "버핏 회장의 검찰 출두는 피의자가 아닌 참고인 자격"이라고 강조하며 "버핏 회장의 협조로 사건의 불확실성이 크게 해소됐다"고 밝힌 바 있다.

이 사건은 결국 AIG가 16억 4,500만 달러의 합의금을 지급하는 것으로 끝을 맺었다고 보도되었다. 이 중 15억 2,000만 달러는 분식회계로 손해를 입은 투자자와 고객에게 손해배상금으로 지급되고, 나머지 1억 2,500만 달러는 뉴욕검찰과 법무부에 벌금으로 납부하게 되었다. 이 사건과 관련하여 모리스 그린버그 AIG 회장은 사임했다. 그는 1968년 AIG의 CEO 겸 회장직에 오른 이후 38년 동안 AIG를 이끌며 '보험업계의 살아 있는 전설'로서 추앙받아 왔으나, 결국 분식회계 스캔들로 불명예스럽게 퇴진하고 말았다.

워렌 버핏은 이 사건으로 자신의 이력에 직접적인 해를 당하지는 않았다. 그러나 이 사건은 하마터면 그의 명성에 지울 수 없는 오점을 남길 뻔했다. AIG 회계부정과 관련된 스캔들에 휩싸인 지 약 1년 반이 지난 2006년 6월, 워렌 버핏은 자신이 가진 재산의 85%에 해당하는 약 370억 달러 정도의 재산을 '빌 앤드 멜린다 게이츠 재단Bill and Melinda Gates Foundation' 등 5개 자선단체에 기증한다고 발표하였다. 매년 7월 전체 기부금의 5%씩이 순차적으로 그가 정한 자선단체에 기부될 예정이다. 이 결심을 하게 된 이유를 묻는 한 TV 인터뷰에서 워렌 버핏은 "시장경제는 가난한 사람에게는 작동하지 않기 때문"이라고 말했다. 시장경제는 극단적 빈부의 차이를 만들어 냈고, 이 메커니즘에서 성공한 자기 같은 사람은 결국 자신을 성공하게 만들어

준 사회에 자신이 번 돈을 기부하는 '비시장경제석' 방식을 취할 수밖에 없다는 말일 것이다.

워렌 버핏이나 모리스 그린버그 전 AIG 회장은 모두 시장경제의 살아 있는 전설들이었다. 그러나 한 사람은 존경받는 위대한 인물로 진화했고, 또 한 사람은 돈을 벌기 위해 투자자와 고객을 기만한 파렴치한 인물이 되어 불명예스럽게 퇴진하게 되었다. 도덕성과 윤리경영은 위선이 아니며, 말로 떠들어 적당히 넘어갈 수 있는 것도 아니다. 그것은 인생의 명암을 결정하는 가장 중요한 기본인 것이다.

윤리경영의 최소한의 한계는 법의 선이다. 이 선을 넘어서서는 안 된다. 그곳이 마지노선이다. 그러나 범법행위를 하지 않았다고 해서 윤리적인 기업이 되는 것은 아니다. 윤리경영이란 법 이상의 것으로, 기업의 사회적 의무와 역할을 전제로 하는 것이다. '법의 경영'이라고 불리지 않고 윤리경영이라고 불리는 이유를 잘 생각해 보아야 한다. 윤리경영에 관해 경영자가 반드시 알아두어야 할 훌륭한 전거와 사례가 있어 소개한다.

『맹자』 가운데 다음과 같은 예가 나온다.

> 화살을 만드는 사람이라 하여 갑옷을 만드는 사람보다 불인不仁하다 할 수는 없다. 그러나 화살을 만드는 사람은 자신이 만든 화살이 다른 사람을 상하게 하지 못할까 봐 걱정하고, 갑옷을 만드는 사람은 자기가 만든 갑옷이 화살에 뚫려 사람이 상하게 될까 봐 걱정한다. 무당과 장인도 역시 그러하

다. 무당은 당시 의사와 같았기 때문에 사람의 병이 낫지 않을까 봐 걱정한다. 그러나 장인은 관을 만드는 사람이기 때문에 사람이 죽지 않으면 관이 팔리지 않을까 봐 걱정하여 사람이 죽기를 바라지 않을 수 없다. 그러므로 직업의 선택은 신중하지 않으면 안 된다.

그리고 맹자는 다시 스승 공자를 인용하여 이렇게 덧붙인다.

> 공자께서 말씀하셨다. 인仁에 거하는 것이 아름답다. 스스로 택해 인에 거하지 않는다면 어찌 그것을 지혜롭다 할 수 있겠는가?

여기서 바로 공자의 '이인위미里仁爲美'라는 유명한 말이 등장한다. '인에 거하면 아름답다'라는 뜻인데, 어진 사람이 되기 위해서는 어진 직업을 선택하는 것이 좋다는 것이다. 일을 고르고 그 일이 직업이 되면 밤낮으로 그 일만을 머릿속에 두고 살아야 한다. 그러니 사람을 살리고, 사람을 도울 수 있으며, 그리하여 사회적으로 훌륭한 직업을 선택하는 것이 아름답지 않겠느냐는 제안이다. 이렇게 선善이란 관념적인 것이 아니라 바로 일상이며, 생활이며, 먹고 사는 문제이며, 사회적 문제라는 점을 분명하게 밝히고 있다. 나는 이 정신이 바로 윤리경영의 정신적 뿌리여야 한다고 생각한다. 자신의 직업에 대한 자긍심이며, 직업을 통해 먹고살면서도 스스로 사회에 기여하겠다는 약속이 바로 윤리경영의 정신인 것이다.

맹자는 다시 덧붙여 활 쏘는 것과 인仁을 비교하여 설명한다. 인이라는 것은 활을 쏘는 것과 같다. 활을 쏠 때는 자세를 바르게 한 후에 쏘는 법이다. 화살이 과녁에 맞지 않으면 자기를 이긴 자를 원망하지 말고, 과녁에 맞지 않은 까닭을 도리어 자기 자신에게서 찾아야 한다는 것이다. 궁술에서 중요한 것은 활 쏘는 사람의 자세다. 두 발을 디딘 자세와 어깨와 팔의 각도가 가장 중요하다. 그리고 가슴을 비우고 배에 든든한 기운을 채워야 한다. 더 중요한 것은 활을 쏘는 동작 전체에 일관된 질서가 있어야 동작과 동작이 끊어지지 않고 정靜과 동動이 유연하게 연결된다. 궁도라는 것은 단순히 활을 쏘아 과녁에 맞추는 기술이 아니라 스스로를 단련하는 과정이기 때문이다. 과정과 자세의 정진 여부가 맞고 맞지 않음을 결정하기 때문이다.

'인仁'이라는 한자어를 잘 보면 두 개의 이중적 구조로, 사람과 사람 사이의 관계를 표시하고 있다. '인人'은 사람이 서로 기대어 서 있는 형상이다. 인간이란 누구도 독립적인 개별적 존재가 아니라 사회적 존재임을 상징한다. '인仁'은 사회적 존재인 두 사람이 서로 만날 때 지켜야 하는 관계의 원칙을 나타내는 말이다. 즉 사람과 사람 사이의 관계를 지배하는 실천적 고품격 처세철학을 담고 있다. 활 쏘는 예를 들어 일이 잘못되었을 때 그 원인을 다른 사람에게서 찾지 말고 스스로 반성하는 자기책임을 강조하는 태도가 중요함을 일깨워 준다.

『맹자』의 등문공편滕文公篇에 윤리경영이 무엇인지에 대해 곰곰이 생각해 볼 수 있는 아주 구체적인 사례가 나온다.

진晉나라의 대부인 조간자趙簡子라는 사람이 있었다. 그는 그 당시

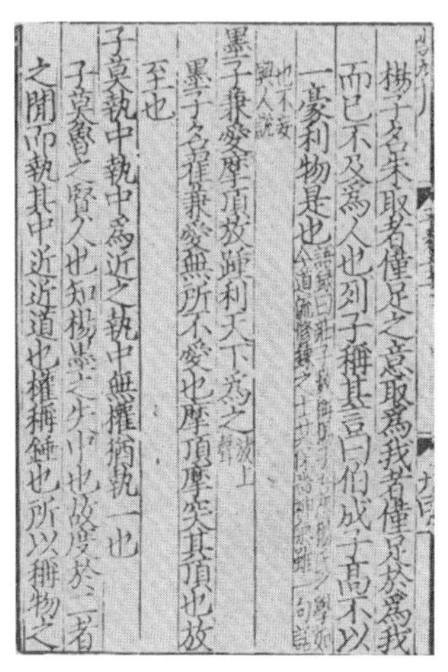

楊子名朱取者僅足之意取為我者僅足於為我
而已不及為人也列子稱其言曰伯成子高不以
一豪利物是也
也不妄與人說
墨子兼愛摩頂放踵利天下為之
墨子名翟兼愛無所不愛也摩頂突其頂也放
至也
子莫執中執中為近之執中無權猶執一也
子莫賢人也知楊墨之失也故庶於二者
之閒而執其中近近道也權稱錘也所以稱物之

『맹자』 중 일부. 송판사서찬소본(宋版四書纂疏本).

임금의 총신이었던 해亥라는 인물에게 천하제일의 마부인 왕량王良이라는 사람을 소개했다. 왕량이 해를 위해 마차를 몰고 사냥을 나가게 되었는데, 해는 하루 종일 한 마리도 짐승을 맞히지 못했다. 화가 난 해는 왕량을 천하에 쓸모없는 마부라고 욕했다. 이 말을 들은 왕량은 다시 한 번 마차를 몰게 해 달라고 간청하여 마차를 몰고 사냥에 참여하게 되었다. 이번에는 해가 하루에 열 마리를 쏘아 맞혔다. 그러자 해는 왕량을 일컬어 천하제일의 마부라고 치켜세웠다. 조간자가 왕량에게 앞으로도 계속 해를 위해 마차를 몰 것인지를 물었다. 그러자 왕량은 단호하게 머리를 저으며 거절했다. 그는 말했다.

"나는 소인과 함께 말몰이 하는 것에 익숙하지 못합니다. 사양하겠습니다."

사냥의 법도대로 마차를 몰았더니 하루 종일 한 마리도 잡지 못하

맹자

다가, 법도를 어기고 궤우詭遇하게 하였더니 하루아침에 열 마리를 잡고서 좋아하는 사람을 위해서는 그가 아무리 권세가라 하더라도 더 이상 마차를 몰 수 없다는 것이다. 궤우라는 것은 아마도 사냥의 법도를 어기고 짐승의 옆에서 활을 쏘게 해 주는 것으로, 부정한 방법으로 사냥하는 것을 말하는 듯하다. 맹자는 법도를 어기지 않으려는 왕량의 자세를 높이 평가했다. 원칙과 정도를 따르는 정신적 자세가 과녁에 맞거나 맞지 않음의 책임을 자신에게 묻는 활쏘기의 엄격함과 동일한 처세라고 생각했기 때문이다. 활을 쏘는 것과 마차를 모는 것은 다른 일이지만 그 운용의 정신은 동일하다.

이윽고 맹자는 다시 다음과 같이 말한다.

어린아이들이 부르는 노래 중에 〈창랑의 물이 맑으면 갓끈을 씻고, 창랑의 물이 흐리면 발을 씻으리滄浪之水淸兮, 可以濯我纓, 滄浪之水濁兮, 可以濯我足〉라는 것이 있다. 공자가 이 노래를 듣고, "자네들 저 노래를 들어 보게. 물이 맑을 때에는 갓끈을 씻지만 흐리면 발을 씻게 되는 것이네. 물 스스로 그렇게 만든 것이지" 하였다. 이와 마찬가지로 사람도 모름지기 스스로를 모욕한 연후에야 남이 자기를 모욕할 수 있는 법이며, 한 집안의 경우도 스스로를 파멸시킨 연후에야 남이 파멸시킬 수 있는 법이고, 한 나라도 스스로를 짓밟은 연후에야 다른 나라가 짓밟을 수 있는 것이다.

맹자의 철학을 빌려 기업에 빗대어 말한다면, "한 기업의 경우도 다르지 않다. 스스로를 파멸시킨 연후에야, 다른 기업이나 사법 기관이 파멸시킬 수 있는 것이다." 스스로 불러들인 재앙은 피할 수 없는 것이다.

윤리경영이란 이미 평생 걸어야 할 길로 경영을 선택한 사람들이 지켜야 할 엄격한 자기 규제와 수기修己라 할 수 있다. 그것은 법적인 문제가 아니다. 법이 두려운 이유는 법을 어겼을 때뿐이다. 자기가 허물어진 연후에야 법이 무서워지는 것이다. 관행이라 따라 했고, 운이 나빠 걸렸다고 말할 일이 아니다. 마부에게도 지켜야 할 사냥의 법도가 있듯이 돈을 버는 데도 축재의 법도가 있다.

또한 윤리경영이란 경영자로서 자신이 선택한 길에 대한 자기 약속

이며, 사회에 대한 자기 책임의 엄격함이며, 자신의 삶에 대한 정신
적 자세다. 그것이 무너지면 더러운 물이 되어 사람들이 발을 씻을 것
이고, 그것을 지키면 깨끗한 물이 되어 사람들이 우러러 갓끈을 씻을
것이다. 물 스스로 그렇게 하듯, 기업가와 경영자 스스로 그렇게 되
는 것이다.

이익, 뿌리치기 어려운 유혹

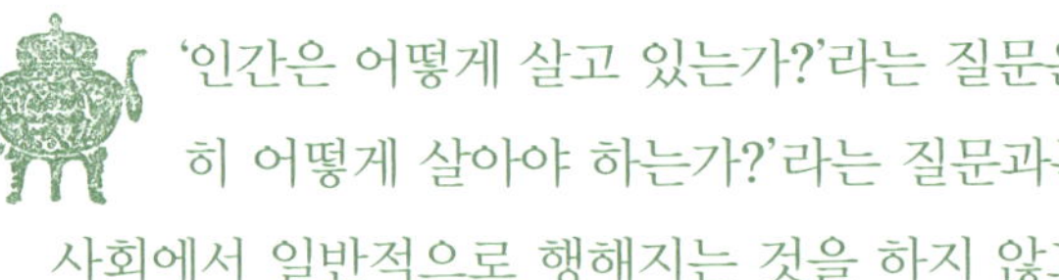

'인간은 어떻게 살고 있는가?'라는 질문은 '인간은 마땅
히 어떻게 살아야 하는가?'라는 질문과는 아주 다르다.
사회에서 일반적으로 행해지는 것을 하지 않고, 마땅히 해야
할 것을 고집하는 사람은 몰락할 수밖에 없다.

이것은 마키아벨리의 주장이다. 이런 견해는 다윈의 적자생존과도
맥을 같이한다. 자연은 강한 것을 남겨 둔다. 약한 것들은 궤멸되고

사라진다. 그리고 변화에 적응한 것들이 대를 이어간다. 강하고 영리한 것들이 살아남고 결국 건강한 자연을 만들어 낸다. 이것이 생물학적인 자연 법칙이다.

공자가 '인간이 마땅히 해야 할 일'을 강조했다면, 마키아벨리는 인류의 역사를 생물학의 단편으로 이해했다. 그에 따르면 이 세상은 민활하고 욕망으로 가득 찼으며, 그 욕망을 이룰 방법을 알고 있고, 다른 동료에 비해 경쟁적이고 정력적인 사람들이 번성하는 곳이다. 성공은 그런 사람들의 전유물이고, 부富는 그렇게 해서 만들어지는 것이다.

"지배란 동산이든 부동산이든 재산을 말하는 것"이며, "국왕은 국민에게 명령하고, 이해利害는 국왕에게 명령한다"는 지적은 그래서 우리가 유물론자가 아니라도 강한 설득력을 가진다.

이익은 한 개인에게 있어서나, 집단에게 있어서나, 국가에게 있어서나 가장 강렬한 행동의 동기다. 지상에서 벌어지는 일상은 결핍으로부터 저주받고 있는 것이 아니라 풍요로부터 축복을 받고 있는 것이다. 부富는 만인의 사랑의 대상이다. 노동과 노고는 빈곤의 속성이 아니라 부의 원천으로 해석된다.

이익은 뿌리치기 어려운 유혹이다. 이익은 인간의 역사를 이해하는 단순하고도 강력한 해석의 실마리다. 마땅함을 따르는 대신 이익을 따른 사람들의 성공과 좌절의 이야기가 인류의 역사를 점철하고 있다. 볼테르Voltaire나 로마사가인 기번Edward Gibbon이 역사를 '인류의 범죄와 어리석음의 기록'이라고 부른 이유가 바로 여기에 있다.

경영은 직접적으로 이익을 다루고, 이해利害의 바다를 항해해야 하는 기술이다. 더욱이 저마다 개인적 사연과 이해를 가지고 있는 직원들을 그 조직 구성원으로 활용하고 있다. 기업은 하나의 조직으로서 개인이 공동체 속에서 협력하고 자신의 재능과 노력을 조직의 비전을 위해 헌신적으로 활용해 줄 것을 기대한다. 기업은 그 조직원들 중에서 영웅을 기대하며, 기업의 역사는 그런 영웅적 인재들이 만들어 낸 이야기들이다. 동시에 개인과 조직의 목표를 사이에 두고 벌어진 갈등과 협력의 장면들이다.

경영자와 리더는 다양한 개인적 목표와 욕망을 하나의 조직 목표, 공통의 비전 속으로 결집하고 그 속에서 함께 번영할 수 있는 방법을 모색해야 한다. 다양한 재능과 개인의 끝없는 욕망을 다루어야 할 때 마키아벨리는 우리에게 여러 가지 생각거리를 제공한다. 내가 마키아벨리를 경영의 영역으로 끌고 들어온 이유는 간단하다. 그가 쓴 『군주론』은 부도덕한 정치론이지만, 그럼에도 불구하고 인간을 적나라하게 비춰 주는 매우 정직한 책이라는 점 때문이다. 따라서 만일 '군주'라는 단어 대신에 '경영자'라는 단어를 바꾸어 대입하면 '부도덕하지만 정직한 경영자론' 하나를 갖게 되는 셈이다.

정치의 세계와 마찬가지로 경영의 세계는 부, 명예, 권력이라는 재화의 상대적 희소성을 다룬다. 인간의 가치, 야심과 이기심이 부단히 충돌하고 변화하는 역동적인 현상의 세계를 대상으로 한다. 경영은 변화가 동결되어 정지한 고정불변의 진리와 영구적으로 안정된 질서를 추구하는 것이 아니다. 정치와 마찬가지로 경영 역시 영원한 진리를 추구하지도, 영혼의 구원을 목적으로 하지도 않는다.

우리의 마음속에 자리 잡고 있는 이익과 지배에 대한 왕성한 본능의 정체를 좀 더 적절하게 이해할 수 있도록 인간의 역사를 조금 뒤져 보기로 하자.

역사를 이해하면 운동과 변화를 설명하면서도 인간 사회에 공통적으로 적용할 수 있는 불변의 요인과 원칙을 소홀히 다루지 않는다는 장점을 발견하게 된다. 구체적인 사례가 파노라마처럼 펼쳐지는 역동적 변화 속에서 변하지 않는 요소와 질서를 발견한다는 것은 안정된 지식 체계를 제공함으로써 미래에 대한 불확실성을 감소시킬 수 있다는 희망을 갖게 한다. '한 번도 사용되지 않은 새로운 방법'은 '역사 속에 보존된 위대함에 대한 모델' 속에서 찾을 수 있다. 이것이 역사를 배우면서 얻을 수 있는 훌륭한 보상이다.

'역사를 쓰는 철학자'로 알려진 윌 듀런트Will Durant가 아흔이 넘은 나이에, 이제 세상을 떠나야 하는 사람의 초연한 심정으로, 어떤 영혼의 울림을 따라 인류에게 선사한 훌륭한 책인 『역사 속의 영웅들 *Heroes of History*』 가운데 서문을 조금 길게 소개하고자 한다.

인간은 수없이 많은 생물학적 종들 중의 하나이고, 다른 종들과 마찬가지로 생존을 위한 싸움을 통해 살아남기에 가장 적합한 존재들의 경쟁을 거쳐야 했다. 인류의 흔적은 약 100만 년 전으로 거슬러 올라가 발견된다. 그중 농업의 흔적은 2만 5,000년 전 이상으로 올라가지는 않는다. 그러니까 땅을 경작하는 농부로 정착생활을 한 것보다 무려 40배에 가까운 97만 5,000년 동안 사냥꾼으로 살았다. 그것이 인간의 기본적인 성향이 되었다. 사냥꾼인 인간은 게걸스러웠다. 호전적이었고 늘 싸울 준비가 되어 있어야 했다. 음식과 짝짓기와 목숨을 위해 그러지 않으면 안 되었다. 욕심과 사나움과 아무 때나 짝짓기를 할 수 있는 능력은 사냥꾼 시절의 미덕이었다. 생존을 위한 필수적인 자질이었기 때문이다.

문명을 위한 최초의 토양인 농업은 아마 여자가 발전시킨 것 같다. 남자들이 사냥을 나간 사이 여자들은 열매가 싹이 트는 것을 보고, 동굴과 움막 주위에 시험적으로 끈질기게 씨앗을 심었다. 그리고 남자들을 설득하여 불확실한 행운에 목숨을 거는 대신, 씨를 뿌리고 열매를 거두어들일 것을 설득하였다. 그리하여 인류는 정착하였다. 여자들은 먼저 양, 개, 나귀, 돼지, 소들을 길들였다. 그리고 남자들을 길들였다. 남자들은 여자들이 길들인 마지막 가축이었다. 남자들은 마지못해 천천히 사회적 특질을 배워 익혔다. 가족에 대한 사랑, 친절, 절제, 협동, 공동체 활동 등이다. 이것이 문명의 시작이다. 문명이란 공동체의 구성원이 된다는 의미다. 이때부터 인간은 자연과 문명 사이의 끈질긴 갈등 속에서 살게 되었다. 인간의 역사는 길고도 긴 사냥 단계에서 아주 깊숙이 뿌리를 내린 개인적 본능과 최근의 정착생활을 통해 생겨났지만, 아직 충분히 발전하지 못한 사회적 본능 사이의 갈등이다. 그리고 우리는 매일 이 갈등 속에서 살고 있다.

마키아벨리는 문명화된 인간의 내부에 여전히 길들여져 있지 않은 사냥꾼의 기질이 DNA 속에 뚜렷하게 각인되어 있으며, 상황에 따라 언제 분출될지 모르는 화산처럼 갈무리되어 있다는 것을 알고 있었다. 그것은 위험한 힘이고 어두운 욕망이며, 동시에 엄청난 에너지이고 본능적인 생존의 힘이다.

역사를 통해 아주 많은 사람들은 문명의 편에 섰다. 그러나 수없이 많은 다른 사람들은 또한 야만의 편에 섰다. 더 정확하게 말하면 우리 모두는 거의 매일 문명과 야만 사이에 한 발씩 걸치고 살아가고 있다. 야만과 문명은 인류의 두 얼굴이었다. 이러한 양면적 특징을 폭로하고, 대낮의 환한 햇빛 아래로 끌어낸 낯 두꺼운 인물 중의 대표적인 사람이 마키아벨리다. 그는 인류의 수치이기도 하고 정직한 사제이기도 했다.

마키아벨리는 외교관이며 역사가, 극작가, 철학가이다. 그는 냉소적이며 애국심에 불타는 인물이다. 1498년 약관 29세의 나이에 피렌체 공화국의 고위 관료로 임명되어 주로 외교 분야의 핵심으로 일한 것으로 추정된다. 그러다가 1512년 스페인이 피렌체를 공격하여 함락시키고, 메디치가에 의한 군주정이 복귀하게 되자 공직에서 추방되었다. 이듬해 반 메디치가 음모에 연루되어 1달간 투옥되었다가 사면되었다.

『군주론』은 그가 메디치가의 군주에게 환심을 사기 위해 헌정한 군주의 처세론을 다룬 얇은 책이다. 그는 이 책에서 고대 로마와 그리스 그리고 당시 역사적 사례를 들어 위대한 인물들의 행동을 정리하고 분석하여 자신의 이론에 설득력을 더하고 있다. 이 책의 헌정사는 이렇게 시작한다.

　군주의 환심을 사고자 하는 자들은 자신의 소유물 중에서…… 가장 귀한 것을 들고 군주를 찾아뵙는 것이 관례화되어 있습니다.…… 저 역시 전하에 대한 충성심으로 무엇인가 바치고자 합니다. 제가 가지고 있는 것 중에서 근래에 일어난 사건들에 대한 오래된 경험과 지속적인 고대사 연구를 통해 알게 된 위대한 인간들의 행적에 대한 지식만큼 중요한 것은 없다는 것을 알게 되었습니다.…… 이제 연구의 결과를 한 권의 책으로 정리하여 전하께 바치고자 합니다.…… 신민의 성격을 적절히 이해하기 위해서는 군주가 될 필요가 있고, 군주의 성격을 적절히 이해하기 위해서는 신민의 한 사람이 될 필요가

있습니다.…… 부디 전하의 탁월한 능력이 위대한 성취를 이루시기를 갈망하며…… 어쩌다 이 낮은 곳에 눈을 돌리시면…… 제가 부당한 학대를 겪고 있다는 것을 보시게 될 것입니다.

마키아벨리의 주장을 경영에 적용해 본다면 대략 다음과 같다.

첫째, 경영 상황이 안정적일 경우에 경영자는 연민, 신뢰, 정직함, 인륜, 종교적 미덕을 따라야 한다. 그러나 어떤 '필연적인 상황'에 처하게 될 때는 다른 종류의 미덕을 발휘해야 한다. 기독교적인 미덕이 아니라 로마적인 미덕 말이다. 그것은 남성적인 속성, 즉 용감함, 대담함, 원기 왕성함을 가리킨다. 심지어 한니발의 '비인간적인 잔인성' 또한 덕이다. 비유컨대 선과 악 중에서 무엇인가를 선택하는 것이 아니라, 악evil과 작은 악less evil 중에서 작은 악을 선택하라는 주문을 받고 있다.

외양상 덕은 실제로는 악덕이 되고, 외양상 악은 미덕이 될 수 있다. 경영자의 연민과 냉혹함에 대한 예를 들어 보자. 개인적으로 연민은 미덕이고 냉혹함은 악덕이다. 그러나 경영자가 연민에 치우치면 기강이 문란해지고 질서를 유지하기 어렵게 된다. 결국 엄격하고 냉혹한 통제를 하지 않을 수 없게 되므로 악덕으로 전환된다. 그러나 초기의 적절한 냉혹함은 기강과 질서를 바로 잡아 더 관대한 결과를 가져오므로 덕으로 전환될 수 있다.

둘째, 불안정하고 특수한 필연적 상황하에서는 경영자들은 '책임의 윤리ethics of responsibility'를 따르는 것이 현명하다. 책임의 윤리라는 것은 막스 베버가 '확신의 윤리ethics of conviction'와 구별하면서 쓰기 시작한 용어다. '확신의 윤리'란 인간은 선한 존재라고 가정하고, 동기가 선하면 그 행위의 결과와 무관하게 선하다는 것이다. 그러나 경영자는 그렇게 해서는 안 된다. 경영자는 인간의 평균적 악을 전제하고 이를 감안하여 행동해야 하며, 동기의 선함보다는 결과의 선함에 치중해야 한다. 이것을 '책임의 윤리'라고 말한다.

셋째, 경영의 핵심은 상징과 외양이다. 경영자는 능란한 위선자요, 가장의 달인이어야 한다. 성실함, 자비, 인간애와 신실함을 가지고 있는 것처럼 '보여야' 한다. 경영은 본질(what is)의 영역이 아니라 외양(what appear)의 영역에 속한다. 경영은 변화무쌍한 생성과 변화의 영역이며 현상의 영역이다. 철학적 진리나 종교적 진리를 거부한다. 경영자가 추구하는 것은 영혼의 완성이나 진리의 추구가 아니다. 경영자에게는 부의 획득이 우선적 목적이고 영광과 명예 또한 중요한데, 이것은 결국 현상과 외양의 문제다.

따라서 적절한 위장과 기만, 그리고 위선이 지배를 위해 필요하다. 위선이란 '악덕이 덕에게 바치는 공물'이다. 위선은 반도덕적이지만 덕이 악덕에 비해 우월하다는 것을 시인하고 확인하는 긍정적 행위이기도 하다. 개인으로서의 삶이 중요하거나 영혼의 구원을 원하는 자는 그러므로 경영의 영역에 들어서지 않는 편이 좋다. 그러므로 훌륭한 경영자는 사자의 힘과 여우의 기만을 십분 활용하지 않으면 강력하게 지배할 수 없다.

마키아벨리는 책을 바쳐 곤궁한 자리에서 벗어나 메디치가의 중요한 인재로 등용되기를 바랐으나, 그의 바람은 이루어지지 않았다. 그는 실망했다. 그리고 피렌체의 교외에 칩거했다. 그는 결국 '정치에 지치고, 시골의 은둔 생활에 지치고, 심지어 선술집 친구들에게 지쳐' 세상을 등지고 말았다. 자신의 처세술을 자신에게 적용하는 데 실패했지만, 그는 우리의 생물학적 유전자 속에 여전히 살아 있다. 공자의 견해에 따르면 마키아벨리 같은 인물은 전형적인 '소인'이다. 군자의 길을 걸어간 사람들과는 비교할 수 없는 천박한 인물인 것이다.

자, 이제 다시 생각해 보자. 경영은 윤리적이어야 하는가? 윤리경영은 위선인가, 아니면 장기적으로 강력하고 훌륭한 기업전략으로 활용될 수 있는 것인가?

경영과 윤리의 적절한 관계설정은 경영자에게 대단히 중요한 과제다. 어떤 기업도 엔론Enron처럼 무너지기를 바라지 않는다. 그러나 기업의 목적은 자선이 아니며 도덕의 구현도 아니다. 경영자는 다양한 개인의 욕망과 이해를 통합하고 지배할 수 있는 기술을 익혀야 한다. 정치적 선전과 상징의 조작을 통한 대중정치와 진정한 민주주의 사이에 필연적으로 적절한 긴장과 조화가 필요하듯이, 경영 역시 윤리와 현실적 이익 사이에서 부단히 단련되어 적절한 균형을 잡아가야 하는 과제다.

결국 경영은 이익에 대한 동물적 욕망과 공동체 속에서 함께 번영해야 한다는 문명의 조건 사이에서 적절한 균형과 조화를 모색하게 하는 저울질 같은 것이다.

좋은 사람들은
영혼이 있는 리더를 선택한다

 이야기를 하나 더 해 보자. 재미있는 이야기는 듣는 사람들의 마음을 풀어 놓는다. 그러니까 사람들을 자유롭게 해 주는 일종의 주문 같은 것이다.

앞에서 소개한 맹상군과 관련된 또 다른 이야기가 있다. 천하의 협객과 무법자들이 다 한 가지 재주만 믿고 사람을 좋아하는 맹상군의 집으로 찾아들었다. 그렇게 찾아든 식객들의 수가 3,000명이나 되었

다고 한다. 식객을 먹여 살리기 위해서는 돈이 들었다. 맹상군은 그들을 먹여 살리기 위해 별도의 영지를 가지고 있었고, 돈을 불리기 위해 이자를 놓기도 했다. 그러나 맹상군이 재상의 벼슬에서 쫓겨나자 식객들은 다 뿔뿔이 떠나가고 말았다. 얼마 후 맹상군은 군주의 신임을 다시 받게 되어 재상으로 복귀했다. 이 과정에서 끝까지 맹상군을 떠나지 않고 그가 재기하도록 도와준 훌륭한 참모 중 한 사람이 바로 풍환馮驩이었다. 그는 맹상군에게 다시 떠나간 빈객들을 맞아들이라고 권했다. 맹상군이 말했다.

"나는 사람을 좋아하여 그들을 대접하는 데 소홀함이 없었소. 그러나 그들은 내가 벼슬에서 물러나자 하루아침에 나를 버리고 떠나, 어려울 때 나를 도와준 사람이 없었소. 이제 선생의 힘으로 다시 재상이 되었지만, 다른 빈객들은 무슨 낯으로 나를 볼 수 있겠소. 다시 나를 만나려는 자가 있다면 얼굴에 침을 뱉어 모욕해 주고 말 것이오."

그러자 풍환이 절을 하고 달랬다.

"살아 있는 것은 반드시 죽게 마련입니다. 이것이 필연적인 법칙입니다. 부유하고 귀하면 사람들이 많이 몰리고, 가난하고 지위가 낮으면 벗이 적어지는 것은 당연한 이치입니다. 시장을 보십시오. 아침에는 어깨를 다투어 시장으로 들어서지만 날이 저물면 시장을 떠납니다. 그들이 아침은 좋고 저녁은 싫어서 그러는 것이 아닙니다. 아침에는 살 것이 있고 저녁이 되면 파장이 되어 살 것이 없기 때문입니다. 당신이 지위를 잃자 빈객이 모두 떠나간 것은 이와 같은 이치입니다. 다시 찾아오는 사람들을 받아들이고, 예를 다하여 빈객을 대우하십시오."

이 말을 듣고 맹상군이 풍환에게 절하며 감사했다고 한다.

이 고사는 사마천의 『사기』 열전 중 「맹상군열전孟嘗君列傳」에 나오는 이야기다. 깨달을 줄 아는 주인과 현명한 참모의 멋진 대화다. 나는 이 이야기를 좋아한다. 세상을 사는 훌륭한 지혜를 빌릴 수 있기 때문이다.

그런데 여기 생각해 보아야 할 문제가 하나 있다. '부유하고 귀하면 사람들이 몰리고, 가난하고 지위가 낮으면 벗이 적어지는 것'이 사람들 관계의 당연한 이치라면, 왜 풍환 같은 사람은 어려울 때 맹상군을 떠나지 않고 그를 도와줄 수 있었을까? 왜 풍환 자신은 세상의 당연한 이치를 따르지 않았을까? 맹상군이라는 저녁 시장에, 아직 살 것이 남아 있어서일까? 아니면 특별히 의리가 강했거나, 맹상군이 다시 고귀해질 수 있을 거라는 자신의 판단을 믿었기 때문일까? 알 수 없다. 풍환 자신밖에는 알 수 없는 흘러간 과거의 일일 뿐이다. 그런데 문제는 이런 비슷한 사례가 끝없이 우리 삶의 주변을 맴돌고 있다는 것이다. 그리고 풍환처럼 살 것인지, 아니면 세상의 원칙을 따르는 그 3,000명의 빈객 중의 하나가 될 것인지를 선택하라고 종용한다.

아마 공자 같으면 어려울 때 그 보스를 버리지 말고 충성을 다하는 것이 사람으로서 마땅히 지켜야 할 도리라고 말했을 것이다. 마키아벨리라면 당연히 세상의 법칙을 따라 부유하고 고귀하면 따르고, 빈한하고 지위가 낮으면 버리라고 충고했을 것이다. 현대의 경영윤리는 어떻게 충고할까? 나는 풍환처럼 처신하라고 말하고 싶다.

맹상군은 공자의 관점에서 볼 때 군자가 아니다. 그는 키가 작고 영리하며 대담하고 사람을 좋아한다. 풍환이 그를 처음 만난 장면을 보면 맹상군의 인격이 훌륭해서가 아니라, 당시 가장 잘 나가는 힘 있는 인물이기 때문이며, 자신의 생각을 받아줄 수 있는 보스가 될 수 있다고 믿었기 때문인 것 같다. 결국 그는 맹상군을 도와 그의 약점을 보완하고 강점을 살려 훌륭한 파트너십을 발휘했다. 그들은 어려울 때 상대방에게 서로 투자했다. 그리고 서로의 어깨에 기대어 성공하였다. 그러나 결코 배타적이지 않았다. 그들은 세상의 이치를 이해했지만, 그 이치를 넘어 대다수의 사람들이 가는 길을 버리고 자신들의 믿음을 선택했다. 그리고 그 선택은 그들에게 명예와 부를 한꺼번에 가져다 주었다.

이제 현대적인 예로 회계부정과 관련하여 파산보호 신청을 한 광케이블 통신업체인 글로벌 크로싱Global Crossing의 사례를 들어 보자. 이 회사의 부사장이었던 사람의 진술에 따르면, 최고 경영진들은 수천 명의 직원을 해고하면서 파산보호 신청을 하면 그들에게 퇴직금을 지급하지 않아도 된다는 것을 알고 있었다. 결국 직원들은 퇴직금을 한 푼도 받지 못했다. 그러나 고위 간부들은 회사를 떠나면서 상당한 퇴직금과 보너스를 챙겨 간 것으로 알려졌다. 그들의 행위는 합법적일지는 모르지만, 비윤리적인 처사임에 분명했다. 맹상군의 경우와는 반대로 사원들이 배신을 당한 경우다.

누가 누구에게 등을 돌렸든, 우리가 '사람들 사이의 마땅한 신뢰 관계'를 의미하는 윤리를 생각하게 될 때 그 사이에 아주 분명한 법칙이 존재한다는 것을 알 수 있다. 즉 돈이 사람 사이의 관계를 주도하면 부패하거나 타락하고, 지위가 사람 사이를 주도하면 윗사람은 멍청하고 아랫사람들은 거기에 따르는 불평등이 만들어진다는 점이다.

인류의 역사는 우여곡절을 가지고 있지만 보다 수평적인 사회로 이행해 왔다. 날 때 이미 신분을 타고나는 신분사회는 대부분의 국가에서 해체되었다. 조직 내에서는 더 많은 평등과 자유를 원하고 있고, 실제로 수직적 조직은 수평적 구도로 바뀌어 가고 있다. 군림하고 복종하던 수직성은 협력하고 상생하는 팀워크로 이행 중이다.

지위에 의한 불평등은 줄어들면서 위아래의 협력과 상생은 강화되어 가는 추세에 있지만, 대조적으로 돈의 힘은 점점 커지고 있다. 화폐는 생겨날 때부터 '모든 것을 같은 단위로 재어 균등화하는 하나의 척도'로서의 역할을 수행해 왔다. 이제 그 단일 척도로 거의 모든 것을 재게 되었다. 돈의 논리에 따르면 가난은 싼 것이다. 따라서 가난한 자는 싸구려 인생을 살고 있다. 부유함은 비싼 것이다. 따라서 부자는 고귀한 인생을 살고 있는 것이다. 한국에는 '당신의 사는 곳이 당신이 누구인지를 말해 줍니다'라는 반사회적 선전도 뻐젓이 살아남을 만큼 사회적 상업화가 가속화되고 있다. 돈이 싼 것과 비싼 것을 판단하고, 천박함과 고귀함의 기준이 되어 버린 것이다. 윤리의식은 돈이 만들어 놓은 차별에 사회적 균형과 조화를 요구하는 것이다. 이제 윤리를 다루는 함수는 간단해졌다. 사람으로서 마땅히 지켜야 할 도리와, 끝없는 유혹과 욕망으로서의 돈과의 관계를 적절히 설정하는 것이 무엇보다 중요해지게 된 것이다.

인류 최고의 슈퍼스타 중 하나인 공자는 '마땅함'이 무엇인지 역설했다. 반면 마키아벨리는 "사람은 모름지기 어떻게 살아야 하는가?"

라는 질문의 대칭점에 서 있는 또 하나의 질문, 즉 "사람은 실제로 어떻게 사는가?"라는 물음에 대답하려 했다. 그리고 그 가운데의 어디쯤에 존재하는 '현실적 중용점'에 대한 사례로 나는 풍환의 예를 들었다. 공자는 지나치게 마땅함에 치우쳐 있고, 마키아벨리는 지나치게 시정잡배의 위선과 욕망에 치우쳐 있다면, 우리는 그 가운데 어딘가에도 치우치지 않는 처세의 장소를 찾아 거기에 머무르고 싶은 것이다. 세상이 돌아가는 이치와 그 이치를 자신에게 적용할 때 성숙한 한 개인으로서 적절한 처신을 하고 싶은 것이다.

그리스·로마 문명과 함께 서양문명의 양대 축 중의 하나인 기독교 문명을 대변하는 성경에서는 돈과 인간의 관계를 다음과 같이 말하고 있다.

> 잔치는 즐거움을 위해 베푸는 것이며, 포도주는 생명을 기쁘게 한다. 그리고 돈은 범사에 응용되느니라(「전도서」).……
> 공으로 얻은 재산은 날아 가지만, 애써 모은 재산은 불어난다(「잠언」).

이 두 개의 인용문은 돈에 대한 찬사다. 그리고 돈을 모으는 건강한 치부법의 기본을 말해 준다. 그러나 돈에 대한 성경의 메시지는 상당한 절제를 요구하고 있다.

> 너희가 사는 땅에는 가난한 사람이 없어지지 않을 것이다.
> 너희가 사는 땅에는 너희 동족으로서 억눌리고 가난한 사람

이 어차피 있을 것이다. 그러므로 너희의 손을 뻗어 도와주라고 이르는 것이다(「신명기」).…… 부자가 되려고 애쓰는 사람들은 유혹에 빠지고, 올가미에 걸리고, 어리석고도 해로운 온갖 욕심에 사로잡혀 파멸의 구렁텅이에 떨어지게 된다. 돈을 사랑하는 것이 모든 악의 뿌리다(「디모데전서」).…… 거듭 말하지만 부자가 하나님의 나라에 들어가는 것보다는 낙타가 바늘귀로 빠져나가는 것이 더 쉬울 것이다(「마태복음」).

성경에 따르면 부를 추구하는 행위는 경제활동으로 인식되고 있는 것이 아님을 알 수 있다. 부의 추구는 도덕성을 희생하여 이루어 낸 사적인 행위임을 가정하고 있다. 다시 말해 부의 추구를 경제적인 행위로 보는 것이 아니라 상당한 대가를 치르고서야 얻을 수 있는 개인적 귀결로 보았다는 점이다. 이것은 부를 추구하는 활동이 경제학이 아니라 윤리학으로 인식되고 있었음을 의미한다. 그 후 아주 오랜 세월이 지나 자본주의 경제사상의 원조쯤 되는 애덤 스미스도 『국부론』을 쓰기 전에 『도덕감성론』이라는 베스트셀러를 지은 윤리학자였다는 것을 감안하면, 돈을 경제 이전의 윤리학의 대상으로 인식해 온 오랜 서구적 전통을 이해할 수 있다.

인간의 윤리적 행동과 관련하여 그동안 여러 사례를 통해 검토해 온 생각들을 바탕으로 이제 "경영자 혹은 직장인은 모름지기 어떻게 행동해야 하는가?"라는 질문에 대한 적절한 답을 정리해 보자.
기업 경영의 첫 번째 과제는 이익을 추구하는 것이다. 따라서 먼저 윤리경영이 기업의 이익에 도움을 주는지를 검토할 필요가 있다. 다행스럽게도 대단히 긍정적이다.

경영컨설팅업체인 타워스 페린Towers Perrin은 윤리경영으로 명성을 날리고 있는 기업을 매년 25개씩 뽑아 심층조사를 했다. 15년 동안 이 기업들의 실적을 분석한 결과, 윤리경영을 하고 있는 기업의 경우 주주 수익률이 43%인 데 반해, S&P에 등록된 500개 기업의 평균 주주 수익률은 19%에 불과한 것으로 나타났다.

한편 직장 내 직원 만족도를 조사하는 전문 기관인 워커 인포메이션Worker Information사의 조사에 따르면, 자신의 회사가 윤리경영을 한다고 믿는 경우, 직원이 회사를 떠나지 않을 확률은 그렇지 않은 경우보다 6배나 높았다. 반면에 직장 상사의 윤리적 판단을 불신하고 회사의 활동에 수치심을 느끼는 경우, 직원 다섯 명 중 네 명은 직장에서 기만당하고 있다고 생각하고 있으며 조만간 회사를 떠날 가능성이 높다고 한다.

윤리경영은 기업의 명성에 대단히 중요한 영향력을 미친다. 홍보컨설팅 회사인 힐 앤드 놀턴Hill & Knowlton이 실시한 여론 조사에 따르면, 고객과 투자자의 경우 의사결정을 할 때 기업의 명성을 대단히 중요하게 생각하고 있음을 알 수 있다. 미국인 다섯 명 중 네 명은 제품을 고를 때 그 제품을 만든 기업의 명성을 고려하며, 이들 중 36%는 구매 결정의 결정적 요인으로 기업의 명성을 꼽았다. 또 70% 이상의 투자자들은 금융소득이 줄더라도 투자처를 결정하는 과정에서 기업의 명성을 중요시하는 것으로 나타났다.

이런 성과들은 모두 윤리경영 자체가 전략적 관점에서도, 장기적으로 직원이나 고객, 그리고 투자자 모두를 위해 매우 바람직한 가치를 지니고 있음을 보여 주는 자료라 할 수 있다.

윤리경영이 장기적으로 훌륭한 경영 성과에 기여한다는 실용적인 관점 외에도 보다 근본적인 측면에서 왜 윤리경영이 기업의 생존을 위해 필수적인지를 말해 주는 대목에 주목할 필요가 있다. 제러미 리프킨Jeremy Rifkin은 자본주의의 성공에 필수적인 요소가 바로 사회적 신뢰에 있다는 점을 분명히 하고 있다. 특이하게도 사회적 신뢰는 비영리적인 활동들에 의해 축적된다. 예를 들어 동구권의 공산주의 정권이 무너지면서 엄청난 서방 기업들이 이 거대한 예비 시장 속으로 몰려들었다. 그러나 대부분 실패하고 철수하였다. 이유는 하나였다. 그곳에는 계약을 준수할 수 있는 사회적 신뢰가 존재하지 않았다는 점이다. 그동안 공산주의 정권하에서 존재했던 유일한 사회적 조직은 정치집단밖에는 없었다. 종교는 탄압받았다. 종교적 활동과 집회는 위축되었다. 같은 취미를 가진 동호인의 모임도 없었다. 같은 생각을 나누는 사회적 공익 집단도 없었고, 어떤 봉사 집단도 없었다. 신뢰를 생산할 수 있는 모임과 활동이 없는 곳에서 사회는 아무런 사회적 신뢰를 만들어 갈 수 없었던 것이다.

역설적이게도 자본주의는 돈과 아무런 관련이 없는 사회적 신뢰라는 토양 위에서만 꽃필 수 있는 나무였다. 돈이 모든 것을 결정하는 사회는, 아마도 정치가 모든 것을 결정하던 체제가 정치적으로 몰락하듯, 역시 스스로를 버티게 해 주는 신뢰의 땅을 황폐화시킴으로써 몰락할 수밖에 없게 될 것이다. 엔론과 월드컴Worldcom의 파산은 이것을 증명하는 사소한 경고에 지나지 않는다. 결국 윤리경영은 사회적 신뢰의 구축을 통해 자본주의의 황폐를 피하고 그 토양을 기름지게 하는 '거름 주기'인 셈이다.

　이제 윤리경영을 준수하기 위해서 그 내용을 좀 더 들여다보도록 하자. 윤리경영이란 무엇일까?
　『영혼이 있는 기업 *Saving the Corporate Soul*』의 저자인 데이비드 뱃스톤 David Batstone은 기업의 윤리경영에 관한 8가지 원칙을 제시하고 있다. 그러나 내가 보기에 이 원칙은 다음과 같이 간결한 세 가지 핵심적 개념으로 압축될 수 있을 것 같다.

　첫째는 개인으로서 자신의 이해관계를 조직의 이해관계와 일치시킨다는 것이다. 경영자는 경영자대로, 구성원은 구성원대로, 개인적 이해와 조직의 이해를 병존시킬 수 있는 정신적 태도와 방식으로 일을 해야 한다는 점이다. 누구도 개인적 이해를 조직의 이해 위에 놓아서도 안 되고, 반대로 조직은 그 구성원의 희생을 강요해서도 안 된다. 조직의 구성원들은 장기적으로 조직 속에서 희생당해야 하는 것이 아니라 그 속에서 성장하고 번영해야 하기 때문이다.
　둘째는 기업 스스로 시장의 일부가 아닌 좀 더 커다란 지역공동체의 일부라는 점을 잊어서는 안 된다. 이 땅에서 벌었으니 그 이익을 이 땅에 있는 사람들과 나누어야 한다는 것이다. 따라서 훌륭한 직원은 반드시 먼저 훌륭한 기업시민이어야 한다.
　셋째는 기업의 활동에 관련 있는 모든 사람들, 즉 직원, 고객, 주주, 관련업체 종사자, 지역주민 등에게 자사의 제품과 서비스에 대한 정보, 경영 성과에 대한 정보, 환경보호적 정보 등 중요한 경영 정보에 대한 투명하고 적절한 공개 방식을 가지고 있어야 한다.

법을 어기지 않는다는 것이 윤리적이라는 말로 대치되어서는 안 된다. 세금을 낸다 하여 지역 사회에 대한 책임을 다한 것이 아니다. 경영 역시 그 속에 경영의 도를 가지고 있는 어진 상술이어야 한다. 경영모델이 모색되고 온갖 경영적 실험이 행해져야 한다. 이것이 혁명적인 세계 속에서 기업이 번성할 수 있는 힘이다. 그러나 이러한 모든 실험은 반드시 하나의 게임의 원칙, 사회적 신뢰를 증진시킬 수 있는 방향으로 이루어져야 한다. 윤리경영은 이 방향으로 기업을 인도하는 등불이고, 경전이며, 행동 철학인 것이다.

사람에게서 구하라

어렸을 때는 좋은 사람들에 관한 이야기가 좋았다. 아름다웠기 때문이다. 나쁜 사람들은 미워했다. 추하기 때문이다. 그러다가 나이를 먹어 가면서 모든 사람들의 이야기에 관심을 갖게 되었다. 모든 사람들이 다 좋을 수 없다는 것을 알았고, 좋은 사람과 나쁜 사람이 따로 있는 것이 아님을 알게 되었기 때문이다. 나 역시 좋기도 하고 나쁘기도 한 사람임을 알게 되었다. 한 사람 속에 좋고 나쁨이 섞이고, 내 속에 여러 명의 내가 들어 있다는 것을 알게 되었을 때 나는 사람에 대한 신뢰를 잃게 되었다. 그리고 사람들 속에서 부대끼는 것이 싫어졌다. 다 그렇고 그런 사람들, 좋은 옷, 좋은 차, 높은 지위에서 건들거리지만 도토리처럼 그만그만한 사람들 속에서 사는 일이 시들해지기 시작했다.

그러나 사람과의 만남을 피할 수 없었다. 사람 사는 것은 태반이 사람과의 만남이다. 얼굴을 직접 맞댈 때도 있지만 만남은 간접적일 때도 많았다. 책으로 만나고, 영화로 만나고, 음악으로 만나면서 나는 다시 사람들이 좋아졌다. 살면서 피할 수 없는 것이 사람과의 만남이라면 즐기리라.

사람들 이야기 속에서 나는 다시 사랑을 찾게 되었고, 연민을 찾게 되었으며, 분노를 보게 되었고, 관용을 찾게 되었다. 위대함을 보게 되었고, 훌륭함을 인정하게 되었다. 과거에 나는 얼마나 완벽한 훌륭함인가에 관심이 있었다. 흠 없이 아름다운 사람을 동경했다. 이제는 훌륭함 속에 존재하는 불완전한 것들의 고통을 보게 되었다. 불완전하다는 것, 그것이야말로 우리가 스스로 '어제보다 아름다운 나'를 만들어 갈 수 있는 변화의 동력이었다. 겨우 인생의 맛을 알기 시작한 것이다.

춘추전국시대의 고전 속에 등장하는 인물들이 다 영웅인 것은 아니다. 그럴 수도 있고 아닐 수도 있다.

그들은 모두 우리의 편린들이다. 우리가 그들이다. 한때 그들이었고, 또 한때 그들의 입장에 반대하는 적대자였다. 그러나 분명히 우리는 그들 속에 편재해 있었다. 독하고 치사하면서, 또한 선하고 인자하다. 복선을 깔고 비수를 품지만, 용서하고 포용한다. 두려워하지만 버텨 내고, 배신하지만 또 충성한다. 그들은 죽고 난 뒤 책 속에 묻힌 미라들이 아니다. 그들은 지금 우리들 속에 우리들의 편린으로 살아 있다. 그들이 우리였다. 그리고 우리가 바로 그들이었다.

고전은 살아 숨쉬기 때문에 아름다운 책이다. 나는 언젠가부터 춘추전국시대의 인물들 하나하나에 대한 평전을 쓰고 싶었다. 그래서 그들을 불러들여 오늘을 사는 내게 말을 건네게 했다. 나는 그들의 숨소리를 듣고, 가슴을 조이고, 그 용기에 탄복하고, 그 지혜에 무릎을

쳤다. 그 원한을 들어 주고, 세월이 먼지처럼 쌓인 그들의 손을 쥐어 주었다. 나는 그들을 이곳으로 데려오고 싶었다. 마음에 마음을 싣고 가면 어느 한적한 곳, 혹은 저잣거리의 선술집에서, 혹은 꽃이 만발한 초당에서, 혹은 아름다운 정원에서 그들을 만나 한담할 수 있으리라 생각했다.

그들은 나를 비추는 거울이다. 사람을 비추는 거울이 사람일 수밖에 없다는 것은 희망이다. 그들에 의해 내 인생은 얼마나 많은 훌륭한 이야기들로 가득 차게 되었는가!

리더십
인물
사전

가리발디, 주세페(1807~1882)
Giuseppe Garibaldi

이탈리아의 군인. 프랑스 니스에서 선원의 아들로 태어난 그는 사르데냐 왕국의 해군으로 복무하던 중 사회주의와 민족주의에 눈을 떴다. 1834년 사르데냐 왕국의 공화주의 혁명에 가담했으나 발각되었으며, 이후 프랑스와 미국 등지에서 도피생활을 했다. 오랜 외국 생활 끝에 이탈리아로 귀국한 후 공화주의보다는 이탈리아통일주의에 뜻을 두기 시작했다. 1859년 해방전쟁에서 활약하였고, 이듬해 5월 '붉은 셔츠대'를 조직한 뒤 남이탈리아 왕국을 점령함으로써 이탈리아의 통일에 공을 세웠다. 그는 세속적인 부귀영화에는 관심을 두지 않은 채 오로지 조국의 통일에만 힘을 쏟은 인물로서 오늘날에도 국민적 영웅으로 기억되고 있다.

주세페 가리발디를 기억하게 하는 말

어느 날 가리발디가 청년들을 향해 민족을 위해 싸우자고 역설했다. 그러자 한 청년이 "내가 조국을 위해 싸운다면 그 대가는 무엇입니까?"라고 물었다.

이에 가리발디는 말했다. "칼에 베인 상처, 심한 부상, 그리고 끝내는 죽음이 그 대가가 될 것입니다. 하지만 잊어서는 안 됩니다. 그대들의 상처와 죽음으로 이탈리아는 자유로운 나라가 될 것이며, 우리의 후손들은 평화롭게 살게 될 것입니다."

간디, 인디라(1917~1984)
Indira Priyadarshini Gandhi

인도의 정치가. 인도의 초대 총리를 지낸 자와할랄 네루의 외동딸이다. 1930년부터 1933년까지 2년 10개월에 걸쳐 아버지 네루가 딸에게 보낸 편지는 후에 『세계사 편력』이란 책으로 만들어졌다. 영국 옥스퍼드대학에서 역사를 전공한 그녀는 1938년부터 아버지와 함께 반영反英 독립운동에 가담했다. 1947년 인도가 독립한 후에는 아버지에게서 정치를 배웠고, 1959년 여당인 인도국민회의파의 당수가 됐다. 1966년부터 세 차례에 걸쳐 총리를 연임했으며, 이후 네 번째 총리직을 수행하던 중 1984년 시크 과격파에게 암살되었다.

인디라 간디를 기억하게 하는 말

모든 비즈니스는 사람과 사람 사이의 관계인 친화력과 밀접하다. 친화력을 강조한 인디라 간디는 이렇게 말했다. "리더십이란 권력을 상징하는 것이 아니라, 바로 사람들과 어울리는 것이다."

거스너, 루(1942~)
Louis V. Gerstner

기업가. 칼라일Carlyle 그룹 회장. 다트머스대학에서 엔지니어링을 공부했고, 하버드 경영대학원에서 MBA를 받았다. 매킨지사의 컨설턴트를 거쳐 아메리칸 익스프레스, RJR 내비스코Nabisco의 CEO를 역임한 그는 공학에 관련된 학문적 바탕, 경영학 이론뿐만 아니라 실제 경영 경험까지 필요한 자질을 두루 갖추고 있는 것으로 평가된다. 1993년부터 2002년까지 IBM을 이끌면서 회사를 회생시켰다. 그는 '기업 변화의 마술사'라고까지 일컬어지며, 2002년 〈비즈니스위크〉가 뽑은 세계 최고 CEO 25인 가운데 한 사람으로 선정되었다.

그를 잘 말해 주는 일화가 있다. 화창한 일요일 오후에 그는 대뜸 아내에게 이렇게 말했다. "내일 아침 출근할 때까지 기다리자니 좀이 쑤셔 못 견디겠구먼." 보통 사람들이라면 느긋하게 휴식을 만끽할 시간이지만, 그는 회사에 가고 싶어 조바심을 냈던 것이다.

루 거스너를 기억하게 하는 말

"위대한 조직이란 개인의 연장이요, 그림자다. 위대한 조직은 관리되는 것이 아니라, 지도되는 것이다. 위대한 조직은 통치되지 않는다. 승리를 갈망하는 개개인들이 쉬지 않고 성취 수준을 높여 가는 곳이다."

게이츠, 빌(1955~)
Bill Gates

미국의 기업가. 마이크로소프트MS사 CEO를 거쳐 현재는 회장 겸 기술고문직을 맡고 있다. 그는 13세에 컴퓨터 프로그래밍을 독학으로 배웠다. 19세에 하버드대학을 중퇴하고 폴 앨런과 마이크로소프트사를 세웠으며, 여기서 개발한 윈도즈Windows를 통해 세계 소프트웨어 시장을 석권했다. 1986년 MS사가 상장되자 그는 고작 31세에 가장 어린 억만장자가 되었다. 〈파이낸셜 타임스〉가 선정한 2004년 존경받는 세계의 비즈니스 리더 1위에 올랐을 뿐만 아니라, 활발한 기부활동을 펼치면서 최고의 자선가의 면모 또한 보여 주고 있다.

다음은 그가 한 고등학교를 방문한 자리에서 학생들에게 들려 준 조언이다.

◉ 인생이란 원래 불공평한 것이다. 현실에 불평할 생각일랑 접고 그저 받아들여라.

◉ 세상은 너희가 어떻게 생각하든지 간에 신경 쓰지 않는다. 세상이 너희한테 바라는 것은 너희가 스스로 만족스럽다고 느끼기 전에 어떤 것을 성취해서 세상에 보여 주는 것이다.

◉ 대학교육을 받지 않고서 연봉 4만 달러를 받을 수 있으리라고는 상상도 하지 말라.

◉ 학교 선생님이 까다롭다고 생각되거든, 사회에 나와서 직장 상사가 보여 주는 진짜 까다로운 맛을 느껴 봐라.

◉ 햄버거 가게에서 일하는 것을 부끄러워하지 마라. 너희 할아버지들은 그것을 기회라고 여겼다.

◉ 네 인생을 스스로 망치고 있으면서 부모 탓을 하지 마라. 그저 불평만 하지 말고 잘못한 것에서 교훈을 얻어라.

◉ 학교에서는 승자와 패자를 확실히 가리지 않을 수도 있다. 심지어 어떤 학교에서는 낙제제도를 없애고 그저 쉽게 가르치고 있다는 것을 알고 있다. 하지만 사회 현실은 전혀 다르다는 것을 명심하라.

◉ 인생은 학기처럼 구분되어 있지도 않으며, 여름방학이란 것은 아예 있지도 않다. 네가 스스로 알아서 하지 않으면 직장에서는 가르쳐주지 않는다.

◉ TV 드라마는 현실이 아니다. 현실에서는 커피를 마신 후에 일을 시작해야 한다.

◉ 그저 공부밖에 할 줄 모르는 '바보'한테 잘 보여라. 사회에 나와서 바로 그 '바보' 밑에서 일하게 될 수도 있다.

> 빌 게이츠를 기억하게 하는 말
>
> "성공이란 어설픈 교사에 지나지 않는다는 것을 잊지 마라. 성공은 현명한 사람들로 하여금 자신에게는 실패란 없다고 확신하게 만든다."

고이주에타, 로베르토(1931~1997)
Roberto Crispulo Goizueta

미국의 기업가. 쿠바에서 태어난 그는 1960년 미국으로 망명해, 코카콜라 최연소 수석부사장을 거쳐 마침내 1981년 회장이 되었다. 이후 1997년까지 회사의 성장을 이끌었고, 코카콜라는 브랜드가치 면에서 세계 1위가 되었다. "투자자에게는 확실하게 보상한다"는 경영철학으로 주주를 가장 존중하는 면을 보여 주기도 했지만, 주주의 압력에도 불구하고 회장으로 재임하면서 무해고 원칙을 지켜내기도 했다. 그는 자신의 전 재산을 사회에 환원하기도 했다.

로베르토 고이주에타를 기억하게 하는 말

"인간에게 필요한 수분은 하루 평균 64온스인데, 코카콜라 판매량은 겨우 1인당 2온스도 안 된다." 이 말은 코카콜라의 성장 기회를 명확하게 정의한 말이다.

공자(BC 551~BC 479)
孔子

중국 춘추시대의 교육자·철학자·사상가이자 유교의 시조. 이름은 구丘, 자는 중니仲尼. 중국 노魯나라 산동성山東省의 하급무사 집안에서 태어났다. 아버지를 일찍 여읜 공자는 15세 때 겨우 공부를 시작했으나, 따로 스승을 두지는 않았으며 이후 청년 시절부터 제자들을 모아 가르치기 시작하였다. 공자는 예禮, 덕德, 문文이 지배하는 사회를 꿈꾸었으나, 현실은 이와 거리가 멀어서 여러 나라를 떠돌면서 어려움을 겪었다. 결국 제후들을 설득하는 데 실패한 공자는 후진 교육을 위해 노나라에 돌아왔다. 노년에 『시경詩經』, 『서경書經』, 『춘추春秋』 등의 책을 엮고, 후진을 가르치는 일에 전념하였다.

공자를 기억하게 하는 말

"덕이 높은 사람은 외롭지 않다. 반드시 그를 따르는 이웃이 있기 때문이다."

"세 사람과 같이 있을 때 그 중 두 사람은 나의 스승으로 삼을 수 있다. 한 사람이 좋은 말과 행동을 한다면 그것을 배울 것이고, 다른 한 사람의 말과 행동이 옳지 못하다면 그렇게 하지 않으려고 거울로 삼을 것이다."

관중(?~BC 645)
管仲

중국 춘추시대의 재상宰相. 이름은 이오夷吾, 자는 중. 안휘성安徽省 사람으로, 포숙鮑叔의 진언進言에 따라 제齊나라 환공桓公에게 기용되어 그의 개혁정치를 보필했다. 평생토록 변함이 없었던 그와 포숙의 깊은 우정은 '관포지교管鮑之交'라는 말로 남아 있다. 그는 "4유四維인 예禮·의義·염廉·치恥가 널리 퍼지지 않으면 나라가 곧 망한다"고 강조하며 도덕교화의 역할을 중요하게 여겼다. 그의 이름을 딴 저서인 『관자管子』는 86편 가운데 현재 76편만이 전한다.

관중을 기억하게 하는 말

"일 년의 계획으로는 곡식을 심는 것만 한 것이 없고, 십 년의 계획으로는 나무를 심는 것만 한 것이 없으며, 평생의 계획으로는 사람을 심는 것만 한 것이 없다."

구천(?~BC 465)
句踐

중국 춘추시대 월越나라의 왕. BC 496~465 재위. 부왕의 뒤를 이어 왕위에 오른 후 오나라와 싸웠는데, 이때 오왕吳王 합려闔閭가 부상으로 죽게 된다. 이후 원수를 갚기 위해 절치부심하며 군사를 단련한 합려의 아들 부차夫差에게 크게 패하여 항복하였다. 합려의 무덤을 돌보는 수모를 겪어 내며 복수를 다짐하던 그는 충신 범려范蠡의 도움을 받아 힘을 키우며 20년을 기다린 끝에 마침내 부차를 물리쳐 자살하게 하고 오나라를 멸망시켰다. 이후로 월의 국력은 더욱 막강해졌고, 그는 패왕覇王이라는 칭호까지 얻었다. 그러나 그 후 자신을 지극히 보필한 범려를 쫓아내는 등 충신들을 잃는 실책을 저지르게 된다.

구천을 기억하게 하는 일화

월왕 구천과 오왕 부차의 악연은 처절할 만큼 깊다. 부차는 장작 위에서 불편한 잠을 자며 아버지를 죽인 원한을 되새기다 구천을 격파했고, 구천은 부차에게 항복한 후 곰의 쓸개를 핥으며 복수를 노려 결국 부차를 죽게 했다는 '와신상담臥薪嘗膽'은 이들이 만들어 낸 유명한 고사다.

드골, 샤를(1890~1970)
Charles-André-Marie-Joseph de Gaulle

프랑스의 군인·정치가. 릴의 가톨릭 집안에서 태어나 생시르 육군사관학교를 졸업했다. 제1차 세계대전 때 베르뎅전투에서 부상을 입고 포로가 되었다. 제2차 세계대전 때는 기갑사단장·국방차관을 지냈으며, 프랑스가 독일에 항복한 후 런던으로 망명하여 대독항전을 부르짖었다. 1944년 파리가 수복된 후 귀환하여 임시정부의 수반이 되었다. 1959년 대통령에 취임하였으며, 1962년 알제리의 독립을 국민투표로 가결시킴으로써 7년이 넘게 지속된 알제리전쟁을 평화적으로 해결하였다. 1968년 '5월 혁명'으로 10년에 걸친 드골체제의 기반이 흔들리게 되면서, 6월 총선거에서는 비록 드골파가 승리하였으나 1969년 지방제도와 상원의 개혁에 대한 국민투표에서 패배함으로써 마침내 대통령직에서 물러났다.

드골을 기억하게 하는 일화

알제리 사태가 장기화되면서 사르트르는 드골을 공격하기 시작했다. 드골 집권기 내내 사르트르의 독설과 인신공격은 계속됐고, 드골 지지자들은 샹젤리제 거리에 수만 명씩 운집하여 시위하는 도중에 "사르트르를 처형하라!"라고 외치기까지 했다. 드골의 참모들 역시 수차례에 걸쳐 사르트르를 구속해야 한다고 건의했지만, 드골은 "볼테르를 구속하는 법은 없소"라고 단 한마디로 일축했다고 한다.

드러커, 피터(1909~2005)
Peter Drucker

미국의 경영학자. 오스트리아 빈에서 태어나 독일 함부르크대학에서 법학을 공부하고 프랑크푸르트대학에서 국제법과 공법을 전공하여 박사학위를 받았다. 이후 신문 기자와 은행의 경제 전문가로 일했다. 그는 히틀러를 피해 런던을 거쳐 1937년 미국에 정착하면서 본격적으로 저술 활동을 시작했으며, 첫 책으로 『경제인의 종말』을 펴냈다. 뉴욕대학 경영학부 교수, 캘리포니아 주 드러커 경영대학원 사회과학부 석좌교수를 지냈으며, 1990년 설립된 '드러커 비영리 재단'의 명예이사장직을 맡았다. 그의 최대 업적은 경영을 학문의 영역으로 끌어올렸다는 것이며, 분권화, 권한위양, 지식노동자, 목표관리, 수평조직 등 오늘날 널리 쓰이는 경영 용어들은 모두 그의 작품이다.
그가 자신의 상사에게서 배운 교훈은 다음과 같다.

◉ 모든 사람을 각자의 장점을 보고 달리 취급하라.

◉ 목표를 높이 설정하라. 그러나 각각의 직무 수행에 있어서는 자유재량권과 책임을 부여하라.

◉ 인사 고과는 정직하고 정확해야 하며, 또한 직무의 필수 불가결한 중요한 일부분을 구성해야 한다.

◉ 타인을 가르칠 때 가장 잘 배운다.

◉ 효과적인 리더는 존경을 받지만, 반드시 사랑을 받는 것은 아니다.

피터 드러커를 기억하게 하는 말

"우리가 이용할 수 있는 자원 중에서 끊임없이 성장과 발전을 기대할 수 있는 유일한 것은 인간의 능력뿐이다. 이윤은 기업의 존속을 위한 필요조건이긴 하지만 궁극의 목적일 수는 없다. 기업의 궁극적인 목적은 훌륭한 인간을 만들어 내는 일이다."

로딕, 애니타(1942~)
Anita Roddick

사회운동가. '바디샵'의 창업자. 영국의 이탈리아계 이민 가정에서 태어났다. 자연에서 얻은 식물로 상처를 치유하고 외모를 가꾸는 원주민들의 모습을 보고, 1976년 영국 남부 해안가의 작은 도시에서 자신이 직접 천연성분으로 만든 화장품을 팔기 시작했다. 바디샵은 현재 전 세계 50개국에 2,000여 개의 매장을 운영하고 있으며, 수천만 명이 이용하는 국제적인 브랜드일 뿐만 아니라 반전운동, 인권운동, 환경운동 등을 지속적으로 펼쳐 오고 있는 것으로도 유명하다. 바디샵은 전통비법과 천연원료에서 아이디어를 얻은 제품을 개발하는 과정에서 재료를 원산지에서 직접 구매함으로써, 원주민들이 생계를 유지할 수 있도록 지속적으로 돕고 있다.

애니타 로딕을 기억하게 하는 말

"나의 성공은 사실 내게 돈이 없었다는 사실에서 모두 기인한 것이다. 그래서 나는 나를 팔 수밖에 없었다. 에너지와 열정은 사람을 질리게 하거나 매혹시킨다. 나는 다행히도 사람들을 매혹시킬 수 있었다."

리자청(1928~)
李嘉誠

홍콩의 사업가. 차오저우潮州에서 태어났으며, 1940년 일본이 중국을 침략하자 부모를 따라 홍콩으로 이주했다. 중학교를 중퇴한 후 도매상의 세일즈맨 등을 거쳐, 22세 때 청쿵長江실업의 전신인 청쿵플라스틱을 설립한 것이 사업의 시초이다. 전 세계의 화교 네트워크에서 재계의 신화로까지 추앙받으며 초인超人, 재신財神, 상신商神 등으로 불린다. 홍콩 사람이 1홍콩달러를 쓰면 이 중 5센트는 그의 주머니에 들어간다는 말이 있는데, 이는 그가 홍콩 상장기업의 1/4과 홍콩 시장 주식의 26%를 소유하고 있는 데 기인한 것이다. 그는 허치슨 왐포아, 청쿵실업, 홍콩텔레콤 등 무려 460여 개의 기업을 소유하고 있다.

그는 자기 전 늘 독서를 하며, 손목시계는 항상 20분 전으로 맞추어져 있고, 새벽 6시 전에 일어나며, 낮잠을 자지 않는 생활습관으로도 유명하다. 3만 원짜리 세이코 기계를 차고 고무로 밑창을 댄 7만 원짜리 구두를 신고 다니는 등 절약정신을 몸소 실천하는 그는 리자청재단을 통해 기부활동을 하고 있는 자선 사업가이기도 하다. 자신의 성공 비결을 묻는 질문에 그는, 약속은 사소한 것이더라도 반드시 지키기, 성실과 자신감을 트레이드마크로 삼기, 손님에게 최고의 예우를 갖추기, 조직의 분위기를 화목하게 일구어 내기 등이라고 답하고 있다.

리자청을 기억하게 하는 말

"사람이 되는 것이 사업을 하는 것보다 더 중요하다. 성공하는 데 가장 큰 관건은 당신을 도와 기꺼이 함께 일해 주는 사람이 있어야 한다는 것이다."

리프킨, 제러미(1945~)
Jeremy Rifkin

미국의 경제학자이자 문명비평가·미래학자·환경학자·운동가·저술가. 콜로라도 주 덴버에서 태어나 펜실베이니아대학 와튼스쿨에서 경제학을 전공했다. 워싱턴 시의 '경제조류재단'을 설립해 현재까지 이사장으로 있으며, 1994년부터 와튼스쿨 경영대학 최고경영자과정 교수로 있다. 그는 여러 나라의 지도층 인사와 관료들의 자문역으로 활동하고 있으며, 각종 강연에도 힘쓰고 있다. 1989년 기계적 세계관에 근거한 현대문명을 비판하고, 에너지 낭비로 인해 발생할 인류의 재앙을 경고한 저서 『엔트로피』를 통해 세계적인 명성을 얻었다. 이후 『노동의 종말』, 『소유의 종말』, 『수소경제』 등의 굵직한 저서들을 연달아 발표하면서 세계적인 이슈를 주도해 오고 있다.

마오쩌둥(1893~1976)
毛澤東

중국의 공산주의 이론가·군인·혁명가·정치가. 후난성湖南省에서 빈농의 아들로 태어났다. 집안의 농사를 도우며 학교에 다니던 그는 1911년 신해혁명이 발발하자 혁명군에 들어갔다. 제대한 뒤 창사 제1사범학교에 다니던 중 신민학회新民學會를 조직했다. 1922년 7월 상하이에서 열린 중국 공산당 창립대회에 참석했고, 이후 공산당의 여러 요직을 거쳐 1927년 당의 중앙농민부장이 되었다. 1934년 시작된 저 유명한 대장정大長征 도중 당 지도권을 장악했다. 그는 국공합작이 성립한 뒤 항일민족통일전선을 조직하고, 홍군을 국민혁명 제8로군으로 개편하여 일본군과의 투쟁에 가담했다. 1946~1948년에 벌어진 장제스와의 내전에서 승리한 후, 1949년 10월 1일 베이징에서 중화인민공화국 정부를 수립하고 국가주석 및 혁명군사위원회 주석으로 선출되었다. 1959년 4월 국가주석을 사임한 그는 이후 종신토록 당 주석 자리에 있었다. 1966년부터 1976년까지 악명 높은 '문화대혁명'을 이끌었다.

마키아벨리, 니콜로(1469~1527)
Niccolò Machiavelli

르네상스시대 이탈리아의 관료·역사학자·정치이론가. 피렌체의 몰락한 귀족 집안에서 태어났다. 젊은 시절 피렌체의 제2서기관직을 시작으로 피렌체를 위해 내정과 군사를 담당하였으며, 외교관으로도 활약했다. 그는 관료로서의 업무를 수행하면서도 방대한 양의 독서를 바탕으로 수많은 저술을 남겼다. 그 중에서도 특히 『군주론』을 통해 현실세계에서 실현 불가능한 도덕적 당위를 벗어던진 실제적 통치론을 제시하였으며, 궁극적으로는 이탈리아가 외세의 간섭을 물리치고 통일을 이루어 국권을 회복해야 한다고 역설했다. 이 책으로 그는 근대 정치사상의 개척자로서 평가받고 있다.

니콜로 마키아벨리를 기억하게 하는 말

"정직은 인생을 살아가는 최선의 방책이다. 곤란한 일에 부딪히면 구차하게 변명하거나 거짓을 말하지 말고, 당당하게 사실을 말해 대처해야 한다. 정직이 제일인 것이다. 그런데 사람들은 자기에게 이롭다고 여길 때만 정직을 지킨다. 그렇지 않을 때는 주저하지 않고 정직의 탈을 벗어던진다."

맹자(BC 372?~BC 289?)
孟子

중국 전국시대의 유교사상가. 이름은 맹가孟軻, 자는 자여子輿 또는 자거子車. 산동성山東省 추현鄒縣에서 태어났다. 어머니의 교육열을 상징하는 '맹모삼천지교孟母三遷之敎'로 유명하다. 공자 계열의 문하생에게 유교사상을 배웠다고 전한다. 50세 무렵부터 약 15여 년간 여러 나라를 돌아다니며 자신의 사상을 설파하였으나, 결국 제후들을 설득하는 데 실패하고 고향에 은거하였다. 부국강병책이나 외교적 책략을 찾는 제후들에게 맹자가 주장하는 왕도王道정치는 너무 현실과 동떨어진 주장이었던 것이다. 만년에는 제자교육과 저술에 전념하였다. 『맹자』 7편은 후학들이 맹자의 말을 모아 편찬한 것이며, 맹자의 사상을 잘 드러내고 있다. 주자학朱子學이 등장한 이후 『맹자』는 『논어』, 『대학』, 『중용』과 함께 사서四書의 하나로서 유교의 주요 경전이 되었다.

"물러나 조용히 구하면 배울 수 있는 스승은 많다. 사람은 가는 곳마다 보는 것마다 모두 스승으로서 배울 것이 많은 법이다."

"자신의 길을 굽혀 부정을 저지르고 있는 사람이 다른 이의 부정을 고쳐 준 예는 아직 없다. 먼저 자신을 바르게 하지 않으면 안 되는 것이다."

발머, 스티브(1956~)
Steve Ballmer

마이크로소프트MS의 최고경영자CEO. 디트로이트에서 태어났다. 하버드대학에서 응용수학과 경제학을 공부했으며, 이때 빌 게이츠를 알게 되었다. 졸업한 후 프록터 앤드 갬블사에서 일하다가 다시 스탠퍼드대학에 진학해 MBA를 받았으며, 1980년 빌 게이츠의 권유로 마이크로소프트에 들어갔다. 빌 게이츠 회장의 절친한 친구인 그는 기술적 지식에 비해 영업력이 다소 부족한 게이츠를 대신해 판매 영업을 담당해 왔다. MS의 판매 및 지원담당 부사장, 9인 이사회 멤버, 사장 등의 요직으로 고속 승진한 끝에, 2000년 빌 게이츠의 뒤를 이어 MS의 최고경영자가 되었다. 그는 1980년대 초 MS사가 시애틀 컴퓨터 프로덕트사로부터 MS-DOS의 전신인 디지털 운영체계를 사들이도록 했으며, 1995년에는 그간 윈도 운영 시스템에 주력했던 MS의 전략을 인터넷 중심으로 다시 짜도록 했다. 그는 MS의 채널 운동을 책임지는 한편, 주요 비즈니스 파트너와 전략적 관계를 형성하는 데 중추적인 역할을 하고 있다.

"회사를 죽여 버리겠다. 사장을 묻어 버리겠다." 이 말은 그가 구글과 구글의 CEO인 에릭 슈미트를 겨냥해 한 얘기다. 구글이 계속해서 MS의 인력을 빼가자 MS는 이를 강도 높게 비난하는 한편 소송을 제기했고, 구글은 이에 맞대응을 하는 등 소송이 계속되고 있다. 경영자들은 기업경영에서 인재가 차지하는 중요성을 점점 더 크게 인식하면서 인재 확보에 총력을 기울이고 있다. MS는 인재 확보를 위해 무려 300여 명의 전담인력을 배치하고 있다.

"정보통신기술의 이점은 인간의 능력을 강화시켜 준다는 점에 있다. 정보통신기술을 이용하면 상상력과 창의력을 높일 수 있기 때문이다."

버핏, 워렌(1930~)
Warren Buffett

미국의 주식투자가. 네브래스카 주 오마하 출신으로 컬럼비아대학 경영대학원에서 경제학 석사학위를 받았다. 1956년 100달러로 주식투자를 시작했으며, 1961년 갓 서른을 넘긴 나이에 뎀스터 밀 주식회사의 회장이 되었다. 1965년 당시 경영난에 시달리던 버크셔 해서웨이를 인수한 그는 이를 투자자문회사로 전환시킨 다음 괄목할 만한 운용성적을 올렸다. 그는 가치 있다고 판단되는 주식을 발굴해 매입하고 이를 오랫동안 보유하는 투자방식으로 유명하다. 그는 미국에서 지난 1990년대에 신경제와 인터넷 기술주가 각광받을 당시 대세를 거스르고 미국 주식의 거품론을 주장하였는데, 실제로 인터넷 주와 신경제에 끼어 있던 거품이 진정되고 나스닥 시장이 하락하게 되자 인터넷 주의 외형적인 성장세에도 아랑곳하지 않고 오로지 내재가치만으로 투자종목을 선별해 냈던 그의 투자전략이 다시금 각광받고 있다. 미국에서 가장 영향력 있는 경제인, 20세기 가장 위대한 투자가, 오마하의 현인, 월가의 양심, 황금손, 투자의 살아 있는 전설 등 온갖 화려한 수식어들이 그를 나타내고 있다. 또한 그는 재산의 99%를 사회에 환원하겠다고 해 화제를 불러일으키기도 했다.

워렌 버핏을 기억하게 하는 일화

어느 날 버핏이 어느 기업의 CEO와 골프를 치게 되었다. 골프를 치던 도중 그 사람이 느닷없이 이런 제안을 했다. "이번 홀에서 당신이 2달러를 걸고 홀인원을 하면 내가 1만 달러를 드리지요." 이에 버핏은 "저는 그렇게 확률 낮은 도박은 하지 않습니다" 하며 단호히 거절했다. 무안해진 CEO가 "그렇게 돈이 많으면서 고작 2달러 갖고 그러십니까" 하고 묻자 버핏은 이렇게 대답했다. "2달러를 소중하게 여기지 않는 사람에게는 1만 달러를 손에 쥐어주어도 마찬가지일 겁니다. 아무리 게임이지만 이길 확률이 없는데 돈을 거는 건 멍청한 짓이지요."

사마천(BC 145 ?~BC 86 ?)
司馬遷

중국 전한前漢시대의 역사가. 자 자장子長. 용문龍門에서 태어났다. 역사 기술에 대한 관심은 태사령太史令으로 있던 아버지 사마담司馬談의 영향을 받은 것이다. 20세 때 낭중郎中이 된 그는 한 무제武帝의 수행원으로서 강남江南·산동山東·하남河南 등을 여행했다. 이후에도 공무 등의 이유로 파촉巴蜀, 장성

일대, 하북·요서 지방을 여행하며 계속 견문을 넓히고, 장차 『사기史記』를 저술하는 데 필요한 자료를 수집했다. BC 110년 사마담이 죽었고, 사마천은 아버지의 유지를 받들어 『사기』의 완성에 착수하였다. 그러나 그는 흉노와의 전투 도중 투항한 친구 이릉李陵을 변호하다 황제의 노여움을 사게 되었고, 궁형 宮刑(거세형)이라는 치욕스러운 형벌을 받았다. 그는 자살을 택하는 대신 『사기』의 완성을 위하여 기꺼이 궁형을 감수했다. 그는 옥중에서도 저술을 계속하였고, 훗날 중국 역사서의 본보기로 일컬어지는 『사기』를 마침내 완성하였다.

"때를 얻기는 어려우나 잃기는 쉽다."

"죽음은 때로는 태산보다도 무겁고, 때로는 새털보다도 가볍다."

손자(?~?)
孫子

중국 춘추시대의 전략가·병법가. 본명은 손무孫武, 자는 장경長卿. 제齊나라 사람으로 산동성山東省에서 태어났다. BC 6세기경 오吳나라의 왕 합려闔閭에게 장군으로 등용되어 육군을 조직한 그는 초楚·제齊·진晉 등의 나라를 무찔렀다. 그가 쓴 『손자병법』은 중국 최초의 병서로서, 우리에게는 "적을 알고 나를 알면, 백 번 싸워도 위태롭지 않다知彼知己 百戰不殆"는 명구로 널리 알려져 있다. 제1차 세계대전에서 패배한 독일의 황제 빌헬름 2세는 "내가 만일 20년 전에 『손자병법』을 읽었더라면 이런 뼈아픈 패배는 겪지 않았을 것이다"라며 탄식했다고 한다. 또한 유비, 손권과 패권을 다투던 지략가 조조도 이 책에 심취했다고 전해지며, 심지어 나폴레옹은 말 위에서조차 이 책을 늘 지니고 있었다고 한다.

"백전백승百戰百勝이 좋은 것이 아니다. 싸우지 않고 적을 굴복시키는 것이 가장 좋다."

슈워츠, 피터(1945~)
Peter Schwartz

세계적인 미래학자이자 경영 전략가. 세계적인 비즈니스 전략 컨설팅 기업인 글로벌 비즈니스 네트워크GBN의 공동 설립자이며, 현재 회장으로 있다. 그는 미래예측 기법인 '시나리오 플래닝'의 선구자로서, 수많은 기업과 여러 정부기관을 위해 미래 경영 전략과 관련된 시나리오 작업을 담당했다. 그는 또한 시나리오 플래닝 작업을 통해 로열더치셸Royal Dutch Shell 그룹을 세계 에너지업계 정상으로 끌어올리기도 했다. 그의 주 저서인 『미래를 읽는 기술』은 시나리오 플래닝에 관한 고전으로 평가받고 있다. 그는 또한 영화 〈마이너리티 리포트〉, 〈딥 임팩트〉 등의 시나리오 작업에 참여하여 미래사회의 모습에 대한 자신의 비전을 대중들에게 보여 주기도 했다. 최근에는 에너지 자원과 환경, 국방, 기술, 엔터테인먼트, 항공우주 등의 요소들을 포함하는 미래 예측과 관련된 연구와 시나리오 작업을 진행하고 있다.

피터 슈워츠를 기억하게 하는 말

"우리는 뜻밖의 사건이 발생하면 그 의미를 잘못 평가하는 실수를 저지르게 된다. 석유 파동, 9·11 테러, 구소련 붕괴 같은 세계 정치경제적 판도를 바꾼 사건들도 사실은 미리 정교한 시나리오 작업을 해 보았더라면 예측할 수 있었던 경우가 많다. 미래의 실마리는 언제나 현재 속에 그 꼬리를 감추고 있기 때문이다."

슐츠, 하워드(1953~)
Howard Schultz

스타벅스 최고경영자. 뉴욕 브루클린의 빈민가에서 태어났다. 노던 미시간대학에서 비즈니스학을 전공했다. 졸업 후 제록스사의 마케팅 부서에서 일했으며, 이어 각종 가정용품을 생산하는 기업인 해마플라스트Hammarplast의 부회장 겸 총지배인으로 일했다. 그는 우연히 스타벅스와 인연을 맺게 되었다. 어느 날 체험한 스타벅스의 커피 맛과 경영 방식에 감동한 그는 1982년 안정적이던 대기업의 부회장 자리를 내던지고 작은 커피회사 스타벅스의 마케팅 책임자로 들어가게 된다. 당시 스타벅스는 고작 4개의 점포만을 가지고 있었다. 그 후 잠시 자신의 에스프레소 바를 열기 위해 스타벅스를 떠나 있던 그는 1987년 마침내 스타벅스를 인수하여 회장 겸 최고경영자의 자리에 올랐다. 스타벅스는 1992년 스페셜티 커피회사로서는 최초의 상장기업이 되었고, 오늘날 전 세계에 걸쳐 수많은 매장을 보유한 세계적인 커피 브랜드가 되었다.

하워드 슐츠를 기억하게 하는 말

"부정적인 사람은 결코 위대한 기업을 세울 수 없다. 부정적인 사람의 말을 듣고서 큰일을 이룬 사람도 없다. 또한 이미 입증된 분야에서 입증된 아이디어를 가지고 크게 성공한 사람도 없다. 새로운 산업을 창조하고 새로운 제품을 발명하여 오랫동안 지속되는 굳건한 기업을 만들고, 주위 사람들의 능력을 고취하여 최고의 업적을 성취하게 하는 사람이 바로 남들이 가지 않은 길을 가는 사람이다. 성공은 날마다 조금씩 이루어 가는 것이다."

아이아코카, 리(1924~)
Lee Iacocca

미국의 자동차 회사 경영자. 미국 펜실베이니아 알렌타운에서 이탈리아 이민자의 아들로 태어나 펜실베이니아 주 리하이대학을 졸업하고, 프린스턴대학에서 공학 석사학위를 받았다. 그는 포드사의 엔지니어로 일을 시작했으나, 그가 두각을 나타낸 분야는 사실 영업 부문이었다. 그는 포드사의 총지배인을 거쳐 부사장이 되었다. 머스탱 모델의 판매신장에 큰 기여를 함으로써 포드사에서 그의 위상은 급격히 높아졌고, 마침내 1970년 사장이 되었으나 급한 성질과 괴팍한 태도가 문제가 되어 1978년 해임되고 말았다. 이후 그는 심각한 경영난에 시달리던 크라이슬러사에 채용되었다. 그는 회사의 경영을 재정비하고 공장을 정리했으며, 인력 조정과 임금 인하를 단행하는 등 과감한 조직 개혁을 시행했다. 또한 연료절약형 모델을 생산하는 데 주력했다. 뼈를 깎는 노력의 결과 1983년 크라이슬러사는 마침내 엄청난 흑자를 기록하게 되었고, 정부 대출금도 모두 상환했다. 이로써 그의 이름은 일약 유명해졌고, 현재는 크라이슬러를 떠나 여러 분야에서 자신의 경영 능력을 발휘하며 활약하고 있다.

리 아이아코카를 기억하게 하는 말

"지난달에는 무슨 걱정을 했지? 지난해에는? 그것 봐라. 기억조차 못하잖니? 그러니까 오늘 네가 걱정하고 있는 것도 실은 그다지 걱정할 일이 아닐 거다. 잊어버리라구. 그리고 내일을 향해 사는 거야."

어불위(?~BC 235)
呂不韋

중국 전국시대 말기 진秦나라의 정치가. 원래 양책陽翟의 큰 상인이었다. 조趙나라 한단邯鄲으로 갔을 때, 볼모로 와 있는 진나라의 왕자 자초子楚를 만나 돕게 되었다. 그의 도움에 힘입어 자초는 훗날 진나라의 왕이 되었다. 그는 이 공로로 승상丞相이 되어 문신후文信侯에 봉해졌다. 자초가 죽은 뒤 태자 정政(시황제)이 왕위에 올랐는데, 실상은 여불위의 친자식이라고 전한다. 그는 마침내 재산과 권력으로 일가를 이루게 되었으며, 또한 여러 지방의 지식인들을 초빙하여 식객으로 접대했다. 이 식객들을 독려하여 책을 저술하게 했는데, 이것이 바로 『여씨춘추呂氏春秋』이다. 권력의 정점에 있던 그는 진나라 궁정의 치정 사건에 휘말려 관직에서 해임되었고, 결국 자결로 생을 마감했다.

여불위를 기억하게 하는 말
"남을 이기려는 사람은 먼저 자기 욕심부터 물리쳐라."
그러나 그는 그렇게 하지 못했다. 아마 욕망이 늘 그를 몰고 다녔기 때문에 스스로 경계한 것인 듯하다.

오기(BC 440~BC 381)
吳起

중국 춘추전국시대의 병법가. 보통 오자吳子로 불린다. 위衛나라 사람이며, 증자曾子의 제자가 되어 학문을 배웠다. 제齊나라가 노나라를 침공하였을 때 노나라는 그를 장군으로 삼으려고 하였다. 그러나 그의 아내가 바로 제나라 사람이었기 때문에 반대하는 목소리가 있었다. 이에 그는 아내를 죽임으로써 충성을 표하고, 장군이 되어 제나라를 무찔렀다. 그러나 아내를 죽인 일 때문에 모진 사람이라는 손가락질을 받게 되어 노나라를 떠나 위魏나라의 장군이 되었고, 진秦나라와 싸워 성을 빼앗았다. 그는 때로는 가차 없는 사람이었지만, 전장에서 병사들과 침식을 같이 나누는 등 장군으로서는 훌륭한 태도를 보여 주었다. 그러나 위나라에서도 그를 싫어하는 무리가 있었기 때문에 다시 초楚나라에 가서 재상이 되어 법치를 개혁했다. 결국 그는 초나라 귀족들의 질시를 받아 피살되었다. 여러 나라를 떠돌며 자신의 능력을 펼쳐 보인 그는 특히 군사를 부리는 데 뛰어났으며, 『오자』(『오기병법吳起兵法』)라는 병법서를 저술했다. 이 책은 『손자』와 함께 고대 중국의 중요한 병서로 꼽힌다.

오쿠다 히로시(1932~)
奧田碩

도요타 자동차 전 회장. 도쿄 히도쓰바시一橋대학 경제학부를 졸업했다. 졸업 후 도요타자동차판매에 입사했으나 지나치게 곧은 성격으로 경영진의 눈 밖에 나 결국 필리핀 지사로 발령받았다. 그러나 그곳에서 기업주 집안의 도요타 쇼이치로를 만나게 되는데, 오히려 그의 곧은 성격이 그를 도요타 쇼이치로에게 각인시키게 된다. 일본으로 돌아온 후 임원을 거쳐 1995년 도요타 집안의 다쓰로 사장의 뒤를 이어 사장에 취임했다. 그는 11년간 도요타 자동차를 이끌면서 자동차 판매 대수를 두 배로 늘렸다. 그는 무엇보다도 일본식 기업 개혁 방식을 선보였다. 1999년 미국식 구조조정 열풍이 불었을 때 그는 너도나도 무조건 이러한 추세를 따라가는 것을 단호히 거부하고 일본의 기업 문화를 지켜 나갔다. 그는 종신고용제도를 유지했을 뿐만 아니라 2004년 직원 정년을 65세로 연장하기까지 했다. 얼마 전 그는 다시 도요타 가문에게 경영권을 돌려주고 일선에서 물러났다.

웰치, 잭(1935~)
Jack Welch

미국의 기업인. 매사추세츠 주 피바디에서 태어나 일리노이대학에서 화학공학 박사학위를 받았다. 졸업 후 제너럴일렉트릭GE에 입사한 그는 경영 능력을 인정받아 승진가도를 밟은 끝에, 1981년 GE의 최고경영자가 되었다. 그는 "고쳐라, 매각하라, 아니면 폐쇄하라"라는 과감한 경영 전략으로 10만 명 이상의 인력을 감축하고 GE를 혁신하여 세계 최고의 기업으로 만들었다. 덕분에 그는 '중성자탄 잭'이라는 별명을 얻었다. 또한 1,700여 건의 기업 인수합병을 성사시키고, 지난 2001년 퇴임했다. 그는 '경영의 달인', '세기의 경영인' 등으로 불렸고, 2001년 영국의 〈파이낸셜 타임스〉에 의해 '세계에서 가장 존경받는 경영인'에 선정되었다.

잭 웰치를 기억하게 하는 말

"비즈니스의 성공은 얼마나 거창하게 예측을 잘해 내느냐에 달려 있는 것이 아니다. 오히려 수시로 맞닥뜨리는 변화에 얼마나 신속하게 대처할 수 있는가에 따라 성공 여부가 판가름 난다."

"끊임없이 배우고 배운 것을 재빨리 실천에 옮길 수 있는 능력이야말로 궁극적인 경쟁력이다."

유방(BC 247?~BC 195)
劉邦

중국 한漢나라의 제1대 황제. BC 202~195 재위. 자는 계季, 묘호는 고조高祖. 강소성江蘇省의 농부 집안에서 태어났다. 그는 집안일은 거의 돌보지 않고, 호걸들과 교분을 쌓는 것을 낙으로 삼았다. 장년에 겨우 하급관리가 되어 황제릉 조영 공사에서 인부의 호송책임자로 일했으나, 임무를 제대로 수행하지 못하고 도망치고 말았다. 진秦나라의 국운이 쇠하여 각지에서 반란이 일어나자 그도 향리 사람들의 지원을 업고 군사를 일으켰다. 그는 항우項羽의 세력과 연합하여 진나라의 군대와 싸웠으며, 마침내 수도 함양을 함락했다. 이어 수하의 소하蕭何 · 조참曹參 · 장량張良 · 한신韓信 등의 도움으로 마침내 항우와의 대결에서도 승리함으로써 천하통일을 달성했다. BC 202년 그는 황제에 오르고 장안長安을 수도로 삼았다.

유방을 기억하게 하는 말

"나는 소하, 장량, 한신 같은 나보다 뛰어난 인재를 잘 부렸다. 바로 이것이 내가 천하를 손에 넣게 된 이유다. 항우에게는 범증이라는 걸물이 있었지만, 그는 그 한 사람마저도 잘 부리지 못했다. 이것이 그의 패인이다."

유비(161~223)
劉備

중국 삼국시대 촉한蜀漢의 제1대 황제. 221~223년 재위. 자는 현덕玄德, 시호는 소열제昭烈帝·선주先主. 전한前漢 경제景帝의 아들인 중산정왕中山靖王 유승劉勝의 후손이나, 가세는 이미 기울어 편모슬하에서 어렵게 자랐다. 그는 학문이나 무예를 연마하기보다는 호걸들과의 교유를 즐겼으며, 저 유명한 도원결의로써 관우關羽·장비張飛와 의형제를 맺었다. 황건적의 난 때 군사를 일으켜 토벌에 공을 세우고 벼슬길로 나아갔다. 이후 그는 제갈량諸葛亮을 모사로 맞아들이는 등 인재를 모으고 세력을 키워 마침내 촉蜀 땅을 수중에 넣고 삼국의 형세를 이루게 되었다. 221년 성도成都에 수도를 세우고 국호를 촉한이라 하여 황제에 등극했다. 그는 한漢나라의 정통을 이은 통일국가를 세우려 했으나 결국 꿈을 이루지 못한 채 병으로 죽었다.

유비를 기억하게 하는 말

살아서 유비는 사람들에게 "내게 제갈공명이 있는 것은 마치 물고기에게 물이 있는 것과 같다"고 말했다. 그리고 죽을 때 제갈량을 보고 다음과 같이 말했다. "그대의 재주는 조비보다 열 배는 월등하니 반드시 천하를 안정시키고 나라를 세운 후 마침내 대사를 이룰 것이다. 참으로 짐은 그대와 서로 잘 아는 까닭에 거침없이 말하노라. 그대는 앞으로 태자가 도울 만하면 돕되, 그럴 만한 재덕이 없거든 그대가 성도의 주인이 되라."

자공(BC 520 ?~BC 456 ?)
子貢

중국 춘추시대의 유학자. 성명 단목사端木賜. 공자의 제자이다. 『논어』에 공자의 제자 중 가장 자주 나오는 것으로 보아 공자가 그를 무척 아꼈던 것으로 짐작할 수 있다. 공자는 3,000여 명의 제자를 두었다고 하는데, 그중 덕행으로 따지자면 안회顔回가, 정사政事로는 계로季路가, 문학으로는 자유子游가 으뜸이라고 한다. 그렇지만 언변으로는 역시 자공子貢이 최고였다고 한다. 제齊나라가 노魯나라를 치려 하자 오吳나라와 월越나라를 설득하여 노나라를 구한 바 있다. 언변에 능할 뿐만 아니라 이재理財에도 밝아 공문의 번영에 경제적으로 기여한 바가 크다. 공자가 죽은 뒤 노나라를 떠나 위衛나라의 관리를 지냈다.

잡스, 스티브(1955~)
Steve Jobs

미국의 기업가. 애플의 공동 창업자이며, 현재 애플의 회장으로 일하고 있다. 샌프란시스코에서 태어나 고교 졸업 후 휴렛패커드에서 인턴으로 일하면서 컴퓨터 산업에 첫 발을 디뎠다. 여기서 스티브 워즈니액Steve Wozniak을 만난 그는 1976년 워즈니액과 함께 애플컴퓨터를 설립하고 최초의 퍼스널컴퓨터인 '애플 I'을 선보였다. 이 애플 I은 모니터도 없었을뿐더러 디자인도 세련되지 못했으나 예상 외로 히트를 쳤다. 1984년에는 IBM에 대항하는 제품인 매킨토시로 또 한 번 성공했지만, 얼마 후 자신이 세운 회사에서 쫓겨나는 비운을 겪었다. 그는 넥스트스텝사를 설립하여 객체지향적 운영체제인 넥스트스텝을 개발했다. 이어 픽사를 인수하여 애니메이션 분야의 가능성을 일찌감치 발견하고 과감히 투자한 끝에 대성공을 거두었다. 1996년 애플사가 넥스트스텝을 인수하면서 극적으로 애플의 경영 컨설턴트로 복귀한 그는 적자에 시달리던 회사가 다시 흑자를 내는 데 기여했다.

스티브 잡스를 기억하게 하는 말

"혁신은 연구개발비에 얼마를 들이느냐에서 나오지 않는다. 애플이 처음 매킨토시를 만들었을 때 IBM은 애플보다 100배나 많은 돈을 연구개발비로 쏟아 붓고 있었다. 돈은 문제가 아니다. 문제는 당신이 이끄는 사람들이고, 그들에게서 무엇을 이끌어 낼 것인가이다."

저우언라이(1898~1976)
周恩來

중국의 정치가. 장쑤성江蘇省 화이안淮安에서 태어났다. 텐진天津의 난카이南開중학에서 수학했고, 졸업 후 일본 와세다대학 등에서 공부했다. 텐진 난카이대학 재학 시절 일어난 5·4운동에 참가하여 결국 투옥과 퇴학을 당했고, 프랑스로 건너가 파리대학에서 정치학을 배웠다. 여기서 그는 중국공산당 파리 지

부를 조직했다. 귀국 후 1924년 황푸군관학교 정치부 대리에 올랐고, 1927년 상하이上海 봉기를 이끄는 등 공산당 지도부의 일원으로서 정력적인 활동을 펼쳤다. 1936년 대장정 때는 혁명군사위원회 부주석으로 활약하였고, 대일항전에서는 우한武漢·충칭重慶에서 공산당 대표로서 국공관계의 처리를 담당하여 탁월한 수완을 보였다. 1949년 4월 공산정권이 수립된 후 27년간 총리를 지내며 국내외의 여러 문제 해결에 기여하였다.

저우언라이를 기억하게 하는 말

"개혁이라 해도, 혁명이라 해도, 결국 자신에게서 시작할 수밖에 없다."

제갈량(181~234)
諸葛亮

중국 삼국시대 촉한蜀漢의 정치가·전략가. 자는 공명孔明, 시호는 충무忠武. 중국 산동성山東省에서 호족豪族 출신으로 태어나 아버지를 일찍 여의고 형주荊州에 있는 숙부의 손에서 자랐다. 후한 말 전쟁의 어지러움을 피하여 벼슬을 살지 못했으나 명성이 높아 와룡선생臥龍先生이라 불렸다. 당시 형주에 와 있던 유비劉備가 그의 명성을 듣고, 그의 집으로 3번씩이나 찾아가 자신을 도와주기를 간청했다. 이 고사가 바로 '삼고초려三顧草廬'이다. 이듬해 오吳나라의 손권孫權과 함께 조조의 대군을 적벽赤壁에서 대파하고, 형주와 익주益州를 얻었다. 그 후에도 유비를 도와 수많은 공을 세웠고, 221년 유비가 황제에 오르자 그도 재상이 되었다. 유비가 죽은 후 그의 어린 아들 유선劉禪을 도와 촉蜀의 국력을 일으키려 애썼다. 그러나 위나라의 기세에 눌려 점차 나라의 기운은 저물어갔고, 위나라의 장군 사마의司馬懿와 오장원五丈原에서 싸우던 중 전장에서 병으로 죽었다. 그 당시 출진할 때 그가 올린 「출사표」는 유명한 명문으로, 이것을 읽고 나서 울지 않는 자는 사람이 아니라고까지 말해진다.

사람을 제대로 알기란 무척 어려운 일이지만, 그는 전략가답게 다음과 같은 방법으로 좋은 사람을 발탁했다고 한다.

- 옳고 그름에 대한 질문을 던진 후 그에 대한 사람들의 생각을 주의 깊게 살핀다.
- 그들의 논쟁을 철저히 지켜보면서 각자의 주장에 일관성이 있는지, 아니면 말을 바꾸는지를 파악한다.
- 병법에 대해 자문을 청한 후 그들의 예지력이 어떤지를 파악한다.
- 비상사태가 발생했음을 알린 후 얼마나 용감한지를 지켜본다.
- 술에 취하게 한 후 속마음을 파악한다.

◉ 예상되는 이익을 배분해 주겠다고 말한 후 얼마나 침착한지를 지켜본다.

◉ 일정한 시간 내에 처리해야 할 일을 주고 신뢰할 만한 능력이 있는지를 지켜본다.

제갈량을 기억하게 하는 말

"일을 꾸미는 것은 사람이지만, 그것을 이루는 것은 하늘이다."

켈러허, 허브(1931~)
Herb D. Kelleher

미국의 사우스웨스트항공사 공동 창업자이자 전 CEO. 이른바 '펀 경영' 방식을 통해 위기에 처해 있던 사우스웨스트항공사의 놀라운 성장을 이끌었다. 사우스웨스트항공사가 다른 회사에 비해 늦게 시장에 뛰어들었으면서도 성공적으로 자리 잡을 수 있었던 것은 더 낮은 비용을 들임으로써 더 많은 상품을 싸게 팔겠다는 그의 경영철학 덕분이다. 또한 성공 비결을 '사람'에게 두고 있는 그는, 회사 설립 이후 단 한 번의 파업 외에는 노사분규가 거의 없었고, 회사의 정리해고도 없었던 것은 직원들이 떠밀려서가 아니라 자발적으로 회사와 자신의 발전을 동일시하는 마음가짐을 지니고 있기 때문이라고 밝혔다. 사우스웨스트항공사는 치열한 경쟁을 이겨 내고 25년 연속 흑자 경영을 이룩했으며, 가장 일하고 싶은 100대 미국기업에도 뽑히는 등 대내외적으로 높은 신망을 얻고 있다.

허브 켈러허를 기억하게 하는 말

"펀 경영은 바로 CEO의 웃음에서 시작됩니다. 펀 경영 기업들의 성과를 보면 알 수 있듯 기업의 성패는 리더의 성향에 달려 있습니다. 리더의 유형은 크게 감자형 리더와 고구마형 리더로 나눌 수 있습니다. 감자형 리더는 마치 감자처럼 희고 둥글둥글하여 항상 당당하고 유연한 태도를 보입니다. 반면에 고구마형 리더는 딱딱하고 권위적인 태도로 딱딱한 분위기를 더욱 경직시킵니다. 고구마형 리더가 있는 기업은 겉으로 보기에는 잘 돌아가는 것 같지만, 사실 직원들은 억지로 일하거나 어쩔 수 없이 명령을 따르는 것입니다."

클라우제비츠, 카를 폰(1780~1831)
Carl von Clausewitz

프로이센의 군인. 중부 독일의 관리 집안에서 태어났다. 12세 때 프로이센군에 들어갔고, 베를린의 육군대학에서 군사학과 철학, 문학을 공부하면서 자신만의 기본 전략개념을 만들어 나갔다. 프랑스 혁명 중 간섭전쟁干涉戰爭 때는 프로이센군의 사관으로 봉직했다. 예나전투에서 패전한 후 프로이센의 개혁이 시작되었고, 그는 군제개혁자 서클에 가입하여 활동했다. 1812년 프로이센이 프랑스와 동맹을 맺자 그는 프로이센에서 도망쳐 러시아군에 투신하였으며, 나폴레옹과의 전쟁에 힘을 쏟았다. 1815년 프로이센으로 귀국하여 사관학교 교관과 군사행정관, 육군대학교장과 포병감으로 활약한 후 그나이제나우 장군 밑에서 참모장을 역임하다가 갑자기 콜레라로 죽었다. 사후에 미망인이 간행한 『전쟁론』은, 프리드리히 대제와 나폴레옹의 전투 경험을 기초로 승패를 결정짓는 요인들을 밝힌 고전적인 전쟁 철학서로서 오늘날까지 큰 명성을 얻고 있다.

카를 폰 클라우제비츠를 기억하게 하는 말

"지휘관에게 필요한 '강한 정신'이란 격정을 말하는 것이 아니다. 격정 속에서도 마음의 균형을 유지하며 깊은 판단을 실천하는 것이 중요하며, 마음속에 확고한 나침반을 지니고 있어야 한다."

파월, 콜린(1937~)
Colin Luther Powell

미국의 정치가. 뉴욕 빈민가에서 자메이카 출신 이민자의 아들로 태어나 뉴욕시립대학에서 ROTC 장교로 임관한 후 베트남전쟁에 참전하였다. 주한미군으로 근무하기도 했으며, 그 후 레이건 정부에서 국가안보담당 대통령 보좌관을 역임했다. 1989년 4성 장군이 되었고, 1993년까지 흑인 최초의 합동참모본부의장으로 일했다. 합참의장 당시 1989년 파나마전쟁, 1991년 걸프전쟁을 성공적으로 이끌면서 큰 인기를 얻게 되었으며, 2001년 부시 정부의 국무장관에 임명됨으로써 역시 흑인 최초의 국무장관이 되었다. 온건하고 특정 당파에 얽매이지 않으며, 전쟁신중론을 펼치는 그는 아이젠하워 이래 가장 존경받는 군인으로 일컬어진다.

그는 '파월의 리더십 원칙'이라는 다음과 같은 자기 원칙을 존중한다.

◉ 사람을 분노시킬 때를 알아라.

◉ 아이디어의 충돌을 조장하라.

◉ 프로에게 도전하는 것을 두려워하지 말라.

◉ 계획보다 사람이 우선이다.

◉ 진정한 리더가 지휘하게 하라.

◉ 현장에 있는 사람을 진심으로 신뢰하라.

◉ 재미있게 일하고 즐겁게 놀아라.

◉ 고독을 사랑하라.

콜린 파월을 기억하게 하는 말

"부하들이 문제를 제기하지 않는다면, 이미 리더의 생명은 끝난 것이다."

포드, 헨리(1863~1947)
Henry Ford

미국의 실업가. 미시간 주에서 농부의 아들로 태어나 15세 때 학교를 중퇴하고 자동차 제작에 빠져들었다. 1896년에 가솔린 기관을 장착한 4륜자동차를 완성했으며, 에디슨의 회사에서 기술책임자로 일하면서 그와 친분을 나눴다. 1903년 경주용 차를 제작하기 위해 포드자동차회사를 세웠다. 1908년 세계 최초의 대량생산 차인 'T형 포드'를 선보인 그는 이후 이른바 '포드시스템'을 구축했으며, 새로운 기술적 토대를 세우고 합리적 경영방식을 도입하였다. 또한 최저임금 1일 5달러, 1일 8시간 노동이라는 획기적인 노동정책을 펼쳤다. 그의 경영철학은 제품 가격의 인하로 판매량을 확대하고 생산을 증대하여 가격을 더욱 낮춘다는 단순한 논리였다. 이후 포드사는 미국 최대의 자동차 제조업체가 되어 시장의 거의 반을 점유하는 성공을 거뒀으나, 그의 완고한 경영방침과 자만으로 시장 변화에 대처하지 못하면서 서서히 제너럴모터스사GM와 크라이슬러사에게 추월당했다.

헨리 포드를 기억하게 하는 일화

영국을 방문한 헨리 포드가 낡은 코트를 입은 채 공항 안내소로 가서 가장 싼 호텔이 어딘지 물었다. 그러자 안내원은 "혹시 헨리 포드 씨 아닌지요? 당신을 사진으로 보아서 잘 기억하고 있어요. 저는 당신의 아들도 전에 보았는데, 최고급의 값비싼 옷을 입고 일급 호텔을 찾던데

요.” 그러자 헨리 포드가 말했다. “맞습니다. 내 아들은 아직 성숙하지 못했을까요. 나는 비싼 일급 호텔에 묵을 필요가 없습니다. 내가 어디에 묵든 간에 나는 헨리 포드입니다. 가장 싸구려 호텔에서도 나는 헨리 포드이며, 그런 것들이 나를 결코 다시 만들어 내진 않습니다. 이 코트는 선친에게서 물려받은 것입니다. 나는 새 옷이 필요 없습니다. 내가 어떤 옷을 입든 나는 역시 헨리 포드입니다. 하물며 내가 벌거벗고 서 있다 해도 나는 헨리 포드입니다. 거기엔 아무 차이도 없습니다.”

피터스, 톰(1942~)
Tom Peters

세계적인 경영학자. IBM, HP, 제너럴 일렉트릭 등 뛰어난 글로벌 기업을 대상으로 매년 많은 강연과 기업 지도를 하고 있다. 1982년 매킨지에 근무할 때 쓴 책인 『초우량 기업의 조건』은 ‘경영의 바이블’이라고 불리며 세계적으로 수백만 부의 판매고를 올렸다. 이 책으로 그는 피터 드러커, 마이클 포터와 함께 현대 경영의 3대 구루Guru로 평가받는다. 미국의 경제 전문지 〈포춘〉은 “우리는 톰 피터스의 세계 속에 살고 있다”고 언급했으며, 리더십 분야의 대가 워렌 베니스는 “피터 드러커가 현대경영학을 창조했다면, 톰 피터스는 그것에 색깔을 입혔다”고 할 정도로 그의 영향력과 존재감은 대단하다.

톰 피터스를 기억하게 하는 말

“미래의 훌륭한 기업은 변화를 소중히 할 것이다. 그리고 혼돈 속에서도 살아남을 것이다.”
“일을 파괴할 용기가 없으면 대규모 일의 창조는 있을 수 없다. 이것이 내가 창조에 미친 이유이다. 창조를 통해 파괴하라. 그렇지 않으면 도태될 것이다.”

한신(?~BC 196)
韓信

중국 한漢나라 초의 무장. 중국 강소성江蘇省 회음淮陰에서 태어났다. 진秦나라 말기 어지러운 시절에 초楚나라의 항량項梁과 항우項羽의 수하에서 일했으나 크게 발탁되지 못했고, 결국 후에 한漢 고조高祖가 된 유방劉邦의 밑으로 들어갔다. 그러다 승상 소하蕭何의 인정을 받아 한군의 장군이 되어 여러 나라의 군사 세력을 무찌르는 등 유방의 천하통일에 많은 공을 세움으로써 제왕齊王에 이어 초왕楚王의 자리에 봉해졌다. 그러나 한 제국의 권력이 확립되고 안정되자 다른 여러 왕들과 함께 점점 밀려나 회음후淮陰侯로 전락하고, 결국 진희陳豨의 난에 연루되었다는 이유로 참살당하고 말았다.

한신을 기억하게 하는 일화

토사구팽兎死狗烹은 "토끼가 죽으면 토끼를 잡던 사냥개도 필요 없게 되어 주인에게 삶아 먹힌다"는 뜻으로, 필요할 때는 쓰고 필요 없을 때는 야박하게 버리는 경우를 이르는 말이다. 한신이 항우의 장수이자 자신의 옛 친구인 자결한 종리매의 목을 유방에게 바쳤지만, 유방은 한신을 포박하게 했다. 그러자 화가 난 한신은 이렇게 말했다. "과연 사람들의 말과 같도다. 교활한 토끼가 죽고 나면 사냥개도 잡혀 삶아지며, 높이 나는 새도 다 잡히고 나면 좋은 활도 광에 들어가며, 적국이 타파되면 모신도 망한다. 천하가 평정되었으니 나도 마땅히 팽 당함이로다."

해머, 마이클(1948~)
Michael Hammer

비즈니스 리엔지니어링 전문가. 현재 해머 앤드 코HAMMER & CO 대표이사. MIT대학 공학 학사, 전기공학 석사, 컴퓨터공학 박사학위를 취득했다. MIT대학 컴퓨터공학과 교수를 거쳐 여러 첨단 기술 기업에서 일했다. 현대 비즈니스 세계에 변화를 불러일으킨 리엔지니어링과 프로세스 중심 기업 개념을 창안했으며, 조직에 변화의 바람을 불어넣으려는 경영자들을 대상으로 교육과 강연을 펼치고 있다. 그가 주창한 대표적 경영이론인 BPR(Business Process Reengineering)은 정보통신 기술을 기반으로 하여, 기업의 모든 분야에서 전산망을 통일함으로써 효율을 끌어올리려는 것이다. 〈비즈니스 위크〉가 선정한 '1990년대 4대 경영이론가', 〈타임〉이 선정한 '가장 영향력 있는 미국인 25인' 중 한 사람이다.

마이클 해머를 기억하게 하는 말

"자신이 잘한다고 생각하는 순간, 당신은 죽은 사람이다. 성공으로 가는 길의 요건은 겸손이다. 다시 말해 과거의 성공이 곧 미래의 성공을 보장하지는 않는다는 자각이다. 세상이 너무나 크게 변했기 때문에 어제의 성공전략이 내일의 실패를 위한 확실한 방편이 될 수도 있다."

환공(?~643)
桓公

중국 춘추시대 제齊나라의 군주. BC 685~643 재위. 성명은 강소백姜小白이며 춘추오패五霸의 한 사람으로 제 양공襄公의 동생이다. 내란으로 형 양공이 살해되자 이복동생 규糾와 다툰 끝에 정권을 잡았다. 포숙鮑叔의 천거로 관중管仲을 재상으로 임명하여 개혁을 추진했으며, 형邢과 위衛 두 나라와 협력했고, 오랑캐를 방어하는 데 힘썼다. 다른 나라의 제후들과 함께 초楚나라를 공격한 뒤, 소릉召陵에서 맹약을 맺는 등 맹주로서 크게 활약했다. 이 때문에 그는 춘추시대의 패왕이 될 수 있었다. 만년에 관중의 유언을 무시하고 예전에 쫓아낸 신하를 다시 등용하는 실책을 저질렀으며, 결국 그들에게 권력을 빼앗겼다.

환공을 기억하게 하는 일화

환공이 왕이 된 다음 조상에게 제사를 지내게 되었다. 제사를 맡은 부이자가 신전에 제물을 바치며 이렇게 고했다. "바라건대 군주의 피부에 생긴 질환을 낫게 해 주시고, 거짓이 많고 신실함이 적은 성품 또한 고쳐 주시기 바랍니다." 불쾌해진 환공이 제관인 부이자를 쏘아 보았다. 부이자는 술을 받아 신전에 올리고 다시 덧붙였다. "부디 어진 체하는 점도 고쳐 주소서." 화가 난 환공은 제관을 죽이고 싶었다. 그러나 꾹 참고 내버려두었다. 그리고 나중에 이 이야기를 관중에게 했다. 관중은 이 이야기를 듣고 환공이 패왕이 될 자질을 가진 사람이라 여기게 되었다.